CONVERSACIONES CRUCIALES

Kerry Patterson – Joseph Grenny
Emily Gregory – Ron McMillan – Al Switzler

Conversaciones
cruciales

Herramientas para comunicar
mejor cuando más se necesita

Revisión, adaptación y traducción de nuevos textos:
Martín Rodríguez-Courel

TERCERA EDICIÓN REVISADA Y ACTUALIZADA

 Empresa Activa

Argentina – Chile – Colombia – España
Estados Unidos – México – Perú – Uruguay

Título original: *Crucial Conversations – Tools for Talking when Stakes are High – Updated Second Edition – New Research – Case Studies – Resources*
Editor original: McGraw-Hill, New York
Traducción: Martín Rodríguez-Courel

3.ª edición Junio 2022

ISBN: 978-84-16997-58-9
E-ISBN: 978-84-9944-977-7
Depósito legal: B-7.391-2022

Fotocomposición: Ediciones Urano, S.A.U.
Impreso por Romanyà Valls, S.A. – Verdaguer, 1 – 08786 Capellades (Barcelona)

Impreso en España – *Printed in Spain*

*Dedicamos este libro a Celia, Louise, Bonnie, Linda
y Alan, que nos han dado su apoyo constante
con su amor y con una paciencia que roza lo infinito.*

*Y a nuestros hijos Christine, Rebecca, Taylor,
Scott, Aislinn, Cara, Seth, Samuel, Hyrum, Amber,
Megan, Chase, Hayley, Bryn, Amber, Laura, Becca,
Rachel, Benjamin, Meridith, Lindsey, Kelley, Todd,
Spencer, Steven, Katelyn, Bradley, Anna, Sara,
Rebecca, Maren, Tessa y Henry, que han sido
una magnífica fuente de aprendizaje.*

*Y a nuestra dilatada familia de cientos de colegas,
decenas de miles de formadores homologados
y millones de clientes que han compartido el viaje
que ha llevado estas ideas a su forma actual.
Ellos han sido los modelos de lo que funciona.
Y a nuestras pacientes parejas mientras
nos esforzábamos en nuestras propias conversaciones
cruciales. Hoy nos sentimos honrados de formar
parte de una comunidad global de profesores
y profesionales que dedican sus vidas tanto a vivir
como a compartir los principios que hacen
que el mundo funcione mejor para todos.*

Índice

INTRODUCCIÓN.   11

1. ¿QUÉ ES UNA CONVERSACIÓN CRUCIAL?
   ¿Y a quién le importa?   17

2. EL DOMINIO DE LAS
   CONVERSACIONES CRUCIALES
   El poder del diálogo   41

PRIMERA PARTE
QUÉ HACER ANTES DE ABRIR LA BOCA.   57

3. ESCOGER EL TEMA
   Cómo estar seguro de que mantiene
   la conversación correcta   59

4. COMENZAR CON UNO MISMO
   Cómo centrarse en lo que verdaderamente quiere   81

5. CONTROLAR SUS HISTORIAS
   Cómo seguir dialogando cuando se siente enfadado,
   atemorizado o herido   101

SEGUNDA PARTE
CÓMO ABRIR LA BOCA. 143

6. APRENDER A OBSERVAR
   Cómo darse cuenta de que la seguridad está en peligro. .   145

7. CREAR UN ENTORNO SEGURO
Cómo crear un entorno seguro para hablar sobre
prácticamente cualquier cosa. 173

8. EXPONER SU CAMINO
Cómo hablar persuasivamente sin ser brusco
ni desagradable 211

9. EXPLORAR LOS CAMINOS DE OTRAS PERSONAS
Cómo escuchar cuando los demás explotan
o se muestran poco comunicativos 243

10. RECUPERAR SU BOLÍGRAFO
Cómo mostrarse fuerte al escuchar
comentarios difíciles 275

TERCERA PARTE
CÓMO TERMINAR. 295

11. PASAR A LA ACCIÓN
Cómo convertir las conversaciones cruciales
en acciones y resultados. 297

12. SÍ, PERO
Consejos para casos difíciles 315

13. EL ENSAMBLAJE FINAL
Herramientas para prepararse y aprender 325

NOTAS BIBLIOGRÁFICAS 343

SOBRE LOS AUTORES. 345

ACERCA DE CRUCIAL LEARNING 347

Introducción

Cuando en 2002 publicamos *Conversaciones cruciales* por primera vez, hicimos una afirmación audaz: sosteníamos que la causa fundamental de muchos —cuando no la mayoría— de los problemas humanos radica en la manera que tienen las personas de comportarse cuando no están de acuerdo respecto a asuntos emocionales en los que hay importantes factores en juego. Sugeríamos entonces que el rendimiento de las organizaciones podría progresar espectacularmente, si la gente aprendía las habilidades rutinarias practicadas por aquellos que han encontrado la manera de dominar esos momentos cruciales en los que hay importantes factores en juego.

Como mínimo, durante las décadas siguientes, nuestro convencimiento sobre este principio ha aumentado. Un número cada vez mayor de evidencias científicas demuestra que, cuando los líderes crean una cultura de honestidad intelectual y emocional, las plantas de energía nuclear son más seguras; los centros de trabajo se hacen más inclusivos; las sociedades de servicios financieros logran una clientela más fiel; en los hospitales se salvan más vidas; los organismos estatales mejoran la prestación de sus servicios; las empresas tecnológicas aprenden a desenvolverse sin problemas por encima de las barreras fronterizas; las organizaciones sin ánimo de lucro mejoran la realización de sus misiones y el fanatismo se frena.

Pero pecaríamos de deshonestos si no admitiéramos que la mayoría de los resultados alentadores que hemos registrado en los últimos 20 años no han provenido de los guarismos de las investigaciones, sino de los miles de historias narradas por los valerosos y diestros lectores que han utilizado estas ideas para promover el cambio cuando más se necesitaba. Una de las primeras fue una mujer que, después de leer el libro, se reconcilió con un padre del que se había distanciado. Una enfermera describió cómo había salvado la vida de un paciente, asumiendo más responsabilidad en una conversación crucial con un médico receloso que estaba malinterpretando los síntomas del paciente. Un hombre evitó magistralmente las desavenencias con sus hermanos acerca de un testamento que amenazaba con desgarrar a la familia tras la muerte de su padre. Dos hermanos acabaron con una década de distanciamiento cuando uno de ellos reconoció su orientación sexual. Una intrépida lectora afirma, incluso, que su formación en conversaciones cruciales le ayudó a salvar la vida durante el robo de su coche en Brasil.

Multiplique estas historias por los más de cinco millones de lectores y se hará una idea del significado y satisfacción que hemos obtenido de nuestra relación con personas como usted.

¿CUÁLES SON LAS NOVEDADES?

En esta nueva edición hemos realizado una serie de cambios importantes que creemos contribuirán a hacer de este libro un recurso todavía más eficaz. Algunos de los cambios demuestran la manera de aplicar los conceptos a los modernos medios de comunicación. En la actualidad, muchas de nuestras conversaciones más cruciales se mantienen por medio de vídeos, redes sociales asincrónicas, audios o, Dios no lo quiera, modos de comunicación de solo texto. Hemos aprendido mucho acerca de lo que funciona y lo que no en estos terrenos. Y en la última década hemos trabajado mucho en relación con lo necesario para sacar a la luz y hacer frente a los problemas de diversidad, inclusión y hasta de discriminación inconsciente. Uno de nuestros estudios de referencia involucró a más de 13.000 personas para evaluar los efectos de algunas de las habilidades que ahora podemos compartir. Otros cambios abordan las nuevas maneras de trabajar y las nuevas tensiones resultantes de nuestra sociedad cada vez más global y heterogénea. Las conversaciones cruciales cobran mayor importancia en tanto en cuanto las relaciones a distancia y la diversidad cultural son ya la norma y no una novedosa excepción en la mayoría de los lugares de trabajo. Por último, en los últimos años hemos visto cada vez más pruebas del peligroso conflicto que resulta del fracaso de no encontrar las maneras de debatir sincera y respetuosamente sobre nuestras diferencias políticas y sociales. Algunas de las actualizaciones de este libro abordarán frontalmente la manera en que todos podemos dar lo mejor de nosotros cuando más importa en estos novedosos retos.

Uno de los cambios más útiles que usted advertirá es la reestructuración de todo el contenido del libro en torno a un modelo fácil de entender para prepararse, iniciar y concluir una conversación crucial. Hemos descubierto que ordenar temporalmente las habilidades hace que a los lectores les resulte mucho más fácil saber cuál utilizar para conseguir los mejores resultados.

Para finalizar, uno de los cambios más evidentes que los lectores veteranos advertirán es la incorporación de una nueva autora en esta edición. Emily Gregory ha sido una importante colaboradora de nuestro trabajo durante casi 20 años. Ha trabajado hombro con hombro con nosotros en la intensificación de nuestras investigaciones, fortaleciendo nuestros cursos y ampliando nuestra influencia hasta incorporar a casi 20.000 formadores en todo el mundo. La suma de su voz a esta edición ha enriquecido cada uno de los capítulos.

Tenemos plena confianza en que estos cambios no sólo mejorarán su experiencia lectora, sino que también aumentarán su capacidad para transformar la palabra impresa en hábitos productivos, así en su trabajo como en su vida personal.

¿Y AHORA QUÉ?

Estamos encantados con la respuesta positiva de tantísimas personas con respecto a este trabajo. Si hemos de ser sinceros, hace 20 años confiábamos osadamente en que las ideas que transmitíamos cambiarían el mundo. Pero lo que no sabíamos era si el mundo reaccionaría como esperábamos.

Hasta ahora todo ha ido bien. Ha sido sumamente gratificante ver a tantas personas adoptar la idea de que las conversaciones cruciales pueden realmente cambiar las cosas. Hemos tenido el privilegio de formar a presidentes de gobierno, magnates e influyentes emprendedores sociales. El día que en nuestras manos sostuvimos dos ejemplares de nuestro libro —uno en árabe, el otro en hebreo— nos hizo concebir aún mayores esperanzas. Habíamos difundido los principios en zonas de caos y agitación, tales como Kabul y El Cairo, además de en otras de crecimiento e influencia, como Bangkok y Ciudad de Benín. Con cada nueva audiencia y cada nueva historia de éxito crece nuestra motivación para asegurar que nuestro trabajo tiene una influencia duradera.

De ahí la nueva edición.

Confiamos en que las mejoras introducidas en esta edición refuercen sustancialmente su experiencia con estas ideas transformadoras.

Joseph Grenny
Kerry Patterson
Ron McMillan
Al Switzler
Emily Gregory

1

¿QUÉ ES UNA CONVERSACIÓN CRUCIAL?

¿Y a quién le importa?

La primera vez que las personas oyen el concepto «conversación crucial», muchas rememoran imágenes de presidentes, emperadores y primeros ministros sentados en torno a una enorme mesa mientras discuten sobre el futuro. A pesar de que es verdad que ese tipo de diálogos tienen un impacto perdurable y de gran alcance, no son los únicos que tenemos en mente. Las conversaciones cruciales son interacciones que experimentan todas las personas. Son las conversaciones cotidianas que remodelan nuestra vida.

Ahora bien, ¿qué es lo que diferencia una conversación crucial de una normal y corriente? En primer lugar, *las opiniones divergen*. Por ejemplo, si está hablando con su jefa de un posible ascenso: ella piensa que no está preparado; usted piensa que sí lo está. En segundo lugar, *hay importantes factores en juego*. Supongamos que se encuentra en una reunión con cuatro colegas intentando definir una nueva estrategia de mercado. Tienen que elaborar algo diferente o su empresa se verá en apuros. En tercer lugar, *las emociones son fuertes*. Se encuentra en mitad de una conversación normal y corriente con su cónyuge y él o ella recuerda un «incidente desagradable» que se produjo durante la fiesta del barrio celebrada el día anterior. Al parecer, usted no sólo coqueteó con alguien en esa fiesta, sino que, según su cónyuge, «prácticamente estaban seduciéndose». Usted no recuerda haber flirteado. Simplemente recuerda haber sido amable y bien educado. Como resultado, su cónyuge se retira de mal humor.

Y hablando de la fiesta, en algún momento de la noche, usted se encuentra teniendo una pequeña charla con su vecino del piso de al lado, una persona algo caprichosa y siempre pintoresca. En un momento dado se pone a hablarle de sus riñones en permanente encogimiento, y al siguiente se queja de que el olor de su cena de la noche anterior se le colaba a través de la ventilación. «Soy alérgico al jengibre, ¿sabes?», se lamenta. A partir de ese momento, se enzarzan en un acalorado debate sobre si su derecho a hacer un sofrito está por encima de que el olor de la especia haga sentir incómodo a su vecino. No está usted en su momento más diplomático. La discusión acaba a gritos, y el vecino termina por amenazarle con interponerle una demanda por agresión culinaria mientras usted se aleja echando chispas. Las emociones terminaron siendo verdaderamente fuertes.

¿QUÉ ES LO QUE HACE CRUCIALES ESTAS CONVERSACIONES?

Lo que convierte a estos diálogos en conversaciones cruciales (y no solamente en algo frustrante, intimidatorio o fastidioso) es que el resultado podría tener un enorme impacto, tanto en las relaciones como por lo que respecta a las consecuencias, que le afectará enormemente.

En cada uno de los casos expuestos anteriormente, algún elemento de su rutina cotidiana podría verse alterado para siempre, a mejor o a peor. Es evidente que un ascenso podría suponer un gran cambio; el éxito de su empresa le afecta a usted y a todas las personas con las que trabaja. La relación con su cónyuge influye en todos los aspectos de su vida. Incluso algo tan trivial como una discusión sobre los olores al cocinar puede dañar su calidad de vida.

Estos ejemplos, claro está, son simplemente la punta de un descomunal y peligroso iceberg de temas que pueden conducirnos al desastre en las conversaciones. Otros incluyen:

- Poner fin a una relación.
- Hablar con un colega en el trabajo que realiza comentarios desagradables.
- Pedirle a un amigo que le pague lo que le debe.
- Hacerle comentarios a la jefa sobre su comportamiento.
- Hablar con un jefe que viola sus propias normas de seguridad o de calidad.
- Hacer frente a un comportamiento racista o sexista.
- Criticar el trabajo de un colega.
- Pedirle a un compañero de apartamento que se mude.
- Resolver cuestiones relacionadas con la custodia o las visitas de los hijos con un ex cónyuge.
- Tratar con un adolescente rebelde.
- Hablar con un miembro del equipo que no cumple con los compromisos adquiridos.
- Discutir problemas de intimidad sexual.
- Hablar con un ser querido acerca de un problema de consumo de ciertas sustancias.
- Hablar con un colega que acapara información o recursos.
- Entregar una evaluación de rendimiento desfavorable.
- Pedirle a los suegros que dejen de intervenir.
- Hablar con un colega acerca de un problema de higiene personal.

Estas situaciones acarrean estrés y presión a nuestras vidas, y un paso en falso en cualquiera puede tener enormes consecuencias. Pero no tiene por qué ser así. Si usted sabe cómo manejar las conversaciones cruciales, puede mantener con eficacia conversaciones difíciles sobre prácticamente cualquier tema y resolver la situación. Pero eso no es lo que suele suceder.

Conversación crucial. Una conversación entre dos o más personas en la que (1) hay opiniones contrarias, (2) hay importantes factores en juego y (3) las emociones son fuertes. Ver figura 1.1.

Figura 1.1 La definición de una conversación crucial

El desfase es un factor

En cada uno de estos ejemplos, el factor determinante entre el éxito y el fracaso es la cantidad de tiempo que transcurre desde que surge el problema hasta que las personas involucradas encuentran una manera sincera y respetuosa de resolverlo. Lo que estamos sugiriendo es que el mayor perjuicio a la relación con sus suegros no estriba en las ocasionales interferencias de estos; son las emociones tóxicas y la conducta disfuncional que se deriva de la ausencia de una conversación sincera lo que provoca el mayor daño. La conducta tendenciosa en el lugar de trabajo es un problema, pero su impacto se ve multiplicado cuando las personas no afrontan, discuten y resuelven tal comportamiento. Una cosa es tener un jefe que incumple sus compromisos, y otra dejar que el problema se encone y se convierta en chismes, desconfianza y resentimiento encubierto a medida que resuena por los pasillos, en lugar de ser abordado de manera franca. El verdadero daño se produce durante el desfase entre el momento en que las personas detectan su punto débil y aquel en el que lo abordan.

Piense en las relaciones en las que el desfase entre el momento en que percibe un problema y lo que tarda en hablarlo es breve. Lo más probable es que describiera esas relaciones como caracterizadas por la confianza, la productividad y la familiaridad. Ahora piense en lo contrario. Piense en los equipos en los que puede tardarse semanas, meses o años en abordar de manera sincera un problema, no por grave menos ignorado. ¿Qué sucede en ausencia de un diálogo franco? Disputas, resentimiento, maniobras agresivas, malas decisiones, desempeño irregular, oportunidades perdidas. *En el fondo de casi todos los problemas crónicos en las relaciones, los equipos, las organizaciones e, incluso, los países están las conversaciones cruciales que las personas no mantienen o no mantienen bien.* Décadas de investigaciones nos han llevado a concluir que:

> *Se puede medir la salud de las relaciones, los equipos*
> *y las organizaciones midiendo el desfase entre que se*
> *identifican los problemas y su resolución.*

La única vía fiable para resolver los problemas es encontrar el camino más corto hacia la conversación eficaz.

¿Por qué el desfase? ¿Cómo manejamos habitualmente las conversaciones cruciales?

Cuando nos enfrentamos a las conversaciones cruciales, en general, tenemos tres opciones:

- Podemos evitarlas.
- Podemos enfrentarnos a éstas y manejarlas de mala manera.
- Podemos enfrentarnos a éstas y manejarlas adecuadamente.

Esto parece bastante fácil. Evitar las conversaciones cruciales y sufrir las consecuencias. Manejarlas de mala manera y sufrir del mismo modo las consecuencias. O manejarlas adecuadamente, resolver la situación y mejorar la relación.

«No lo sé, —se dirá a sí mismo—. Dadas las tres posibilidades, me inclino por la tercera.»

Sin embargo, ¿las manejamos adecuadamente? Cuando hablar se pone difícil, ¿acaso hacemos una pausa, respiramos hondo, y nos decimos a nosotros mismos: «Oye, esta discusión es crucial. Será mejor que preste mucha atención», y luego echamos mano de nuestro mejor talante?

A veces. A veces nos enfrentamos audazmente a temas candentes, controlamos nuestra conducta, resolvemos los problemas y preservamos las relaciones. A veces somos francamente buenos.

Pero, con demasiada frecuencia, encajamos en los otros dos campos. El desfase entre identificar un problema y resolverlo con eficacia se dilata porque o no lo abordamos en absoluto o lo hacemos de manera inadecuada, y el problema persiste.

Evitamos las conversaciones cruciales

A pesar de la importancia de las conversaciones cruciales, a menudo las rehuimos porque tememos que involucrarnos empeore los problemas. Nos convertimos en maestros de la evitación de las conversaciones difíciles. Los colegas envían correos electrónicos cuando deberían descolgar el teléfono y hablar con franqueza. Los jefes envían mensajes de texto en lugar de abalanzarse a una videollamada. Los miembros de la familia cambian de tema cuando un asunto se vuelve demasiado arriesgado. Tenemos un amigo que se enteró de que su pareja le abandonaba después de 17 años de convivencia por una nota escrita en un papelito. Utilizamos todo tipo de tácticas para eludir los problemas espinosos.

Como es natural, existen riesgos a la hora de expresarse, sobre todo ante aquellas personas que tienen más poder que usted. Pero en lo que pocos tendemos a ser sinceros con nosotros mismos es sobre la alternativa de asumir ese riesgo. Cuando se trata de conversaciones cruciales, usted solo tiene dos opciones:

1. Mantener una conversación honesta.
2. Dejar que sus actos hablen por usted.

Si no habla de los problemas que tiene con su jefe, su pareja, su vecino o su igual, ¿desparecerán esos problemas por arte de magia? No. Antes bien, se convertirán en el prisma a través del cual verá a la otra persona. Y cómo ve, siempre se trasluce en cómo actúa. Su resentimiento será perceptible en cómo trata a la otra persona. Por ejemplo, hablará mal a esa persona, pasará menos tiempo con ella, se apresurará a acusarla de deshonesta o egoísta, o retendrá información o le retirará el cariño. El problema persistirá, y exteriorizando de mala manera sus sentimientos en lugar de hablar de estos, añadirá presión a una situación ya crucial. Cuanto más dilatado sea el desfase entre la manifestación inadecuada de sus sentimientos y hablar honestamente sobre estos, mayor será el daño que infligirá a sus relaciones y peores serán los resultados.

Las manejamos inadecuadamente

En la otra cara de la evitación, tenemos el problema de manejar las conversaciones cruciales de manera inadecuada. A menudo, en estos momentos difíciles sacamos lo peor de nosotros: exageramos, gritamos, nos retraemos, decimos cosas de las que más tarde nos arrepentimos. La triste ironía de las conversaciones cruciales es que *cuanto más importan, peor tendemos a hacerlo.*

¿Por qué sucede esto?

Estamos mal diseñados. Cuando las conversaciones dejan el terreno de lo rutinario y se vuelven críticas, nuestro instinto conspira contra nosotros. Las emociones fuertes no nos preparan precisamente para dialogar de manera satisfactoria. Incontables generaciones de conformación genética conducen a los humanos a reaccionar a las amenazas interpersonales de la misma manera que nos enfrentamos a las físicas. Nuestra tendencia natural en momentos que se antojan amenazantes se inclina hacia luchar o huir, más que a escuchar y hablar.

Por ejemplo, pensemos en una típica conversación crucial. Alguien dice algo con lo que usted no está de acuerdo sobre un tema que tiene una gran importancia para usted, y su cuerpo registra la amenaza. El instinto de su cuerpo es el de prepararle para su seguridad física. Dos pequeños órganos alojados por encima de los riñones bombean adrenalina en su torrente sanguíneo. Su cerebro desvía sangre de actividades que estima no esenciales (como iniciar una conversación de manera reflexiva y respetuosa) a tareas de supervivencia de alta prioridad (como golpear y correr). A medida que los grandes músculos de los brazos y las piernas reciben más sangre, los sectores del cerebro relacionados con el razonamiento de nivel superior obtienen menos. El resultado es que acabamos enfrentándonos al diálogo con las mismas capacidades de las que dispone un roedor. Su cuerpo se está preparando para afrontar el ataque de un tigre dientes de sable, no para tratar con su jefe, su vecino o sus seres queridos.

Nos encontramos bajo presión. Con frecuencia, las conversaciones cruciales salen de cualquier parte. Y, puesto que nos cogen por sorpresa, nos vemos obligados a llevar a cabo una interacción humana compleja en tiempo real, sin libros ni consejeros y, desde luego, sin ninguna pausa para que un equipo de terapeutas venga en nuestra ayuda y nos llene de ideas amables.

¿Con qué tenemos que lidiar realmente? Con el problema al que nos enfrentamos, la otra persona y un cerebro que está ebrio de adrenalina y es casi incapaz de pensar racionalmente. No es de extrañar que solamos decir y hacer cosas que tienen un perfecto sentido en aquel momento, pero que más tarde parecen insensatas.

«¿En qué estaría pensando? —nos preguntamos, cuando lo que deberíamos estar preguntándonos es—: ¿Con qué parte de mi cerebro estaba pensando?»

La verdad es que estábamos intentando resolver un complejo problema interpersonal con un cerebro diseñado para poco más que garantizarnos nuestra supervivencia. Hemos tenido suerte de no sufrir una apoplejía.

Estamos confundidos. No sabemos por dónde empezar para abordar una conversación crucial de manera eficaz. A medida que avanzamos, improvisamos porque pocos de nosotros hemos visto modelos reales que pongan en práctica habilidades eficaces de comunicación. Digamos que nos habíamos preparado para una conversación difícil; puede que incluso la hayamos ensayado mentalmente. Nos sentimos preparados y estamos tan campantes. ¿Tendremos éxito? No si no hemos visto cómo es el verdadero éxito. La práctica no crea la perfección; la práctica perfecta crea la perfección.

Esto significa que, antes que nada, tenemos que saber qué practicar. Es probable que hayamos tenido una amplia oportunidad de ver lo que no hay que hacer siguiendo el modelo de nuestros amigos, colegas y, sí, incluso de nuestros padres. De hecho, puede que hayamos jurado una y otra vez que no volveremos a actuar de esa manera. Habremos visto a nuestro padre asentir y enfurruñarse mientras nuestra madre criticaba sus elecciones vitales. Nuestra madre nos enseñó mediante ejemplos como responder a la falta de amabilidad con un sarcasmo hiriente. Y la máxima favorita de nuestro jefe era: «Si no puedes decir algo agradable, entonces no digas nada en absoluto.» Al menos hasta que la persona de la que no podía decir algo agradable abandonaba la habitación.

Y sin ningún modelo positivo, ¿qué es lo que podemos hacer? Pues lo que hace la mayoría de las personas: improvisamos, añadimos unas palabras a otras, tratamos de hacer que no suenen amenazantes y confiamos en que la otra persona esté de acuerdo con nuestra perspectiva de inmediato. Pero puesto que no tenemos una idea real de cómo sacar el tema con seguridad ni de responder a los argumentos de los demás, nuestros intentos tienden a quedarse cortos, y el desfase aumenta.

Actuamos de manera contraproducente. A veces, en nuestro estado dopado y empobrecido, las estrategias que escogemos para abordar nuestras conversaciones cruciales están perfectamente diseñadas para impedirnos conseguir lo que realmente queremos. Somos nuestros peores enemigos. He aquí cómo funciona.

Imaginemos que su cónyuge le presta cada vez menos atención. Usted sabe que tiene un trabajo que lo mantiene muy atareado, aun así, desearía que pasaran más tiempo juntos. Lanza unas cuantas indirectas sobre el tema, pero su pareja no se lo toma bien. Usted decide no añadir presión, de modo que se calla. Desde luego, dado que no está nada contento con la solución, su disgusto ahora se expresa de vez en cuando a través de comentarios sarcásticos: «Has vuelto a llegar tarde esta noche, ¿eh? Tengo amigos de Facebook de los que me siento más cerca.»

Lamentablemente (y es aquí donde el problema se vuelve contraproducente), cuanto más le regañe, menos querrá su cónyuge estar con usted. Así que él o ella le dedica cada vez menos tiempo, usted se irrita aún más y la espiral continúa. Nuestra conducta finalmente acaba por crear el problema mismo que en un principio queríamos evitar. Nos encontramos atrapados en un círculo vicioso y contraproducente.

O puede que tenga un compañero de piso —lo llamaremos Terry— que, sin ningún pudor, tiene la costumbre de ponerse nuestra ropa y la de los otros dos compañeros de piso sin preguntar. De hecho, en una ocasión, Terry anunció alegremente que llevaba puesta una prenda de cada uno de nosotros. Ahí estaban los pantalones de Taylor, la camisa de Scott y, sí, incluso el conjunto de zapatos y calcetines recién comprados de Chris. ¿Cuál de mis prendas habría escogido? ¡Puaj!

Nuestra respuesta, con toda naturalidad, consiste en hablar mal de Terry a sus espaldas. Hasta que un día él nos escucha hablando despectivamente de él a un amigo. Ahora estamos tan avergonzados, que evitamos su compañía. Y cuando no estamos en el piso, él se pone nuestra ropa, se come nuestra comida y utiliza nuestro portátil por despecho.

Pensemos en otro ejemplo. Usted es una mujer integrante del equipo de un proyecto dirigido por un hombre. En los dos últimos meses, usted ha observado que cuando los hombres del equipo aportan ideas en las reuniones creativas, su jefe responde con un «buen comentario», acompañado de un amable asentimiento de cabeza. Cuando una mujer aporta una idea, las más de las veces evita el contacto visual y profiere un leve «Vale». Tras la primera reunión donde se produjo tal comportamiento, usted sintió curiosidad. Tuvo la impresión de que sería provechoso llamar su atención al respecto; sin embargo, decidió no hacerlo por miedo a ofenderlo en una fase tan temprana del proyecto. Después de ver de nuevo esa conducta en la segunda reunión, se convenció no solo de que era un patrón de conducta, sino de que probablemente su jefe era incorregible. A la octava vez que observó el patrón, sintió que un ramalazo de ardiente ira le recorría la columna vertebral. Por su parte, su jefe se ha percatado de su enojo silencioso y ha decidido que o bien no le respeta, o lo que es peor, que está socavando de manera activa su proyecto. En lugar de analizar las preocupaciones que tiene con usted, las alimenta hasta convertirlas en una acusación en toda regla. De resultas de ello, rara vez mira en su dirección durante las reuniones y se toma sus comentarios potencialmente constructivos como un ataque personal.

En ambos casos, los dos están atrapados en un bucle contraproducente. Cuanto más optan los dos por continuar con su inquieto silencio, más generan ambos los comportamientos mismos que el otro desprecia.

En cada uno de estos ejemplos de autoperpetuación malsana, el valor de los factores que estaban en juego era de moderado a alto, las opiniones divergían y las emociones eran fuertes. En un par de ejemplos, los factores en juego eran relativamente bajos al principio, pero, con el tiempo y las emociones cada vez más fuertes, la relación acabó volviéndose amarga y la calidad de vida se resintió, lo cual aumentó el valor de los factores en juego.

Hay esperanza

Así pues, ¿cuál es la solución para avanzar en estas conversaciones y resolver de manera efectiva las situaciones, antes de que estas se prolonguen y crezcan hasta unos niveles inimaginables?

La respuesta es adquirir las habilidades necesarias para abordar y resolver de manera satisfactoria estas relaciones mediante las conversaciones cruciales. Cuando nos sintamos seguros con las habilidades que necesitamos, no dudaremos en dar un paso adelante en estas conversaciones. Sabremos que es posible llegar a un buen resultado, y podremos crear un escenario en el que todos los involucrados se sientan seguros hablando de sus preocupaciones. En el resto del libro nos preocupamos de enseñarle las habilidades para conseguir estos resultados positivos.

Por el momento, examinemos de qué manera poseer estas habilidades afecta para bien a cada una de las áreas de su vida.

TRABAJAR SOBRE EL DIVORCIO

Las habilidades que aprenderá en este libro le ayudarán a abordar algunos de los momentos más cruciales de su vida. La coautora Emily Gregory confió en estas habilidades al afrontar una decisión de las que cambian la vida, y aquellas supusieron un cambio radical. Vea su historia en el vídeo *Working Through Divorce* e infórmese sobre la fuerza de las habilidades de las conversaciones cruciales en crucialconversations.com

---

LA INVESTIGACIÓN: DE QUÉ MANERA LAS HABILIDADES EN LAS CONVERSACIONES CRUCIALES MEJORAN SU VIDA

Las relaciones, profesiones, organizaciones y comunidades sólidas comparten la misma fuente de poder, a saber, la habilidad para hablar abiertamente acerca de temas importantes, emocionales y polémicos.

Lo que sigue es una pequeña muestra de decenios de investigación que nos condujeron hasta esta importante revelación.

Acrecentar su influencia

¿Acaso la capacidad para dominar las conversaciones cruciales puede ayudarlo en su carrera profesional? Sin ninguna duda. En una serie de estudios realizados en 17 organizaciones, identificamos a miles de lo que llamamos «líderes de opinión». Nos extenderemos más sobre lo que significa este concepto en el siguiente capítulo. Por ahora, basta con que sepa que se trataba de individuos que eran admirados en la misma medida por compañeros y superiores, así por su competencia como por su perspicacia. Una de las habilidades más frecuentemente citadas que la gente asociaba con ellos era su capacidad para suscitar temas emocional y políticamente difíciles de una manera en la que los demás no eran capaces. Los colegas envidiaban su capacidad para decirle la verdad a los que estaban en una posición de poder. Cuando las personas no estaban seguras de cómo hacer que la alta dirección supiera que no estaba en contacto con la realidad, las más de las veces eran estas mujeres y estos hombres habilidosos los que reducían el desfase.

Todos hemos visto a personas que perjudican sus carreras por no saber abordar eficazmente los problemas difíciles.

Harto de un malsano e interminable modelo de conducta, usted finalmente se atreve a hablar, pero lo hace con demasiada brusquedad. Ya estamos. O quizás un tema se vuelve tan candente que a medida que sus compañeros hacen muecas y gestos y se convierten en una masa temblorosa de potenciales víctimas de infarto, usted decide hablar. No es una discusión agradable, pero alguien tiene que tener el valor suficiente para evitar que el jefe cometa un error estúpido. (Todo un trago.)

Sin darnos cuenta de ello, desde que tenemos tres o cuatro años, la mayoría llegamos a la peligrosa conclusión de que a menudo tenemos que escoger entre decir la verdad o conservar un amigo. El desfase se convierte en un modelo de vida mientras procrastinamos, postergando conversaciones que de lo contrario podrían conducir a un acuerdo y a unas relaciones más sólidas. En su lugar, alimentamos el resentimiento y la enemistad mientras dejamos que nuestros actos hablen por nosotros, en lugar de mantener una conversación honesta sobre nuestras preocupaciones.

Las personas que mantienen conversaciones cruciales de manera habitual y lo hacen de manera adecuada son capaces de expresar opiniones controvertidas y hasta peligrosas de una manera que se hacen escuchar. Sus jefes, colegas y subordinados directos escuchan sin ponerse a la defensiva o enfurecerse.

Una y otra vez hemos observado cómo los líderes de opinión encuentran las maneras tanto de decir la verdad como de mantener las relaciones. Y nos hemos asombrado al verlos hacer avanzar las conversaciones de una manera que, en realidad, reforzaba las relaciones laborales, y descubrimos que la única manera de fortalecer realmente las relaciones es mediante la verdad, no dando vueltas a su alrededor.

¿Y qué pasa con nuestra carrera? ¿Hay conversaciones cruciales que pasamos por alto o que no sabemos manejar adecuadamente? ¿Acaso esto mina nuestra influencia? Y, aún más importante, ¿le daría un impulso a nuestra carrera si pudiésemos mejorar nuestra manera de abordar estas conversaciones?

Mejorar su empresa

¿Es posible que el rendimiento de una empresa pudiera depender de algo tan ligero y emocional como la manera en que los individuos abordan las conversaciones cruciales?

Un estudio tras otro sugieren que la respuesta es sí.

Iniciamos nuestro trabajo hace 30 años buscando lo que denominamos «momentos cruciales». A tal fin, nos preguntamos: «¿Existen unos cuantos momentos en los que las acciones de alguien *afecten desproporcionadamente* a los indicadores de rendimiento fundamentales?» Y de ser así, ¿cuáles son esos momentos y cómo deberíamos actuar cuando surgen?

Fue esa búsqueda la que nos condujo hasta las conversaciones cruciales. Y entonces nos encontramos con que, las más de las veces, el mundo cambia cuando las personas tienen que afrontar un asunto comprometido y lo hacen mal o lo hacen bien. Por ejemplo:

El silencio mata. Un médico se dispone a implantar un catéter venoso central a un paciente, pero no se pone los guantes, el gorro y la mascarilla adecuados para garantizar que el procedimiento se haga en condiciones de máxima seguridad. Cuando la enfermera le recuerda que debe utilizar las protecciones adecuadas, el médico hace caso omiso a su comentario y procede a la implantación. En un estudio en el que participaron más de 7.000 médicos y enfermeras, hemos encontrado que los profesionales de la salud se enfrentan permanentemente a momentos cruciales como este. De hecho, el 84 por ciento de los encuestados dijeron que habitualmente veían a personas que tomaban atajos, daban muestras de incompetencia o infringían las normas.

¡*Y ese no es el problema!*

El auténtico problema es que aquellos que observan las desviaciones o infracciones *no dicen nada*. Lo que hemos descubierto es que, a escala mundial, las probabilidades de que una enfermera exprese su opinión no llegan a 1 de cada 12. Pero las probabilidades de que los médicos asuman más responsabilidad en conversaciones cruciales similares no son mucho más altas.

Y cuando no se atreven a decir lo que piensan, cuando no entablan una conversación crucial efectiva, esto repercute en resultados críticos, como la seguridad del paciente, la sustitución de las enfermeras, la satisfacción del médico y la productividad de las enfermeras.

El silencio es infructuoso. En lo tocante al mundo empresarial, la queja más habitual de los ejecutivos y directivos es que su gente trabaja en compartimentos estancos. Son fantásticos haciendo labores que son gestionadas completamente dentro de sus equipos. Por desgracia, cerca del 80 por ciento de los proyectos que exigen una cooperación interdisciplinar *cuestan bastante más de lo esperado, producen menos de lo que se confiaba y sobrepasan notablemente lo presupuestado*. Nos preguntábamos la razón.

Así que nos decidimos a estudiar más de 2.200 proyectos y programas que se habían puesto en marcha en cientos de empresas de todo el mundo. Las conclusiones fueron sorprendentes. Uno puede predecir con meses o años de anticipación con casi el 90 por ciento de exactitud qué proyectos fracasarán. El *indicador* del éxito o el fracaso no era otro que el que las personas pudieran entablar conversaciones cruciales relevantes concretas. Por ejemplo, ¿podían dar su opinión si creían que el alcance y el calendario eran poco viables o guardaban silencio cuando un miembro del equipo interdisciplinar empezaba a no darse por enterado? O lo que sería incluso más peliagudo: ¿qué deberían hacer cuando un ejecutivo no asumiera la orientación de la iniciativa?

En la mayoría de las empresas que estudiamos, los empleados guardaban silencio cuando llegaban estos momentos cruciales. Por suerte, en aquellas donde la gente podía hablar satisfactoriamente y con franqueza sobre estos problemas, sólo la mitad de los proyectos tenían probabilidades de fracasar. Cuando un proyecto fracasaba, los problemas planteados aparecían en indicadores de rendimientos fundamentales, como los costes crecientes, el retraso en los plazos de entrega y la moral baja. Pero nuestra investigación demostró que la causa subyacente era la indisposición o incapacidad para hablar en los momentos cruciales.

* * *

Otros estudios que hemos realizado han mostrado que las empresas con empleados que manejan con habilidad las conversaciones cruciales:

- Reaccionan cinco veces más deprisa a las crisis financieras y realizan los ajustes presupuestarios con bastante más inteligencia que sus compañeros menos dotados.
- Tienen un 66 por ciento más de probabilidades de no resultar heridos o muertos en condiciones de inseguridad.
- Ahorran más de 1.500 dólares y una jornada de trabajo de ocho horas por cada conversación crucial que mantienen en lugar de evitarla.
- Aumentan sustancialmente la confianza y reducen los costes de transacción en los equipos de trabajo virtual.

Los que no son capaces de afrontar sus conversaciones cruciales soportan diferentes consecuencias (traiciones, chismorreo, menoscabo, agresión pasiva, etc.) con una frecuencia tres veces mayor en los equipos virtuales que en los equipos agrupados.

- Logran que colegas que son acosadores, maquinadores, deshonestos o incompetentes cambien. Al ser preguntados más de 4.000 encuestados, el 93 por ciento dijo que, en sus empresas, la gente así es casi «intocable» y permanece en su puesto durante años y lustros sin que se le exija ninguna responsabilidad.

La mayoría de los líderes están equivocados. Piensan que la productividad y el rendimiento empresariales se basan simplemente en las políticas, los procesos, las estructuras o los sistemas. Así, cuando su producto de programación informática no sale a tiempo, toman como referencia los procesos de desarrollo de los demás; o cuando la productividad flaquea, modifican su sistema de gestión de rendimiento; y cuando sus equipos no están cooperando, proceden a una reestructuración.

Nuestras investigaciones muestran que estas clases de cambios no humanos fracasan más veces que las que tienen éxito. Esto es así porque el verdadero problema no radica en implementar un nuevo proceso, sino en conseguir que las personas se rindan cuentas mutuamente por el proceso. Y eso requiere las habilidades de las conversaciones cruciales.

En las *peores* empresas, los empleados con bajo rendimiento son primero ignorados y más tarde trasladados. En las *buenas* empresas, los jefes acaban por afrontar los problemas. En las *mejores* empresas, todos son responsables ante todos los demás, con independencia de su nivel o cargo. El camino hacia una productividad elevada no pasa por un sistema estático, sino por las conversaciones directas.

¿Y qué hay de usted? ¿Su empresa no avanza en la consecución de algún objetivo importante? ¿Cuál es el desfase habitual en su organización entre la identificación y la discusión de los temas políticos o emocionalmente peligrosos? ¿La gente da un paso adelante en las conversaciones cruciales o las rehúye? ¿Podría dar un gran paso adelante acortando su desfase habitual?

Reforzar sus relaciones

¿Es posible que las conversaciones cruciales abortadas conduzcan a relaciones fallidas? Cuando preguntamos a una persona normal y corriente a qué se deben las rupturas de las parejas suele señalar que se deben a las diferencias de opinión. Sabemos que las personas tienen diferentes teorías acerca de cómo manejar sus finanzas, poner un poco de color en sus vidas amorosas o criar a los niños.

En realidad, todos discutimos acerca de temas importantes. Pero no todo el mundo se separa. Lo que importa es cómo hablamos de los problemas.

Por ejemplo, cuando el psicólogo Howard Markman analizó a las parejas en medio de acaloradas discusiones, descubrió que las personas pertenecen a tres categorías: aquellos que se desvían del tema y recurren al insulto y las amenazas; los que se encierran en sí mismos, y los que hablan abierta, sincera y eficazmente.

Después de observar a las parejas durante cientos de horas, Markman y su compañero de investigación Clifford Notarius predijeron los resultados de las relaciones y siguieron la pista de las relaciones de sus sujetos de investigación durante los siguientes diez años. Sorprendentemente, resultó que habían pronosticado casi el 90 por ciento de los divorcios que se produjeron.[1] Pero más importante todavía fue su hallazgo de que ayudar a las parejas a mantener las conversaciones cruciales de manera más eficaz, reducía las probabilidades de insatisfacción o ruptura ¡en más del doble!

Bueno, ¿y qué pasa con usted? Piense en sus propias relaciones importantes. ¿Acaso hay unas cuantas conversaciones cruciales que actualmente intenta evitar o que maneja de manera inadecuada? ¿Quizá da la espalda a ciertos temas sólo para acusar imprudentemente a los demás? ¿Tal vez se guarda de expresar opiniones desagradables sólo para soltarlas después como comentarios sarcásticos e hirientes? Cuando más importa (al fin y al cabo, se trata de nuestros seres queridos), ¿no manifestamos nuestra peor actitud? Si es así, sin duda tenemos algo que ganar profundizando en el aprendizaje de cómo manejar las conversaciones cruciales.

Mejorar su salud personal

Si hasta ahora las pruebas no son suficientemente convincentes, ¿qué diría si le dijéramos que la capacidad de dominar las conversaciones cruciales es una de las claves para una vida más saludable y longeva?

Los sistemas inmunes. Pensemos en las revolucionarias investigaciones realizadas por la doctora Janice Kiecolt-Glaser y el doctor Ronald Glaser. Entre los dos han estudiado los sistemas inmunológicos de parejas que habían estado casadas un promedio de 42 años, comparando aquellos que discutían constantemente con aquellos que resolvían sus diferencias de manera eficaz. Lo que han descubierto es que discutir durante décadas no disminuye el impacto destructivo del conflicto permanente. Muy al contrario. Aquellos que fracasaron rutinariamente en sus conversaciones cruciales, tenían sistemas inmunológicos mucho más débiles que aquellos que habían encontrado una manera de resolverlos adecuadamente.[2]

Enfermedades que amenazan nuestras vidas. En lo que quizá constituye el más revelador de todos los estudios relacionados con la salud, un grupo de sujetos que habían contraído un melanoma maligno recibieron el tratamiento tradicional y luego fueron divididos en dos grupos. Un grupo se reunió semanalmente durante seis semanas. El otro grupo no se reunió. Los instructores enseñaron al primer grupo de pacientes en recuperación habilidades de comunicación específicas.

Después de reunirse sólo seis veces y luego separarse durante cinco años, los sujetos que aprendieron a expresarse eficazmente tuvieron una tasa de supervivencia superior: sólo falleció el 9 por ciento, en comparación con casi el 30 por ciento del grupo que no recibió formación para el diálogo.[3] Pensemos en las implicaciones de este estudio. Una modesta mejoría en la capacidad para hablar y conectarse con los otros arrojó una disminución de dos terceras partes en la tasa de mortalidad.

Este estudio es sólo una muestra de cómo la manera en que hablamos o dejamos de hacerlo puede afectar de manera espectacular a nuestra salud. Montones de investigaciones sugieren que los sentimientos negativos que guardamos y el dolor emocional que sufrimos a medida que nos abrimos paso a trompicones a través de conversaciones malsanas minan lentamente nuestra salud. En algunos casos, el impacto de las conversaciones frustradas acarrea problemas menores; en otros, acaba en desastre. En todos los casos, las conversaciones frustradas nunca nos hacen más felices, más sanos ni mejores.

* * *

¿Y qué pasa con usted? ¿Cuáles son las conversaciones específicas que más problemas le provocan? ¿Cuáles son las conversaciones (si es que las ha tenido o las ha mejorado) que fortalecerían su sistema inmunológico, contribuirían a mantener las enfermedades a raya y aumentarían su calidad de vida y su bienestar?

RESUMEN: ¿QUÉ ES UNA CONVERSACIÓN CRUCIAL?

Cuando los factores que están en juego son importantes, las opiniones divergen y las emociones comienzan a ser fuertes, las conversaciones anodinas se vuelven cruciales. Paradójicamente, cuanto más crucial es la conversación, menos probable será que la manejemos adecuadamente. Cuando fracasamos en una conversación crucial, todos los aspectos de nuestras vidas pueden verse afectados, desde nuestras empresas a nuestras carreras profesionales, nuestras comunidades, nuestras relaciones y nuestra salud personal. Y cuanto mayor sea el desfase, mayor será el espacio para las jugarretas.

Pero hay buenas noticias. A medida que aprendemos a enfrentarnos a las conversaciones cruciales —y a manejarlas adecuadamente— con un conjunto de habilidades de alto nivel, podemos influir prácticamente en todos los aspectos de nuestras vidas.

¿Cuál es este conjunto tan importante de habilidades? ¿Qué es lo que hacen, en realidad, las personas que se desenvuelven con soltura en las conversaciones cruciales? Y, lo que es más importante, ¿podemos conseguirlo nosotros también?

2

EL DOMINIO DE LAS CONVERSACIONES CRUCIALES

El poder del diálogo

Para ser sinceros, no nos propusimos encauzar nuestro estudio hacia el descubrimiento de las conversaciones cruciales. Antes bien, nos dimos de bruces con éstas.

A lo largo de los años, hemos trabajado con docenas de líderes de una diversidad de sectores que estaban tratando de realizar grandes cambios. En parte, nuestra metodología de consultoría implicaba ayudarlos a encontrar a los líderes de opinión integrados en sus organizaciones que pudieran ser útiles en el intento. Esto lo hicimos de una manera bastante directa. Para empezar, preguntamos a la gente que nombraran a dos o tres personas a las que recurrían antes que a nadie cuando tenían dificultades para hacer algo. Durante las últimas décadas hemos pedido a decenas de miles de personas que identificaran a los individuos de sus organizaciones que sabían cómo hacer que las cosas sucedieran cuando los demás estaban bloqueados. Lo que queríamos era encontrar a aquellos que no solo fueran influyentes, sino bastante más influyentes que el resto.

En todas las ocasiones, cuando escribíamos los nombres en una lista, surgía un modelo. Muchos eran nombrados por uno o dos colegas. Algunos aparecían en cinco o seis listas. Estos eran los buenos en cuestión de influencia, pero no lo bastante buenos para ser identificados como los mejores líderes de opinión. Y luego había un puñado que eran votados treinta o más veces. Estos eran los mejores, los que podían hacer que ocurrieran grandes cosas en sus respectivas áreas. Algunos eran directores y supervisores. Muchos no lo eran.

Uno de los líderes de opinión que nos interesó especialmente se llamaba Kevin. Era el único de los ocho vicepresidentes de su empresa que había sido identificado como sumamente influyente. Queríamos saber por qué. De modo que lo observamos en el trabajo.

Al comienzo, Kevin no hizo nada notable. En realidad, parecía tener el mismo aspecto que cualquier otro vicepresidente. Contestaba el teléfono, hablaba con sus colaboradores y continuaba con su rutina, agradable pero rutinaria.

EL INESPERADO DESCUBRIMIENTO

Después de seguir los pasos de Kevin durante casi una semana, comenzamos a preguntarnos si realmente su manera de proceder lo distinguía de otros o si su influencia era puramente una cuestión de popularidad. Hasta que lo seguimos a una reunión.

Kevin, sus compañeros y su jefe debían tomar una decisión sobre una nueva localización para sus oficinas. ¿Tendrían que mudarse al otro extremo de la ciudad, del estado o del país? Los dos primeros ejecutivos presentaron los puntos a favor de su primera elección y, tal como se esperaba, sus argumentos encontraron un cúmulo de agudas preguntas de todo el equipo. No hubo ninguna afirmación vaga que no tuviera que ser aclarada, ningún razonamiento sin fundamentos que no fuera cuestionado.

Entonces Chris, el director general, expresó su preferencia, una elección que había sido a la vez impopular y potencialmente desastrosa. Sin embargo, cuando las personas expresaron su desacuerdo o rebatieron a Chris, él respondió con argumentos pobres. Puesto que él era el gran jefe, no era precisamente lo suyo tener que discutir con otras personas para conseguir lo que quería. Al contrario, adoptó una actitud ligeramente defensiva. Primero, frunció el ceño; luego levantó el dedo índice; finalmente, alzó la voz, sólo un poco. No pasó mucho rato antes de que los presentes dejaran de hacerle preguntas y la propuesta inadecuada de Chris fuera tímidamente aceptada.

Bueno, casi aceptada. En ese momento, Kevin dijo lo que pensaba. Sus palabras fueron muy sencillas, algo así como: «Oye, Chris, ¿puedo preguntarte un par de cosas?»

La reacción fue sorprendente, porque a todos los presentes en la sala se les cortó la respiración. Sin embargo, Kevin no hizo caso del terror pintado en la cara de sus colegas y prosiguió. En los minutos siguientes, básicamente le dijo al director general que daba la impresión de que estaba violando sus propias normas sobre la toma de decisiones. Había utilizado sutilmente su poder para desplazar las oficinas a su pueblo natal.

Kevin continuó explicando lo que, en su opinión, estaba sucediendo, y cuando acabó los primeros minutos de su delicado comentario, Chris guardó silencio durante un momento. Luego asintió con un gesto de la cabeza. «Tienes toda la razón —dijo finalmente—. He intentado imponeros mi opinión. Volvamos atrás e intentémoslo de nuevo.»

Se trataba en este caso de una conversación crucial, y Kevin no se anduvo con rodeos. No recurrió al silencio como sus colegas ni intentó imponer sus argumentos para acallar a los demás. Fuera como fuese, consiguió imprimir a sus palabras una franqueza absoluta, aunque lo hizo de una manera que demostraba un profundo respeto por Chris. Fue algo digno de verse. El resultado fue que el equipo eligió una localización mucho más razonable, y el jefe de Kevin apreció su sincero asesoramiento.

Cuando Kevin acabó, uno de sus compañeros se volvió hacia nosotros y dijo: «¿Habéis visto cómo lo ha hecho? Si queréis saber cómo consigue lo que quiere, reflexionad sobre lo que acaba de hacer».

Así que fue eso lo que hicimos. De hecho, dedicamos los siguientes 30 años a descubrir lo que hacían Kevin y otras personas como él. Lo que generalmente los situaba en un nivel diferente del resto del equipo era su capacidad para evitar lo que terminamos denominando «las opciones poco inteligentes».

Observará que la contribución de Kevin no fue su comprensión de la situación. Casi todos podían darse cuenta de lo que estaba sucediendo; sabían que se estaban dejando dominar para tomar una mala decisión. Pero todos, a excepción de Kevin, creían que tenían que elegir entre dos malas alternativas.

- **Opción 1.** Expresar su opinión y convertir a la persona más poderosa de la empresa en su enemigo declarado.
- **Opción 2.** Sufrir en silencio y tomar una mala decisión que podría arruinar a la empresa.

El error que la mayoría cometemos en nuestras conversaciones cruciales es que creemos que tenemos que escoger entre decir la verdad y conservar un amigo. Como propusimos en el capítulo anterior, empezamos a creer en opciones poco inteligentes a una edad muy temprana. Por ejemplo, aprendimos que cuando la abuela nos sirvió aquella descomunal ración de su famoso pastel de coles de Bruselas *à la mode* y luego preguntó: «¿Te gusta?», en realidad había querido decir: «¿Te gusto yo?» Cuando respondimos sinceramente y vimos la expresión de dolor y espanto en su rostro, tomamos una decisión que afectó al resto de nuestras vidas: «De hoy en adelante, estaré atento a los momentos en que debo escoger entre la sinceridad y la ternura.»

MÁS ALLÁ DE LAS OPCIONES POCO INTELIGENTES

Y desde ese día en adelante, nos encontramos con un montón de esos momentos: con jefes, colegas, seres queridos y los que se cuelan en la cola del súper. Dilatar el desfase se convirtió en una forma de vida, y las consecuencias vinieron detrás.

Esta es la razón por la que nuestras investigaciones con Kevin (y de cientos de individuos como él) fueran tan importantes. Descubrimos un plantel de seres humanos que se niegan a decantarse por las opciones poco inteligentes; su meta es diferente de la del ciudadano medio. Cuando Kevin se expresó, su pregunta implícita fue: «¿Cómo puedo ser sincero con Chris al 100 por ciento y al mismo tiempo ser respetuoso al 100 por ciento?»

Después de esta relevante reunión, empezamos a buscar a más gente como Kevin, y los encontramos por todo el mundo. Los hallamos en la industria, el gobierno, el mundo académico y las organizaciones sin ánimo de lucro. Fueron bastante fáciles de localizar porque casi siempre estaban entre los empleados más influyentes de sus organizaciones. No sólo se negaban a decantarse por las opciones poco inteligentes, sino que además actuaban con bastante más habilidad que sus colegas.

¿Pero qué era lo que hacían exactamente? Kevin no era tan diferente de sus colegas. ¿Podían los demás aprender de lo que hizo?

Para responder a esta pregunta, empecemos analizando lo que Kevin fue capaz de lograr. Eso nos ayudará a ver adónde tratamos de llegar. Luego, examinaremos las herramientas de diálogo que los comunicadores eficaces utilizan rutinariamente y aprenderemos a aplicarlas a nuestras conversaciones cruciales.

EL DIÁLOGO

Si hablamos de conversaciones cruciales, las personas que manejan el diálogo con habilidad encuentran la manera de sacar a la luz toda la información relevante (de sí mismos y de los demás).

De eso se trata. En el núcleo de cada conversación exitosa yace el libre flujo de información relevante. Las personas expresan sus opiniones abierta y sinceramente, comparten sus sentimientos y articulan sus teorías. Comparten sus puntos de vista con buena disposición y con la debida competencia, incluso cuando sus ideas son polémicas o poco populares. Y esa era la única cosa que eran capaces de conseguir de manera habitual Kevin y otros comunicadores sumamente eficaces que estudiamos.

Lo que hacen es crear de manera eficaz un diálogo.

> **diálogo.** Libre flujo de significados entre dos o más personas.

Pero cuando hablamos del diálogo, nos enfrentamos a dos preguntas. Primero, ¿cómo lleva este libre flujo de significados al éxito? Y segundo, ¿qué podemos hacer para favorecer que el significado fluya libremente?

Explicaremos la relación entre el libre flujo de significados y el éxito en este capítulo. La respuesta a la segunda pregunta

—¿qué podemos hacer para favorecer que el significado fluya libremente?— nos llevará el resto de este libro responderla.

Llenar el conjunto de significados compartidos

Todos entablamos conversaciones con nuestras propias opiniones y sentimientos sobre el tema que haya que tratar. Esta combinación única configura nuestro personal conjunto de significados. Dicho conjunto no sólo nos procura información, sino que también impulsa cada uno de nuestros actos.

Cuando dos o más personas entablamos una conversación crucial, por definición, no compartimos el mismo conjunto. Nuestras opiniones divergen. Yo creo una cosa, usted otra. Yo tengo una historia, y usted otra.

Las personas que se manejan con habilidad en el diálogo hacen todo lo posible para que todos puedan agregar su significado al conjunto compartido, incluso ideas que a primera vista parecen polémicas o equivocadas. Como es evidente, no todo el mundo está de acuerdo con todas las ideas; simplemente, la gente hace lo posible para garantizar que todas las ideas tengan vía libre.

A medida que el conjunto de significados compartidos va creciendo, esto ayuda a las personas en dos sentidos. En primer lugar, cuando los individuos se ven expuestos a información más precisa y relevante, toman mejores decisiones. En un sentido muy real, el conjunto de significados compartidos es una medida del coeficiente intelectual del grupo. Cuanto más amplio sea el conjunto compartido, más inteligentes serán las decisiones.

Por otro lado, hemos visto lo que ocurre cuando el conjunto compartido es peligrosamente somero. Cuando las personas deliberadamente se guardan los significados para sí, las personas individualmente inteligentes pueden cometer errores colectivos estúpidos.

Por ejemplo, uno de nuestros clientes nos contó la siguiente experiencia:

Una mujer ingresó en un hospital para someterse a una extracción de amígdalas, y el equipo quirúrgico, por error, le amputó una parte del pie. ¿Cómo pudo suceder esta tragedia? En realidad, ¿cómo se explican esas casi 22.000 muertes hospitalarias al año en Estados Unidos debidas a errores humanos?[1] En parte porque muchos profesionales de la salud tienen miedo a decir lo que piensan. En este caso, hubo al menos siete personas que se preguntaron por qué el cirujano intervenía el pie del paciente, pero no se manifestaron. El significado no fluyó libremente porque los involucrados tenían miedo de expresar lo que pensaban.

Desde luego, los hospitales no tienen el monopolio del miedo. En todos los casos en que los jefes son inteligentes, reciben un sueldo abultado, están seguros de sí mismos y no tienen pelos en la lengua (es decir, la mayoría de los casos), las personas tienden a guardarse sus opiniones en lugar de arriesgarse a irritar a alguien en una posición de poder.

Por otro lado, aun cuando las personas se sienten cómodas y la expresión de las ideas y de significados fluye libremente, el conjunto compartido puede aumentar espectacularmente la capacidad de un grupo para adoptar mejores decisiones. Pensemos en lo que sucedió con el grupo de Kevin. Cuando todos en el equipo comenzaron a dar su opinión, cada uno se formó un cuadro más claro y completo de las circunstancias.

Cuando comenzaron a entender los porqués y las finalidades de las diferentes propuestas, avanzaron a partir de las aportaciones del otro. A la larga, en la medida en que una idea conducía a la siguiente, y luego a la siguiente, idearon una alternativa en la que nadie había pensado originalmente y que todos apoyaron sin reservas. Como resultado del libre flujo de significados, el todo (la decisión final) era verdaderamente superior a la suma de las partes originales. En resumen:

el conjunto de significados compartidos es el caldo de cultivo de la sinergia.

Cuando las personas participan de una discusión abierta, entienden por qué la solución compartida es la mejor opción, y se sienten comprometidos a actuar. Por ejemplo, Kevin y los otros vicepresidentes no se inclinaron por la decisión final simplemente porque se sintieran involucrados. Se inclinaron por ella porque la entendieron.

Al contrario, cuando las personas no participan, cuando se quedan sentadas en silencio durante conversaciones delicadas, rara vez se sienten comprometidas con la decisión final. Puesto que se guardan sus ideas y sus opiniones jamás llegan a constituir parte del conjunto de significados, acaban criticando en silencio y resistiendo pasivamente. De igual manera, cuando otros imponen sus ideas al conjunto, a los participantes les cuesta más aceptar la información. Puede que digan que están de acuerdo con la decisión final, pero luego se despiden y acatan las decisiones con poco entusiasmo. Para citar a Samuel Butler: «Aquel que cumple contra su voluntad sigue teniendo su propia opinión».

El tiempo que dedicamos a crear un conjunto de significados compartidos se ve más que compensado por acciones más ágiles, uniformes y comprometidas en el futuro.

Por ejemplo, si Kevin y los otros ejecutivos no hubiesen estado comprometidos con su decisión para una nueva localización, se podrían haber producido graves consecuencias. Algunas personas habrían accedido a mudarse, otros lo habrían hecho a desgana, algunos habrían sostenido acaloradas discusiones en los pasillos y otros más habrían guardado silencio, y en silencio habrían combatido el proyecto. Es muy probable que el equipo hubiera tenido que volver a reunirse, a discutir y a decidir, puesto que sólo una persona estaba a favor de la decisión final, una decisión que afectaba a todos.

Que no se nos entienda mal. No pretendemos sugerir que haya que tomar todas las decisiones por consenso o que el jefe no deba participar en la decisión final o incluso adoptarla. Sólo estamos sugiriendo que sea cual sea el método de toma de decisiones, cuanto más rico sea el significado compartido del conjunto, más sólida será la decisión final, mayor la uniformidad y más fuerte la convicción, independientemente de quién la tome.

Cada vez que discutimos, polemizamos, nos retraemos o actuamos de cualquier otro modo que sea ineficaz, es porque no sabemos cómo compartir el significado. En lugar de participar de un diálogo sano, nos dedicamos a maniobras costosas.

Por ejemplo, a veces optamos por el silencio. No hacemos más que saludar y no decimos palabra. Es decir, no nos enfrentamos a las personas en posiciones de autoridad. A veces, en casa aplicamos la ley del hielo. Con esta desagradable técnica, damos la espalda a nuestros seres queridos pretendiendo que nos traten mejor (¿qué hay de lógico en ese comportamiento?).

A veces recurrimos a las indirectas, sarcasmos, insinuaciones y miradas de desprecio para expresar lo que pensamos. Nos hacemos los mártires y luego fingimos que realmente intentamos colaborar. O quizá, ante el miedo de enfrentarnos a un individuo, culpamos a todo un equipo por un determinado problema, esperando que el mensaje alcance al blanco correcto. Cualquiera que sea la técnica, el método general es el mismo. Nos guardamos de aportar significado al conjunto. Optamos por el silencio.

En otras ocasiones, al no saber cómo seguir dialogando, tratamos de introducir nuestro significado en el conjunto por la fuerza. Recurrimos a la violencia emocional, cualquier cosa desde la insidiosa crítica verbal y el abuso intelectual hasta las agresiones verbales sin ambages. Actuamos como si lo supiéramos todo, esperando que los demás crean nuestros argumentos; desacreditamos a los otros; utilizamos la fuerza para salirnos con la nuestra; tomamos prestada una porción de poder del jefe: atacamos a las personas con monólogos sesgados y hacemos comentarios hirientes. El objetivo de todas estas conductas siempre es el mismo: imponer a los demás nuestro punto de vista.

Para resumir: cuando hay importantes factores en juego, las opiniones difieren y las emociones son fuertes, solemos poner de manifiesto lo peor de nosotros mismos. Para encontrar lo mejor de nosotros, tenemos que descubrir una manera de explicar cuál es el contenido de nuestros conjuntos personales de significados —sobre todo, los factores importantes que ponemos en juego, las ideas y opiniones sensibles y polémicas— y conseguir que los demás compartan los suyos. Para lograrlo, tenemos que desarrollar las herramientas que nos permitan conversar sobre estos temas tranquilamente y alcanzar un conjunto de significados compartidos.

LAS HABILIDADES DEL DIÁLOGO SE PUEDEN APRENDER

Y he aquí las verdaderamente buenas noticias. Las habilidades requeridas para dominar las interacciones donde hay importantes factores en juego son muy fáciles de identificar y relativamente fáciles de aprender. Una conversación crucial bien manejada casi nos saltará a la vista. Cuando vemos entrar a alguien en aguas peligrosas donde hay importantes factores en juego, intensas emociones y discusiones polémicas y que esa persona lo hace especialmente bien, nuestra reacción natural es mostrar asombro. Lo que comenzó sólo como una discusión sin futuro acaba con una sana resolución. La cosa nos puede dejar sin aliento.

Y lo que es aún más importante, no sólo se pueden identificar fácilmente las habilidades para el diálogo, sino que también es relativamente fácil aprenderlas. Ése es nuestro siguiente destino. Hemos aislado y capturado las habilidades de las personas dotadas para el diálogo a lo largo de décadas de investigación. Al comienzo, seguimos a Kevin y a docenas de otros como él. Cuando las conversaciones se volvían cruciales, tomamos notas detalladas. Después, comparamos nuestras observaciones, pusimos a prueba nuestras hipótesis y afinamos nuestros modelos hasta que encontramos las habilidades que explican sistemáticamente el éxito de los comunicadores brillantes. Finalmente, combinamos nuestras teorías, nuestros modelos y nuestras habilidades hasta elaborar un paquete de herramientas que se pueden aprender, herramientas para dialogar cuando están en juego importantes factores. Luego, enseñamos esas habilidades y observamos cómo los principales indicadores del rendimiento y las relaciones mejoraron.

Ahora estamos preparados para compartir lo que hemos aprendido. Siga leyendo con nosotros mientras analizamos la manera de transformar las conversaciones cruciales de episodios de temor en interacciones que producen éxitos y resultados tangibles. Es el conjunto de habilidades más importantes que jamás dominará.

Mi conversación crucial: Bobby R.

Mi conversación crucial empezó la noche previa a ser destacado por primera vez a Irak en 2004. Había mucha tensión entre los miembros de mi familia a causa de sucesos anteriores y unos puntos de vista antagónicos. El estrés por mi partida para el combate no hizo más que aumentar la tensión. Aquella noche, una pregunta bien intencionada, aunque cargada de profundas implicaciones de mi padre, hizo que me enfureciera. Mi reacción durante las siguientes dos horas inició una crisis imparable que afectó a toda la familia. Hermanos, primos, tías, tíos, padres, hijos y abuelos... todos tomaron partido.

Mis vínculos familiares siguieron desmoronándose mientras comandaba un pelotón de soldados por las calles de Bagdad. Mi esposa estaba sola en casa con nuestro hijo de un año y embarazada del segundo. Durante mi período de servicio, nuevos encuentros familiares sólo contribuyeron a empeorar la situación, y cuando regresé a casa después de catorce meses en combate, lo hice para encontrarme con una familia completamente destrozada en todas las generaciones vivas. El silencio entre mi padre y yo se prolongó durante cinco años más.

Las conversaciones cruciales salvaron mi relación con mi padre. Un vecino que es formador de conversaciones cruciales me invitó a que asistiera a sus clases antes de mi tercer período de servicio en Irak. Un par de semanas antes de ser destacado me puse en contacto con mi padre para darle noticias de los dos niños que no conocía todavía e informarle de que partía de nuevo para el combate. Le dije que no podría cometer el mismo error que había cometido cinco años antes, y que nos encontráramos.

Durante un hermoso atardecer en Houston, mi padre y yo pasamos tres tensas horas en una terraza tratando mucho dolor y resentimiento acumulado. En todo momento, tuve presente lo que me habían enseñado y, en lugar de echar mano de una franqueza condescendiente, hice todo lo posible por crear las condiciones para que ambos pudiéramos ser sinceros y respetuosos. Fue increíblemente difícil. A veces, la sinceridad amenazó con instalarnos de nuevo en el estado de furia que nos había llevado hasta allí. Pero me mantuve centrado en lo que realmente quería: restablecer las relaciones con mi familia.

Al terminar la conversación, nos reunimos con mi madre para cenar. Ella había sido la que más había sufrido por mi cólera del pasado y tenía sus dudas acerca de que no siguiera siendo el chico arrogante, rencoroso, sarcástico y replicón de mi juventud. Aun así, y dado que mi padre había valorado mi respeto, remordimiento y evidente demostración de lograr un propósito común, me dio una oportunidad. Ahora tengo una relación cariñosa con mi esposa, mis cuatro hijos y mis padres. Hemos acordado no hundir nuestras preocupaciones en el silencio nunca más.

La relación que hoy día tengo la atribuyo al éxito de aquella conversación crucial en la terraza. Si no hubiera puesto en práctica lo que había aprendido, la relación con mis padres habría muerto a causa de la ira y la indiferencia. Y esa conversación tuvo lugar gracias a un amigo que me inició en las conversaciones cruciales.

¿HACIA DÓNDE NOS DIRIGIMOS?

En el resto del libro analizaremos las herramientas que las personas utilizan para ayudar a crear las condiciones del diálogo. Aunque las conversaciones cruciales rara vez siguen un camino sistemático, los principios y las habilidades que compartiremos se aplican, por lo general, en un orden previsible. Por ejemplo, en la primera parte del libro («Qué hacer antes de abrir la boca») se describen los «principios preparatorios», aquellas cosas que tenemos que hacer antes de empezar a asegurarnos de que estamos preparados para mantener una conversación eficaz. Y hay pocas probabilidades de que haya un diálogo saludable, si no se está centrado en el problema correcto (capítulo 3, «Escoger el tema»), si no comprende bien sus motivos (capítulo 4, «Comenzar con uno mismo») y si no controla sus emociones (Capítulo 5, «Controlar sus historias»).

La segunda parte se titula «Cómo abrir la boca». En ésta le enseñaremos a reconocer los primeros indicios de los problemas (capítulo 6, «Aprender a observar»). A continuación, le contaremos cómo crear la condición clave que le permita hablar con casi cualquier persona sobre casi todo: la seguridad (capítulo 7, «Crear un entorno seguro»). Entonces, nos pondremos tácticos, y le enseñaremos las estrategias para que comparta sus opiniones de una manera que sea tan veraz como casi improbable que provoque una actitud defensiva (capítulo 8, «Exponer su camino») y para que ayude a los demás a expresar también sus puntos de vista (capítulo 9, «Explorar los caminos de otras personas»). Acto seguido, lo llevaremos a un lugar extraordinario de las Montañas Rocosas de Estados Unidos donde aprenderemos las lecciones para reducir al mínimo el dolor que sentimos cuando recibimos un comentario duro (capítulo 10, «Recuperar su bolígrafo»).

En la tercera parte («Cómo terminar»), hablaremos de dos importantes herramientas para terminar con fuerza (capítulo 11, «Pasar a la acción»).

A medida que siga leyendo (capítulo 12, «Sí, pero»), aprenderá las habilidades clave de hablar, escuchar y actuar juntos de una manera que mejore tanto las relaciones como los resultados.

Por último, relacionaremos teorías y habilidades (capítulo 13, «El ensamblaje final»), y proporcionaremos tanto un modelo como un ejemplo ampliado. Estamos seguros de que mientras no se limite a leer, sino que ponga en práctica lo que aprenda, irá adquiriendo cada vez mayor confianza para hablar cuando haya factores importantes en juego.

RESUMEN: EL DOMINIO DE LAS CONVERSACIONES CRUCIALES

Cuando nos enfrentamos a una conversación crucial, la mayoría de nosotros nos decantamos de manera inconsciente por una opción poco inteligente, a saber, creemos que tenemos que escoger entre decir la verdad o conservar a un amigo. Las personas mejor dotadas para la comunicación se resisten a esta dicotomía y buscan la manera de conseguir ambas cosas. Esto es, buscan una manera de ser plenamente sinceros y respetuosos al mismo tiempo. En pocas palabras, buscan la manera de entablar un diálogo: una situación en la que el significado fluye libremente y da como resultado un conjunto mayor de información compartida por todos.

Un conjunto de significados compartidos mayor conduce a tomar mejores decisiones, a mejorar las relaciones y a actuar de manera más unificada. El resto de este libro le hace partícipe de las habilidades que se pueden aprender y que están pensadas para ayudarle a entablar un diálogo durante sus momentos más cruciales.

PRIMERA PARTE
QUÉ HACER ANTES DE ABRIR LA BOCA

El 70 por ciento del éxito de una conversación crucial tiene lugar en su cabeza, no a través de su boca. Las habilidades de esta sección son los requisitos previos del éxito. Apréndalas bien, y las palabras correctas fluirán de su boca de manera natural; ignórelas, y ninguna técnica ni ningún artificio serán suficientes para compensarlas.

En esta sección aprenderá a estar seguro de que está hablando de las cosas correctas (capítulo 3, «Escoger el tema), a escoger correctamente sus motivos (capítulo 4, «Comenzar con uno mismo) y a entender y controlar sus propias emociones cuando están obstaculizando el diálogo (capítulo 5, «Controlar sus historias»).

3

ESCOGER EL TEMA

Cómo estar seguro de que mantiene
la conversación correcta

En el momento en que abrimos la boca para mantener una conversación crucial, ya hemos tomado una decisión: hemos decidido de qué hablar. Uno de los mayores errores que cometemos es asumir que sólo porque estemos hablando sobre un problema, debemos estar resolviendo el problema correcto. No es tan sencillo. Si no estamos abordando el asunto correcto, acabaremos en la misma conversación una y otra vez.

LAS CONVERSACIONES CRUCIALES SON ENTORNOS «RICOS EN TEMAS»

Las interacciones y relaciones humanas son algo complejo. Hay múltiples asuntos, y cuestiones secundarias, y digresiones. Es probable que usted haya mantenido esa conversación con anterioridad. Está convencido de que está hablando con su hermano de los planes para una reunión familiar inminente. De pronto, se encuentra en una conversación completamente diferente acerca de cuando sus padres le compraron una bicicleta flamante porque siempre ha sido su favorito y su hermano jamás pudo estar a la altura. Hala, piensa usted, ¿de dónde ha salido todo esto?

Las conversaciones cruciales son más fructíferas cuando se centran en un asunto. Dado que las interacciones humanas son inherentemente complejas, centrar una conversación crucial en un único tema requiere esfuerzo, y nos exige que hagamos una labor de desbrozo y luego prioricemos los asuntos en cuestión.

Por ejemplo, veamos el caso de Wendy y Sandrine. Wendy es una directora de proyectos de una empresa tecnológica de implantación mundial. Lleva en la empresa muchos años y ha dirigido con éxito numerosos proyectos, tanto grandes como pequeños. Hace poco empezó a trabajar bajo una nueva directora, Sandrine, que se incorporó a la organización con la reputación de ser una ejecutiva autoritaria, resolutiva y que no tiene miedo a tomar medidas drásticas cuando es necesario. Sandrine le pidió a Wendy que elaborara un programa para un nuevo proyecto, y ahora se han sentado a revisarlo.

> **Sandrine:** *Estoy entusiasmada con que tú y tu equipo empecéis a trabajar a fondo en este proyecto. Veamos el programa.*
>
> **Wendy:** *Nos llevará poco más de seis meses.*
>
> **Sandrine:** *Ah… bueno… cuando le eché un vistazo, me pareció que deberías ser capaces de tener finiquitado todo el asunto para finales del trimestre.*

En este momento, tenemos el primer elemento de una conversación crucial: una diferencia de opiniones. Wendy considera que el proyecto llevará por lo menos el doble de tiempo de lo que Sandrine esperaba.

Wendy: *Bueno, está bien que hablemos de ello ahora, antes de que hayamos asumido algún compromiso, puesto que es imposible terminarlo para entonces. Vamos, que eso es la mitad del tiempo normal para un proyecto como este.*

Sandrine: *En primer lugar, esa es la razón de que te asignara esta labor. Tú eres capaz de hacer lo imposible. Permite que te explique de manera pormenorizada lo importante que es esto. Necesito que resuelvas la manera de terminarlo al final del trimestre. Está en juego el lanzamiento de otros proyectos. Los programas acelerados están ya en el plan maestro. El equipo directivo cuenta con nosotros. O, más concretamente, contigo.*

Y de esta manera, los siguientes dos elementos de una conversación crucial entran en juego. Los factores en juego son importantes, y las emociones están en alza. Este es un proyecto importante, para Wendy, para Sandrine y para la organización. Sandrine se siente presionada y está empezando a aplicar la misma presión sobre Wendy.

Así que, ¿qué sucede a continuación?

Wendy: *Espera un segundo... ¿Ya has asumido un compromiso? Has aceptado un plazo antes siquiera de que hayamos hablado sobre si es factible?*

Sandrine: *Oye, Wendy, sabes que este año necesitamos un gran triunfo. Mira, la verdad es que insistí en que fueras tú la que dirigiera este proyecto. ¿Sabes qué dije de ti? Dije que eras alguien que sabía colaborar. ¿Estaba equivocada?*

¡Hala! Están sucediendo muchas cosas en esta conversación. Wendy ha organizado un programa, se lo ha comunicado a su superiora y ¡bum! le ha explotado en las narices. Ahora no solo tiene que llegar a un acuerdo con su superiora sobre el plazo del proyecto (el tema original), sino que hay también una gran cantidad de otros asuntos. Reflexione sobre lo que le estaría pasando por la cabeza ahora mismo si usted fuera Wendy. Por ejemplo:

- «¿Cómo voy a terminar este proyecto?»
- «¡Me está poniendo una trampa para que fracase!»
- «¡Esto es injusto para mi equipo!»
- «¿Qué le voy a decir a mi familia sobre la locura de horas que voy a meter en esto?»
- «¿Puedo decir la verdad sobre lo que estoy pensando en este momento? ¿Perderé mi empleo si lo hago?»
- «¿Quiero siquiera este trabajo? ¿Quiero trabajar para Sandrine?»

A todas luces, Wendy se enfrenta en este momento a una conversación crucial. Pero la pregunta es: ¿A qué conversación? ¿De qué debería hablar ya mismo en este momento con Sandrine?

POR QUÉ SOLEMOS ESCOGER EL TEMA INADECUADO

Cuando nos enfrentamos a problemas complejos como este, rara vez nos paramos a sopesar qué tema deberíamos abordar. En su lugar, de manera natural, tomamos por sistema una de estas dos direcciones equivocadas:

Lo fácil antes que lo difícil. Cuando nos enfrentamos a conversaciones emocionales con importantes factores en juego, nos inclinamos por escoger el tema con el que pensamos que podemos salir victoriosos. Por lo general, esto significa que escojamos algo más fácil que el tema que en realidad se interpone en el camino de nuestros objetivos más importantes. Así las cosas, pensamos: «Empezaré con este pequeño asunto y veré como va.» Es como si estuviéramos tanteando el terreno. O tratando de coger peces sin mojarnos el trasero. Por ejemplo, si hemos llegado a la conclusión de que nuestro subordinado directo es un incompetente en algún aspecto de su trabajo, podríamos edulcorar el problema abordando algunos errores recientes de poca importancia. Lo que esperamos sin decirlo es que nuestro subordinado infiera la verdadera magnitud del problema sin que salgamos y lo digamos. Buen intento. Pero elegir el tema fácil rara vez da resultado.

Lo reciente antes que lo correcto. Nuestra inclinación es a centrarnos en el acontecimiento o la conducta más reciente en lugar del que más importa. Si en las reuniones, un colega trata nuestros comentarios de una manera que consideramos irrespetuosa, hablamos del desprecio más reciente en lugar de exponer la pauta general. «¡Eh! —decimos después de la reunión—, ahí dentro has empezado a interrumpirme cuando todavía no había terminado de exponer mi punto de vista.»

Nuestro colega se encoge de hombros y dice: «¡Lo siento! Supongo que me entusiasmé un poco demasiado.» «Ah, bueno...», decimos, aunque pensamos: «¡Lo haces permanentemente, imbécil egocéntrico!»

Si favorecemos lo reciente sobre lo correcto es por un par de razones. En primer lugar, podemos recordar realmente los detalles; segundo, no queremos ser acusados de desenterrar viejas historias.

Tres señales de que estamos teniendo la conversación incorrecta

Caer en estas trampas conduce a unos resultados bastante predecibles: acabamos teniendo la conversación inadecuada, lo cual nos mantiene alejados de lo que queremos.

Para evitar este error, aprenda a reconocer tres señales de que está hablando de la cosa equivocada. Memorícelas. Y cuando las vea, imagine una luz amarilla de alarma parpadeando en su mente que dice: «¡Asunto equivocado!» Cuando la luz parpadee, apártese de la mesa y pregúntese: «¿Aquí cuál es el verdadero asunto?»

1. **Las emociones se intensifican.** Cuando estamos manteniendo la conversación equivocada, aunque esta discurra bien, sabemos que en algún nivel no estamos abordando o resolviendo el problema. En consecuencia, llegamos a sentirnos frustrados, y ese sentimiento aumenta a medida que la conversación progresa. Eso es lo que le está sucediendo ahora mismo a Wendy en la conversación de más arriba. Cuando la conversación empezó, ella se sentía segura de su programa. Al final, estaba nerviosa y temía por su empleo. Esa emoción intensificada debería indicarle que el tema ya no es el plazo del proyecto. ¡Hay algo más importante que debe ser abordado!

2. **Nos marchamos con escepticismo.** Por supuesto, quizá lleguemos al final de la conversación con un acuerdo, pero incluso mientras nos alejamos, pensamos para nosotros mismos: «Aquí no va a cambiar nada realmente». O alcanzamos un acuerdo, pero dudamos de que los cambios por los que nos decidimos vayan a resolver el verdadero problema. Cualquiera que sea el acuerdo al que lleguemos no es más que puro artificio, porque no nos llevará a lo que realmente queremos.

3. **Se mantiene un diálogo que es un *déjà vu*.** Si en algún momento tenemos la misma conversación con las mismas personas una segunda vez, entonces el problema no son ellas. Somos nosotros. Estamos manteniendo la conversación equivocada. Incluso si mientras pronunciamos las palabras nos resultan familiares porque hemos tenido esta conversación antes —puede incluso que una docena de veces—, estamos tratando el tema equivocado.

Una de las mejores maneras de asegurarnos de que hablamos del tema correcto es aprender a advertir cuando estamos hablando del equivocado. Memorice estas tres señales de alarma, y luego, cada vez que reconozca que se están produciendo, apártese de la mesa y pregúntese: «¿Cuál es el verdadero asunto que tengo que tratar?»

HABILIDADES PARA ENCONTRAR EL TEMA CORRECTO

Es probable que usted conozca a alguien que parezca dotado para determinar con exactitud el tema correcto. La conversación está dando vueltas y se agita, y de pronto la persona dice: «Sabéis, creo que aquí el problema real es la *confianza*. Hemos perdido la confianza mutua» o hace alguna otra brillante deducción de los 53 minutos previos de caos. Una docena de cabezas asienten, y de pronto usted empieza a hacer progresos, porque ahora está hablando sobre el problema real. ¿Y cómo hace alguien eso?

La respuesta es que esa persona es hábil manejando tres elementos de la elección del tema correcto. Esa persona sabe cómo *desglosar*, *escoger* y *simplificar* los problemas

Consideremos el desglose en primer lugar.

Desglosar

Existen tres niveles de conversaciones que puede que necesitemos mantener sobre el asunto en sí, y un cuarto relacionado con el proceso de la conversación. Trataremos del proceso más adelante. Una buena manera de encontrar el tema correcto empieza por desglosar, o separar, los diversos problemas por niveles. Se pueden recordar estos niveles con el acrónimo CPR.

Contenido. La primera vez que se suscita un problema, hable del contenido, el dolor inmediato. Si la acción en sí o sus consecuencias inmediatas son el problema, entonces hay un problema de contenido. Por ejemplo, su compañero de trabajo no le hace llegar los análisis de marketing que usted necesita para terminar un informe para su jefe. Ahora es su cuello lo que está en riego porque su informe se ha retrasado. O bien está realizando una presentación en una reunión de equipo y uno de sus compañeros no para de interrumpirlo. Si esto es la primera vez que ocurre, hay un problema de contenido.

Patrón. La próxima vez que surja el mismo problema, ya hay un patrón. Ahora la preocupación no es solo que esto haya sucedido una vez, sino que se está empezando a desarrollar, o lo ha hecho ya, un patrón de conductas. Por ejemplo, las tres últimas veces que un proyecto verdaderamente apasionante ha llegado a su equipo, su jefe se lo asignó a otros, a pesar de haber manifestado su interés. El problema ya no es solo un encargo; es un patrón que está aflorando.

Puede ser complejo decidir cuándo pasa del contenido al patrón. A menudo, podemos sentir que estamos sacando conclusiones apresuradas si pasamos al patrón cuando el problema solo ha ocurrido dos veces. Sin embargo, queremos afrontar los patrones lo antes posible y con honestidad, antes de que arraiguen. Puede ser útil considerarlo de la siguiente manera: la primera vez que algo sucede es un incidente, la segunda vez podría ser una coincidencia, la tercera es un patrón.

Relación. Por último, cuando los problemas persisten, pueden empezar a afectar a la relación. Los problemas de relación pueden hacer más hondas las preocupaciones sobre *la confianza*, *la competencia* o *el respeto*. Por ejemplo, podemos empezar a dudar de la competencia de alguien o a preguntarnos si podemos confiar en que una persona mantenga los compromisos. O podemos concluir después de repetidos incidentes que una persona no respeta nuestra función o contribución. Con estas dudas y preguntas a la vanguardia de nuestro pensamiento, empezamos (sutil o abiertamente) a relacionarnos con ella de manera diferente. A veces, un problema de relación puede aparecer en toda regla a las primeras de cambio. Por ejemplo, si usted ve que un colega introduce unos archivos confidenciales en una memoria USB y se la lleva a casa, puede tener un problema de confianza de manera inmediata.

* * *

Para ver los CPR en acción, echemos un vistazo a un ejemplo confidencial de uno de nuestros clientes. ¿Cómo utilizaría los CPR para ayudarle a decidir qué asunto abordar?

Soy la única persona de color de mi equipo. En múltiples ocasiones, mi inmediata superior se ha dirigido a mí en las reuniones por el nombre equivocado. Después de que ocurriera tres veces, la corregí en plena reunión. Más tarde, me dio su opinión de que no

debería haberme molestado en corregir mi nombre
porque todos los nombres de las personas de mi etnia
suenan parecidos, así que, en realidad, no debería su-
ponerme ninguna diferencia. En otra ocasión, me su-
girió que adoptara un nombre «inglés».

¿Se percata de lo importante que es para esta persona decidir cuál es tema correcto que hay que abordar? El desglose ayuda a las personas a ver la diversidad de opciones:

1. **Ceñirse al contenido.** Resolver el problema inmediato corrigiendo a cualquiera que lo llame por el nombre equivocado. O darle las gracias a su superior por la sugerencia, aunque haciéndole ver que le gustaría que lo llamaran por su verdadero nombre de pila.
2. **Evocar el patrón.** Expresar su preocupación de que llamarlo por nombres equivocados se ha convertido en un patrón.
3. **Hablar de la relación.** Haga saber a su superior que su nombre es una parte importante de su identidad, y que siente que se le falta al respeto cuando alguien con quien trabaja no se toma la molestia de manera regular de aprendérselo. O quizá, y aún más importante, siente que la sugerencia de que cambie de nombre es una falta de respeto.

Desglosar los problemas con los CPR nos ayuda a aclararnos con la situación. Asimismo, nos pone en disposición de hacer una elección consciente: ¿A qué nivel queremos mantener esta conversación? Aunque antes de que lleguemos a tomar esa decisión, pensemos en una cuestión que puede que queramos abordar: el proceso de la conversación en sí.

¿Es necesario hablar sobre el proceso?

Los CPR son un potente punto de entrada cuando empezamos a desentrañar interacciones complejas y a considerar los problemas que nos mantienen alejados de lo que queremos. Pero no todos los problemas encajan a la perfección en el contenido, el patrón y la relación. De vez en cuando, tendrá que ampliar su conversación para abarcar la cuestión del proceso, de cómo estamos abordando los asuntos.

Por ejemplo, hace años estábamos asesorando a una alta directiva, Kayla, sobre su estilo de gestión. Ella tenía un equipo de aproximadamente una docena de personas, incluida una auxiliar administrativa, April. Esta era bastante nueva en el equipo, y Kayla estaba deseosa de establecer una buena relación de trabajo con ella. Al ser nueva, April tenía algunas cosas que aprender, y Kayla era rápida, directa y respetuosa en sus observaciones. Pese a la destreza de Kayla en hacer sus comentarios e impartir sus enseñanzas, April se ponía a la defensiva casi de manera inevitable. Kayla intentó todo lo que le enseñamos sobre cómo decir las cosas, de manera que April se sintiera segura al oírlas (habilidades que usted aprenderá en los siguientes capítulos). Solo que no estaban dando resultado.

Después de observar unas cuantas situaciones entre ambas, sugerimos a Kayla que se trataba de un problema del proceso. Algo acerca del proceso de cómo hacía sus comentarios, y cómo April los escuchaba, estaba creando el problema que las estaba manteniendo alejadas de lo que querían. Kayla decidió convertir eso en el tema de su conversación. Fijó una hora para hablar con April sobre la manera de trabajar juntas y sobre cómo ella, Kayla, daba sus opiniones a April. Explicó sus intenciones: quería que fueran capaces de trabajar bien juntas y quería ver triunfar a April. Esa era la razón de sus críticas. Kayla le dijo (utilizando las habilidades de este libro) que se había percatado de la actitud defensiva de April y que quería hablar sobre un proceso mejor para hacer sus comentarios.

La conversación fue bien. Las dos pudieron llegar a algunos acuerdos concretos sobre cómo Kayla podía hacer sus comentarios a April de una manera que ésta pudiera y deseara oírlos. Y April se comprometió a expresar sus emociones de una manera que le fuera más útil a Kayla.

Dedicar tiempo a abordar el proceso de cómo nos estamos comunicando es especialmente importante cuando existen diferencias en nuestros estilos de comunicación o cuando nuestro modo de hacerlo difiere de lo que estamos acostumbrados.

Los problemas con el proceso también suelen entrar en juego entre culturas. Por ejemplo, nosotros trabajamos con colegas de toda Europa y Asia, enseñando las habilidades de las conversaciones cruciales. Aunque los principios son los mismos, se dan claras y evidentes variaciones en las maneras en que las personas se comunican en las diferentes culturas. Una de nuestras colegas holandesas nos contó esta experiencia de trabajar con uno de nuestros colegas asiáticos:

Quería tener una conversación buena y sincera sobre algunos problemas que estábamos teniendo en nuestro trabajo conjunto. Cuando lo invité a que compartiera lo que pensaba sobre la situación, apenas dijo palabra. La conversación fue un desastre. Después, le envié un correo electrónico explicando que pensaba que la conversación había sido infructuosa y que quería encontrar realmente una solución al respecto que nos hiciera sentir bien a ambos. Más tarde, mantuvimos una nueva conversación, pero en esta ocasión sobre el proceso en lugar de sobre problemas concretos. Le pregunté qué podía hacer yo de manera diferente. Él me contó que en su cultura no estaba acostumbrado a hablar de manera explícita de lo que no funcionaba. Mi alusión directa a nuestros problemas se antojaba una falta de respeto. Me dijo que para él la costumbre era empezar hablando sobre cómo nos iba, la familia y otros temas similares. Desde la perspectiva de un holandés yo lo estaba haciendo bien. Tener una conversación sobre el proceso me ayudó a aprender la manera de dejar mis verdaderas intenciones más claras a mi colega.

Las conversaciones sobre los procesos son también especialmente importantes en las relaciones total o parcialmente virtuales. Cuando el contacto es infrecuente, es esencial hablar de manera explícita sobre la manera en que nos comunicaremos. Por ejemplo, ¿cómo se asegurará de que todo el mundo tenga su turno para hablar? ¿Cómo hará hueco para que la gente haga una pausa y piense? ¿Qué herramientas utilizará? ¿Qué normas deberíamos establecer? ¿Cómo ajustará las diferentes zonas horarias y pautas de trabajo? Para responder a estas preguntas, empiece preguntándose a sí mismo: «¿Cuándo me funcionan bien las conversaciones virtuales? ¿Y cuándo, no?» Luego, reflexione sobre el proceso. Recuerde, si no habla de manera honesta, sus actos hablarán por usted. ¡Y en las relaciones virtuales hay muchas más posibilidades de que los actos hablen por uno!

Escoger

El siguiente paso en la determinación del tema correcto que hay que tratar es la *elección*. Escoger es una cuestión de filtrado de todos los problemas que se han desgranado mediante una sencilla pregunta: «¿Qué es lo que verdaderamente quiero?» (Verá aún más sobre la eficacia de esta pregunta en el siguiente capítulo.)

Reflexione sobre cuál es su principal prioridad; luego, escoja el tema que se interpone entre usted y ese objetivo. Por ejemplo, si lo que verdaderamente quiere es resolver el problema de un cliente, puede que escoja abordar el problema del contenido («¿Cómo hago que llegue esto a Malasia en dos días?») en lugar del de la relación («No confío en que manejes esto de la manera correcta») o el del patrón («Nuestro equipo de ejecución suele posponer hacer las cosas hasta que se convierten en problemas»). Así que elige volver a las otras conversaciones más tarde.

Simplificar

Tras haber hecho la elección, asegúrese de que puede exponer de manera sencilla aquello de lo que desea hablar. No nos estamos refiriendo a cómo iniciará la conversación: nos referimos a reducir el problema a una declaración sucinta. Esto es más difícil de lo que parece. Trate de detener a las personas que son fantásticas durante las conversaciones cruciales justo antes de que aborden un problema (nosotros lo hemos hecho). Entonces, pregúnteles: «¿Cuál es el problema que deseas abordar?» Descubrirá que utilizan bastantes menos palabras para expresarlo que el resto de nosotros. Cuantas más palabras utilice para describir el asunto, menos preparado estará para hablar. Por ejemplo, cuando le preguntamos a una persona dotada para la conversación cuál iba a ser su mensaje en una próxima evaluación de empleados, dijo: «He llegado a la conclusión de que a él no se le da bien dirigir personas o proyectos.» ¡Toma ya! Más claro que el agua. Sencillo. Él está preparado.

¿Por qué la claridad es tan escasa? A menudo, cuando los mortales damos este paso, nos sentimos intimidados. Cuando empezamos a admitir cuál es el verdadero problema para nosotros, sentimos pánico sobre cómo podríamos decirlo.

Resulta menos intimidante exponer el problema de manera vaga. Cuando se puede chapotear en un tazón gigante de palabras, es fácil diluirlo. Pero cuando usted expresa de manera sencilla la esencia de aquello que tiene que abordar, se estremece ante la responsabilidad de hacerlo. Se queda mirando fijamente la entidad del problema directamente a la cara.

Pero eso no debería provocar pánico; debería generar resolución. Advierta que el pánico surge solo cuando mezcla dos problemas. Mientras una parte de su cerebro sopesa: «¿Cuál es el verdadero problema?», otra aúlla: «¿Cómo narices voy a decir esto?» ¡No haga semejante cosa! Si usted se preocupa por el cómo mientras trata de ser sincero sobre el qué, sentirá la tentación de diluir su mensaje. Y cuando eso sucede, «No creo que seas capaz de dirigir personas o proyectos» empieza a sonar como «¿Cómo piensas tú que podrían ir las cosas con el lanzamiento del producto?» Troceamos las palabras, bailamos a su alrededor y edulcoramos nuestra entrada en la conversación.

Elaborar un enunciado sencillo del problema le ayuda tanto a empezar con un propósito claro como a hacerse responsable. Esto le proporciona un criterio mediante el cual evaluar si dijo toda su verdad. No se preocupe sobre cómo lo dirá; limítese a decirse a sí mismo la verdad sobre lo que quiere decir.

Hecho esto, ya puede abordar el siguiente problema: «¿Cómo puedo decir la verdad y fortalecer la relación al mismo tiempo?» Los siguientes capítulos le ayudarán a enfrentarse a ese reto.

Pero aparque esto por el momento. En este punto, preocúpese sólo de conseguir el qué correcto. Dígase la verdad a sí mismo.

Esto puede resultar duro. Pero la sinceridad con uno mismo es la condición previa para serlo con los demás. Digamos, por ejemplo, que usted y sus colegas están hablando de dónde colocar a un grupo de nuevos becarios en su empresa. En mitad de la discusión sobre uno de los voluntarios, un colega sugiere: «Hay muchos asiáticos en nuestro equipo de análisis de datos, así que pongámoslo allí.» De pronto, dos sentimientos encontrados se apoderan de usted: rabia y terror. Se siente ofendido porque piensa que el comentario es estúpido o racista, o ambas cosas. Pero siente miedo porque no se le ocurre la manera de abordar el asunto sin provocar una pelea. Se siente tentado de quedarse sencillamente en el contenido; de plantear otras opciones para el becario; de iniciar una discusión sobre por qué otras áreas serían mejor para él. Y en todo ese tiempo, el verdadero problema está a punto de estallar en su interior.

¿Qué debería hacer? Para empezar, dígase a sí mismo la verdad. Aunque no sepa qué decir en el momento, haga una pausa y aclare lo que de verdad le está molestando. Sólo entonces puede decir cuál es el siguiente paso correcto. Después de haberse dicho la verdad (usted cree que el comentario pone en evidencia un racismo sutil o flagrante), entonces puede decidir si tener esa conversación, en qué momento y de qué manera.

UNA PALABRA DE ADVERTENCIA: ESTAR ALERTA AL MOMENTO EN QUE EL TEMA CAMBIA

La mayoría de los problemas cruciales a los que nos enfrentamos requieren que abordemos los asuntos en el ámbito del patrón, el proceso o la relación. En muy raras ocasiones es un problema de contenido lo que nos mantiene alejados de lo que queremos. A este puede considerarlo como un diente de león que crece en medio de su bien cuidado césped. El problema de contenido es esa flor de amarillo chillón: es llamativa, manifiesta y fácil de eliminar. Arranque sin más esa cabeza del diente de león de inmediato y de pronto el césped vuelve a ser de nuevo esa continua extensión de verdor. Pero... ya sabe lo que sucede a continuación. El diente de león vuelve a florecer, y al mismo tiempo es probable que se multiplique. ¿Por qué? Porque no se ocupó de las raíces.

Los problemas con respecto al patrón, el proceso y la relación en nuestras vidas son como esas raíces. Hasta que no los identifiquemos y abordemos, nos enfrentaremos a los mismos problemas de contenido una y otra vez.

Pero cuidado. Que sepa sin más que tiene que mantener una conversación en el ámbito de la relación o del patrón, no lo hace más fácil. Una vez que ha escogido el ámbito de la conversación, es cosa suya mantenerse allí. Las más de las veces, cuando pasa a una conversación en el ámbito de la relación o el patrón con alguien, la inclinación de la otra persona será la de buscar seguridad en una conversación en el ámbito del contenido.

Por ejemplo, usted se ha percatado de que a lo largo de los últimos meses el resultado creativo de uno de sus diseñadores parece haberse estancado un poco. Esa persona está cumpliendo con todos sus plazos y entregando los productos finales requeridos, pero la calidad e innovación no están donde usted querría que estuvieran. No es un problema con un diseño en concreto. Esto es, cuando se considera un trabajo global, los resultados recientes de su diseñador no están al mismo nivel que solían estar. Así que decide pasar a esta conversación sobre el patrón.

«Echa un vistazo —dice usted—. Estos son los últimos cinco diseños que has realizado, y aquí están los cinco que los precedieron. A mi modo de ver, los de los últimos seis meses no están al mismo nivel de creatividad de tu trabajo anterior. Desde un punto de vista técnico, están bien encaminados, pero, creativamente, han perdido parte del brillo. Me interesaría saber cuál es tu opinión».

Él se apresura a responder:

«Sé que mi trabajo en el proyecto de Johnson esta semana no fue todo lo bueno que podría haber sido. Lo cierto es que era confuso saber qué es lo que el cliente quería, así que tuve que sopesar un montón de otros proyectos al mismo tiempo.»

¿Ve lo que acaba de suceder? Usted ha iniciado una conversación respecto al patrón (los últimos seis meses de diseños), y él respondió hablando sobre un problema de contenido (el último diseño que hizo). Bueno, en este punto, puede ser muy fácil dejarse absorber por esta conversación. Es tan fácil como decir: «Sí, sé que están sucediendo muchas cosas, pero el proyecto de Johnson era verdaderamente crucial para nosotros como equipo. Necesitábamos tu mejor trabajo.» Y justo de esta manera, se encuentra manteniendo una conversación distinta a la que pretendía. Así que se marcha sintiéndose indeciso. ¿Por qué? Porque mantuvo la conversación equivocada.

Por parte del diseñador gráfico no hay mala intención; no está intentando, de manera intencionada, desviarle a usted de su camino. Solo que acaba de caer en la trampa en la que todos caemos... escoger lo reciente antes que lo correcto, o lo fácil antes que lo difícil. Le corresponde a usted mantener la conversación en el nivel que desea diciendo: «Sé que esta semana han estado sucediendo muchas cosas además del proyecto Johnson, etc. Eso lo entiendo. Y en realidad estoy menos preocupado por los detalles del proyecto Johnson de lo que lo estoy por el patrón que estoy observando en tu trabajo de los últimos seis meses. Me pregunto si aquí está sucediendo algo más importante que te impida entregar tu mejor trabajo».

En general, usted debería escoger el ámbito sobre el que desea tener la conversación y mantenerla ahí. Sin embargo, hay una excepción.

Colocar un marcador

La claridad es crucial. Pero también lo es la flexibilidad. Recuerde, esto no es un monólogo; debería ser un diálogo. Hay otras personas en la conversación, y ellas tienen sus propios deseos y necesidades. En algunas conversaciones cruciales, aparecerán nuevos problemas, y usted tiene que equilibrar el foco (en sus objetivos) con la flexibilidad (para satisfacer los de los otros).

Escuchemos cómo Tyra habla con su compañera Katy sobre algunos datos que necesita:

Tyra: *Esperaba recibir el archivo de los datos sin procesar para el Proyecto Ascent ayer, pero todavía no lo he visto. ¿Está listo el archivo?*

Katy: *El sistema se cayó esta mañana y estoy totalmente bloqueada. Te lo juro, no sé cómo se supone que debemos hacer nuestro trabajo aquí si ellos ni siquiera son capaces de mantener los sistemas en funcionamiento, ¿no te parece?*

Tyra: *Bueno, tal vez, ¿pero el sistema estaba estropeado ayer?*

Katy: *Eh, ¿quién se murió y te dejó a ti al mando? ¿Por qué me estás presionando con esto? Somos amigas. ¿No puedes ser más tolerante conmigo?*

Tyra: *Somos amigas. Y compañeras de trabajo. No trato de acosarte. Es solo que necesito ese informe.*

Katy: *Lo sé, lo sé. Lo siento. Supongo que sólo estoy tensa porque ya he tenido que tratar hoy con Mark ¡y qué mal rollo! Este tío me da escalofríos. No soporto la manera en que me recorre de arriba abajo con la mirada. Así que estoy de los nervios. Lo siento.*

Bueno, esa conversación fue mucho más de lo que Tyra preveía. Empezó abordando lo que parecía un asunto bastante directo, el archivo de datos faltante, y obtuvo tres problemas a cambio: el sistema está estropeado; la manipulación del «¿no somos amigas?»; y, lo más preocupante, la insinuación de un acoso.

¿Qué hace usted cuando empieza una conversación centrada en un problema y aparecen nuevas cuestiones? Tiene que hacer una elección. Puede mantenerse centrado en el asunto original o pasar a uno nuevo. En todos los casos, necesita establecer un marcador. Cuando coloca un marcador, reconoce verbalmente adónde se dirige en la conversación y lo que pretende recibir a cambio.

Digamos que Tyra desea pasar a este nuevo problema, la experiencia con Mark. Pasa al nuevo problema y marca el problema original diciendo:

> **Tyra:** *¡Hala! Ya veo que estás alterada. Hablemos de ello. Más tarde volveremos a lo del archivo de datos.*

En algunos casos, aunque probablemente no en este, dada la gravedad del problema emergente, puede que usted desee marcar el nuevo asunto y seguir centrado en el inicial:

> **Tyra:** *¡Hala! Eso es importante, y realmente quiero hablar contigo de lo que has pasado porque es necesario abordarlo. Pero, al mismo tiempo, tengo 30 minutos para enviar ese archivo de datos al equipo operativo. Resolvamos el problema del archivo de datos y luego volvamos a Mark. Porque eso hay que tratarlo.*

Cuando se coloca un marcador, se hace una elección consciente sobre lo que se quiere hablar. Y se declara con claridad a la otra persona que se volverá más tarde al problema marcado.

No permita jamás que la conversación se desvíe o que cambie el tema sin el reconocimiento de que lo ha hecho.

DE VUELTA A WENDY

¿Se acuerda de Wendy? Se estaba enfrentando a una conversación bastante compleja con su jefa. Habían empezado a hablar sobre el plazo del proyecto, y a medida que la conversación fue avanzando, entraron en juego nuevos problemas: cómo se estaban tomando las decisiones; qué nuevas informaciones se estaban teniendo en cuenta; y la presión que Sandrine estaba ejerciendo sobre Wendy con veladas amenazas. Veamos cómo respondió Wendy.

Cuando Sandrine dijo: «Mira, la verdad es que insistí en que fueras tú la que dirigiera este proyecto. ¿Sabes qué dije de ti? Dije que eras alguien que sabía colaborar. ¿Estaba equivocada?», Wendy hizo la elección inteligente en esta situación de marcar el plazo del proyecto (el problema de contenido) y mover la conversación al ámbito de la relación. Su sencillo enunciado del problema fue: «Esto va de si puedo confiar en nuestro proceso y confiar en ti».

Así que respondió a Sandrine, diciendo: «Entiendo que estamos en una situación difícil. No deseo decepcionar a nuestra dirección más de lo que lo deseas tú. Y quiero que sepas que estoy comprometida con hacer las cosas, pero, al mismo tiempo, quiero que establezcamos objetivos realistas; de lo contrario, nos estaremos poniendo una trampa para fracasar, y, quizá lo que es aún más importante, quiero que trabajemos juntas de una manera franca, la una con la otra, sobre nuestras necesidades y preocupaciones».

Este fue el principio de una conversación sobre la relación. Y el inicio de una relación mejor.

RESUMEN: ESCOGER EL TEMA

Usted no puede resolver el verdadero problema si no escoge el tema correcto. He aquí cómo asegurarse de que está hablando de lo correcto:

- Aprender las tres señales de que está teniendo la conversación equivocada:

  1. Las emociones se intensifican.
  2. Nos marchamos con escepticismo.
  3. Se mantiene un diálogo que es un *déjà vu*.

- Utilice las tres habilidades para identificar el tema, y prepárese para mantenerse centrado en él:

  1. **Desglosar.** Desentrañar las diferentes cuestiones en juego utilizando los CPR. ¿Son problemas de contenido, patrón o relación o quizá de proceso?
  2. **Escoger.** Pregúntese: «¿Qué es lo que verdaderamente quiero?» Utilice esto como filtro para escoger cuál es el tema más relevante en el momento.
  3. **Simplificar.** Resuma su problema en una sencilla oración, de manera que pueda mantener la atención una vez que la conversación se ponga en marcha.

- Por último, esté centrado y sea flexible por igual. Preste atención a los intentos deliberados o involuntarios de los demás de cambiar de tema. No permita que este cambie sin una decisión consciente. Y si usted decide cambiar de tema, marque el original para hacer más fácil volver a éste después de haber tratado el nuevo asunto.

4

COMENZAR CON UNO MISMO

Cómo centrarse en lo que verdaderamente quiere

Ahora que sabe sobre lo que quiere hablar, ha llegado la hora de volverse hacia el cómo del diálogo. ¿Cómo estimulamos el flujo de significados cuando se es esclavo de emociones fuertes al hablar de cosas que son de gran importancia para usted con aquellos que muestran su desacuerdo de manera vehemente? Dado que el estilo de la mayoría de las personas se asienta en hábitos inveterados, lo más probable es que sea necesario un gran esfuerzo.

La verdad es que las personas pueden cambiar. En realidad, hemos enseñado estas habilidades para la conversación a millones de personas de todo el mundo y hemos asistido a mejorías espectaculares de los resultados y las relaciones. Pero esto requiere un esfuerzo. No podemos seleccionar sin más la frase inspirada de un libro y salir cambiados. En su lugar, tendremos que empezar echándonos una larga y penetrante mirada a nosotros mismos.

Esta es la razón por la que empezar con uno mismo es el fundamento del diálogo. El cambio empieza en nosotros mismos. Nuestra inclinación es a hacer lo contrario. Nuestro organismo está diseñado para reunir información sobre los demás, no sobre nosotros. Para parafrasear a Shakespeare, el ojo lo ve todo excepto a sí mismo. Podemos oír cómo los demás exageran sus puntos de vista; podemos ver cómo aprietan los puños y nos rocían con su saliva al echarnos un sermón. De lo que no nos percatamos es de cuando ponemos los ojos en blanco, sacudimos la cabeza y actuamos con desdén.

Una de las lecciones más importantes que hemos aprendido de aquellos que dan lo mejor de sí durante los momentos cruciales es que todo empieza conmigo. Lo primero que degenera durante una conversación crucial no es nuestra conducta; es nuestro motivo. Y rara vez somos capaces de ver cuándo ocurre. El primer paso para dialogar es sincerarse con uno mismo, de corazón.

TRABAJAR PRIMERO EN MÍ, LUEGO EN NOSOTROS

Comencemos con una historia verdadera. Dos hermanas pequeñas y su padre vuelven a su habitación de hotel después de pasar una calurosa tarde en Disneylandia. Dado el horrible calor, las chicas han consumido cantidades ingentes de bebidas. Cuando las dos entran en su habitación, sólo piensan en una cosa: ir directamente al lavabo.

Dado que el lavabo cuenta con un solo retrete, no tarda en estallar una trifulca. Las dos niñas desesperadas empiezan a discutir, a empujarse y a insultarse mientras se mueven en torno al diminuto lavabo. Finalmente, una de ellas llama al padre para pedir ayuda.

—Papá, ¡yo he llegado primero!

—Ya lo sé, pero yo tengo que ir antes —dice Cara.

—¿Cómo lo sabes? No eres dueña de mi cuerpo. ¡Ni siquiera he ido esta mañana antes de salir!

—Eres una egoísta.

El padre, en un ingenuo intento de enseñarlas a resolver sus propios problemas, propone un plan.

—Chicas. Yo no voy a solucionar este problema por vosotras. Podéis quedaros en el lavabo y llegar a un acuerdo sobre quién entra antes y quién después. Sólo hay una regla. Nada de golpes.

Mientras las dos impacientes chicas dan rienda suelta a su conversación crucial, papá mira su reloj. Se pregunta cuánto tardarán. A medida que los minutos pasan lentamente, no oye más que el estallido ocasional de algún sarcasmo. Finalmente, después de 25 largos minutos, oye la cisterna del inodoro. Cara sale. Un minuto más tarde, vuelve a sonar el retrete y sale Aislinn. Cuando las dos están en la habitación, el padre pregunta:

—¿Sabéis cuántas veces podríais haber ido las dos al lavabo durante el tiempo que tardasteis en discutirlo?

A las pequeñas no se les había ocurrido. El padre las sondea un poco más.

—¿Por qué habéis tardado tanto las dos en utilizar el baño?

—¡Porque ella siempre es muy egoísta!

—Mira quién habla. A mí me insulta cuando era ella la que podría haberse esperado. ¡Siempre se tiene que salir con la suya!

Las dos crías afirmaban que lo que más deseaban era ir al baño, pero luego, de la manera en que se comportaron, sólo lograron que el retrete fuera poco más que un sueño lejano. Basándose en los 25 minutos que duró el baile del baño, ¿cuál era el verdadero motivo de la discusión de las niñas? ¿Experimentar el bendito alivio de utilizar el inodoro? No. A veces, la mejor manera de discernir el motivo es analizar el comportamiento. Al observar la manera de actuar de las hermanas, podemos ver que lo que verdaderamente querían era ser la primera, tener razón o, incluso, hacer desdichada a la otra hermana.

El primer problema al que nos enfrentamos en nuestras conversaciones cruciales no es que nuestra conducta degenere. Son nuestros motivos los que lo hacen, un cambio del que no solemos ser conscientes en absoluto. Por el contrario, nos aferramos al objetivo que hemos declarado e ignoramos lo que nuestra conducta pone de manifiesto sobre nuestro verdadero motivo.

El primer paso para alcanzar los resultados que realmente deseamos es dejar de creer que los demás son la fuente de todo lo que nos aflige. Nuestra hermana no es el problema: lo son nuestros motivos. Es nuestro dogmático convencimiento de que «si pudiéramos ajustarle las cuentas a esos fracasados, todo iría mejor» lo que nos impide tomar las medidas que podrían conducirnos al diálogo y el progreso. No es ninguna sorpresa, pues, que las personas mejor dotadas para el diálogo tiendan a darle la vuelta a esta lógica. Ellas creen que la mejor manera de trabajar el «nosotros» es empezar por «mí».

Las personas que mejor se manejan dialogando comprenden esta sencilla verdad y la convierten en un principio: «Primero tengo que ocuparme de mí; luego, de nosotros». No sólo se dan cuenta de que se beneficiarán al mejorar su propia perspectiva, sino también de que de todas formas son la única persona de la que se pueden ocupar. Por más que sea posible que los demás necesiten cambiar, o queramos que cambien, la única persona a quien podemos constantemente inspirar y moldear y en quien podemos indagar —con algún grado de éxito— es la persona del espejo.

EMPEZAR CON UNO MISMO

De acuerdo, supongamos que tenemos que trabajar en nuestras propias habilidades para el diálogo. En lugar de comprar este libro y pasárselo a un ser querido o a un colega diciendo: «Te fascinará, especialmente las partes que he subrayado para ti», intentemos descubrir cómo podemos sacar algún provecho nosotros mismos. Pero, ¿por dónde empezamos?

Las personas dotadas para el diálogo empiezan con uno mismo. Es decir, entablan conversaciones de alto riesgo con los motivos adecuados y permanecen centradas sin importar lo que suceda.

Estas personas se mantienen centradas de dos maneras. En primer lugar, son sumamente agudas cuando se trata de saber lo que quieren. A pesar de las constantes invitaciones para desviarse de sus objetivos, perseveran. En segundo lugar, las personas habilidosas evitan las opciones poco inteligentes. A diferencia de otros que justifican su comportamiento malsano explicando que no tenían otra alternativa que pelear o huir, las personas dotadas para el diálogo creen que, sean cuales sean las circunstancias, éste es siempre una alternativa.

Un momento de verdad

Analicemos un ejemplo de la vida real de cómo perder de vista nuestros motivos puede afectar a nuestra capacidad para seguir dialogando.

Greta, la directora general de una empresa de tamaño medio, desde hace dos horas se encuentra en una reunión más bien tensa con sus principales ejecutivos. Durante los últimos seis meses se ha lanzado a una campaña personal para reducir costes. Hasta el momento, se ha logrado poca cosa, de modo que Greta convoca la reunión. Está segura de que el personal le explicará por qué no han comenzado a reducir costes. Al fin y al cabo, ella se ha esforzado al máximo para fomentar la sinceridad.

Greta acaba de dar por empezada la reunión con una ronda de preguntas cuando uno de los directivos se levanta

vacilante, se mueve inquieto, mira al suelo y luego nerviosa-
mente pregunta si puede formular una pregunta muy delicada.
La manera en que esta persona destaca la palabra *muy* suena
como si estuviera a punto de acusar a Greta de ser la instiga-
dora de una masacre.

El nervioso directivo continúa:

—Greta, llevas seis meses pidiéndonos que encontremos
las maneras de reducir costes. Mentiría si dijera que te hemos dado algo más que indiferencia. Si no te importa, me
gustaría hablarte acerca de algo que nos está dificultando
tomarnos esto en serio.

—Estupendo. Cuéntamelo —le responde Greta con una
sonrisa. Esto es exactamente lo que ella quiere: oír cuáles son
los obstáculos, de manera que pueda hacerles frente y permitir que los recortes de gastos den comienzo.

—Pues mientras tú nos pides que utilicemos el papel por
los dos lados y que renunciemos a los viajes, tú te estás cons-
truyendo un segundo despacho.

Greta se queda paralizada y se sonroja. Todos se quedan
mirando para ver qué sucederá a continuación.

El administrador se lanza a tumba abierta.

—Los rumores dicen que sólo los muebles costarán cientos de miles de dólares. ¿Es verdad eso?

La conversación se acaba de convertir en crucial. Alguien
acaba de verter un líquido radiactivo al conjunto de significados. ¿Seguirá Greta estimulando respuestas sinceras por parte
de sus subordinados o los hará callar?

La manera en que actúe Greta en los instantes siguientes
no sólo determinará las actitudes de las personas con respecto
a la propuesta de reducir costes, sino que también tendrá un
gran impacto en lo que los otros ejecutivos piensen de ella.
¿Se decidirá por el camino de la transparencia y la sinceridad?
¿O se trata de una hipócrita consumada, como tantos directores generales que la precedieron?

¿Qué dice su forma de actuar sobre lo que quiere?

Mientras observamos a Greta, algo muy sutil, y aunque muy importante, tiene lugar. Ella aprieta las mandíbulas. Se inclina hacia adelante y se aferra al lado izquierdo de la tribuna con la fuerza suficiente para que los nudillos se le pongan blancos. Levanta la mano derecha, apuntando con el dedo al autor de la pregunta como si fuera un arma cargada. Todavía no ha dicho nada, pero es evidente la deriva que está tomando. Ha sido atacada públicamente, y se está preparando para defenderse. En menos tiempo de lo que tarda en aclarar sus ideas, su motivo ha cambiado de querer tener éxito con la reducción de costes a algo bastante menos noble.

Lo que más le importa a Greta en este momento no es obtener resultados, sino vengarse. Ahora no está preocupada por el funcionamiento de la empresa; lo que le preocupa es su apariencia. Cuando nos vemos atacados, nuestro corazón puede dar un giro igual de repentino e inconsciente. Cuando nos enfrentamos a unas opiniones firmes bajo presión, solemos dejar de preocuparnos por el objetivo de sumar al conjunto de significados y empezamos a buscar la manera de ganar, salvar la cara, mantener la paz o castigar a los demás. Solo hay que preguntarle a Greta. «¡Al diablo con la comunicación sincera! —piensa para sí—. Le voy a enseñar a este tarado a no atacarme en público».

«¿Es en serio —quiere preguntar—. Si queremos conseguir grandes clientes, necesitamos unas instalaciones que demuestren que tenemos confianza en nosotros mismos. Si tuvieras una mentalidad de ejecutivo, lo entenderías. Siguiente pregunta», desea decir.

Al verla apuntar con su dedo, todos los presentes cerraron el pico de inmediato y miraron al suelo. El silencio se hizo momentáneamente atronador, mientras todos esperaban a lo que iba a venir a continuación.

PRIMERO, CENTRARSE EN LO QUE VERDADERAMENTE QUIERE

Entonces, Greta hizo algo notable. Casi tan pronto como su dedo se levantó cual pistola cargada, volvió a caer junto al costado. Su cara se relajó. Al principio pareció ofendida, avergonzada y quizás incluso un poco molesta. Luego respiró hondo y dijo: «¿Sabéis una cosa? Tenemos que hablar de esto. Me alegro de que me hayas hecho la pregunta. Gracias por asumir el riesgo. Agradezco la demostración de confianza en mí.»

¡Caray! En cuestión de segundos se había transformado de un arma peligrosa en una compañera curiosa.

Y, entonces, Greta puso los pies en la tierra. Reconoció la aparente hipocresía de hablar de recortes de costes mientras gastaba el dinero en un nuevo despacho. Admitió que no sabía lo que costaría el proyecto y le pidió a alguien que abandonara la reunión y fuera a verificar las cifras. Explicó que la construcción del despacho era una respuesta a un consejo de mercadotecnia para mejorar la imagen de la empresa y aumentar la confianza de los clientes. Y si bien Greta utilizaría el despacho, sería principalmente un lugar de reunión para asuntos de marketing. «Pero —añadió— yo no he gestionado este proyecto con tanto rigor como os he venido pidiendo que gestionéis los vuestros. Y eso es una hipocresía». Cuando vio las cifras correspondientes a las obras, Greta se quedó asombrada y reconoció que debería haber verificado los costes antes de firmar la orden de trabajo.

A eso siguió un diálogo maravillosamente sincero en el que diversos asistentes a la reunión expresaron sus opiniones acerca de la pertinencia del proyecto. Al final, acordaron seguir adelante, pero reduciendo los costes a la mitad, o si no cancelarlo íntegramente. A partir de ese momento, se llegó de inmediato a un acuerdo mayoritario para el recorte de costes.

Cuando observamos esta interacción, nos preguntamos qué le había pasado a Greta. ¿Cómo mantuvo la compostura de esa manera mientras estaba bajo el fuego enemigo? Y más concretamente, ¿cómo había pasado con tanta rapidez de querer humillar al autor de la pregunta a solicitar encarecidamente más sugerencias?

Más tarde, aquel día le preguntamos a Greta por esa transformación. Queríamos saber exactamente qué había sucedido en su cabeza. ¿Qué le había permitido pasar de un sentimiento de vergüenza e irritación a la gratitud?

—Fue fácil —explicó Greta—. Al comienzo, es verdad que me sentí atacada y quería devolver el golpe. Para ser sincera, quería poner a ese tipo en su lugar. Me estaba acusando en público y estaba equivocado.

—Pero —continuó—, he aprendido que cuando mis emociones toman el mando, la mejor manera de recobrar el control es centrarme en una sencilla pregunta.

Al llegar a este punto, tenía toda nuestra atención. ¿Hacerse una sencilla pregunta podría realmente transformar nuestras emociones de la manera de la que fuimos testigos en Greta? Y si así era, ¿qué pregunta deberíamos hacernos?

Ella continuó:

—Cuando me siento amenazada, hago una pausa, respiro hondo y pregunto: «¿Qué es lo que verdaderamente quiero?»

—¿En serio? —le preguntamos—. ¿Y cómo ayuda eso?

—La primera respuesta que me vino a la cabeza fue: «¡Quiero humillar a este tío que me está atacando!» Las que estaban hablando eran mis emociones. Así que insistí de nuevo: «¿Qué es lo que verdaderamente quiero?» Y fue entonces cuando se hizo la claridad: «Lo que realmente quiero es que 200 ejecutivos salgan de aquí apoyando el recorte de costes».

Y continuó:

—Cuando ese compromiso se asentó en mi interior, transformó la manera en que veía al hombre del fondo de la sala.

Mientras que unos segundos antes se me antojaba un enemigo, cuando mi motivación cambió pude ver que era el mejor aliado que tenía en la habitación. Había sido el que me había dado la mejor oportunidad que tenía de enfrentarme a la resistencia a la que me estaba enfrentando. Entonces, fue fácil responder de la manera adecuada.

De repente, la rápida transformación de Greta de tirana en líder adquirió sentido. Cuando su motivación pasó de ser la de salvar la cara a la de resolver un problema, fue absolutamente natural que sus primeras palabras fueran: «¿Sabes qué? Tenemos que hablar de esto. Me alegra que hayas hecho la pregunta. Gracias por asumir ese riesgo».

Greta nos enseñó que una pequeña intervención mental —el simple acto de hacerse una pregunta con firmeza— puede tener un poderoso efecto al redirigir lo que sentimos.

Volver a centrar nuestras ideas

Pasemos ahora a una situación a la que podríamos enfrentarnos. Estamos conversando con alguien que está en completo desacuerdo con nosotros sobre un tema candente. ¿Cómo se aplica todo este asunto de los motivos? Cuando comencemos la conversación, empecemos por analizar nuestras motivaciones. Al entrar en el tema, preguntémonos qué es lo que verdaderamente queremos.

A medida que evolucione la conversación y nos encontremos empezando, pongamos por caso, a decir que sí al jefe, o a ignorar a nuestro cónyuge, prestemos atención a lo que pasa con nuestros objetivos. ¿Acaso empezamos a preocuparnos más por salvar la cara, evitar una situación embarazosa, ganar, tener razón o castigar a los otros? Esta es la parte delicada. Nuestros motivos suelen cambiar sin ningún pensamiento consciente de nuestra parte. Cuando la adrenalina piensa por nosotros, nuestros motivos se dejan llevar por la marea química. En cierto sentido, no estamos escogiendo el motivo; este nos escoge a nosotros. Pero si nos damos cuenta de eso, podemos cambiarlo.

El primer paso para volver a un objetivo sano es llegar a ser consciente de aquel que nos está dominando. Esto es más difícil de lo que podría parecer. En nuestro estado, atontados y ebrios de adrenalina, a menudo no se nos da muy bien adquirir una sutil conciencia de nosotros mismos. Así pues, ¿qué hace un ser humano?

Buscar pistas. Discernir nuestras motivaciones de fuera hacia dentro. A fin de volver a las motivaciones que permiten dialogar, debemos apartarnos de la relación y mirar hacia nosotros mismos, de manera muy parecida a como lo haría un extraño. Pregúntese entonces: «¿Qué dice mi forma de actuar sobre lo que quiero?» Eche un vistazo a su conducta, y retroceda desde ahí hasta la motivación. A medida que se vaya esforzando sinceramente en descubrir su motivación, podría concluir: «Veamos. Estoy interrumpiendo a las personas, exagerando mis puntos de vista y sacudiendo la cabeza cada vez que hablan. ¡Ajá! He pasado de planear unas fantásticas vacaciones a imponer mis criterios».

Una vez que reconozca con humildad los cambiantes deseos de su corazón, puede hacer elecciones conscientes para cambiarlos. La manera más rápida para liberarse de una motivación dañina consiste en admitir sencillamente que la tiene. Una vez que nombre el juego, puede dejar de jugarlo.

Ahora, pregunte: «¿Qué es lo que verdaderamente quiero?» Y hágase estas tres preguntas:

«¿Qué deseo para mí mismo?»

«¿Qué deseo para los otros?»

«¿Qué deseo para la relación?»

Una vez se haya librado de la motivación mala, las respuestas saludables acudirán rápida y fácilmente: «Lo que quiero es que todos nosotros nos sintamos eufóricos por el lugar de vacaciones que hemos escogido?»

En cuanto se haya preguntado a sí mismo qué es lo que quiere, agregue una pregunta igualmente reveladora:

«*¿Qué debería hacer ahora mismo para avanzar hacia lo que realmente quiero?*»

Tomadas en conjunto, estas cuatro preguntas son una poderosa herramienta para volver a centrar sus ideas. He aquí la manera:

Pensar a largo plazo. Estas preguntas constituyen unas poderosas intervenciones emocionales cuando más lo necesitamos. No debe apresurarse. Si lo hace, acabará respondiéndolas sin sinceridad y con una atención a corto plazo. Es posible que tenga que formulárselas varias veces antes de poder profundizar lo suficiente para volver a conectar con una motivación a largo plazo.

Hace años, vimos cómo sucedía esto con un niño pequeño y su hermana que estaban echando una carrera en un campo de césped. Cuando llegaron al límite del campo, la niña se volvió hacia su hermano y gritó, triunfal: «¡He ganado! He ganado!» Acto seguido, en apenas un suspiro, añadió: «¡Has perdido! ¡Has perdido!» ¿Qué era lo que ella quería para sí en ese momento?: ganar. ¿Qué era lo que quería para su hermano?: que perdiera. Cuando nos vemos atrapados en la pasión del momento y nuestras motivaciones han cambiado, nos volvemos miopes y nos centramos en lo que verdaderamente queremos... en el momento. Para salir de ese objetivo a corto plazo, es posible que usted necesite hacerse estas preguntas más de una vez.

También puede que encuentre útil añadir «largo plazo» a las preguntas. Preguntar: «¿Qué es lo que verdaderamente quiero para mí a largo plazo?», nos ayuda a cambiar la atención de nuestros deseos inmediatos a corto plazo a una consideración más profunda de quién queremos ser: «¿Qué clase de persona quiero ser?», «¿Cómo quiero tratar a los demás?», «¿Cómo tengo que mostrarme en esta conversación para ser esa clase de persona?»

Reactivar el cerebro

Estas preguntas son también una herramienta eficaz para reactivar su cerebro. La razón de que sean tan eficaces es que contribuyen a acomodar los centros del razonamiento superior del cerebro para que vuelvan a la actividad, calmando el instinto de luchar o huir. Esto funciona así: cuando nos hacemos una pregunta abstracta y compleja, la parte de nuestro cerebro encargada de resolver los problemas reconoce que ahora estamos tratando con asuntos sociales intrincados y no con amenazas físicas. Cuando le planteamos a nuestro cerebro una pregunta exigente, nuestro cuerpo envía sangre a las partes de nuestro cerebro que nos ayudan a pensar y la retira de las partes de nuestro cuerpo que nos ayudan a emprender la huida o empezar a luchar.

SEGUNDO, EVITAR LAS OPCIONES MENOS INTELIGENTES

Ahora añadamos una herramienta más que nos ayuda a centrarnos en lo que realmente queremos. Empezaremos con una historia.

Tally está repasando los contenidos de sus redes sociales cuando se da de bruces con una apasionado debate sobre la propuesta de un cambio de plan de estudios para el colegio de sus hijos. Deseando ser un progenitor informado, lee con atención el extenso mensaje y los numerosos comentarios que lo siguen. El debate es sólido, y tanto los padres que están a favor como los que están en contra de los cambios propuestos dan argumentos razonables. Tally se da cuenta de que comparte las posturas de personas de ambos lados de la discusión.

Entonces, Gloria, que vive en el edificio de enfrente, empieza a intervenir. Gloria expresa su desprecio por los cambios propuestos con un lenguaje grosero y ¡TODO EN MAYÚS-CULAS! Ella sabe sin asomo de dudas que esos cambios en el plan de estudios serán la perdición de todos los niños del barrio, lo cuales acabarán abandonando el colegio y vendiendo drogas a causa de ello.

Como era de esperar, la gente empieza a contraatacar, y Gloria responde contraatacando a su vez a los que rechazan sus argumentos. Pronto, el debate ya no versa sobre el plan de estudios; versa sobre los imbéciles que se atreven a pensar de manera diferente a ella. A medida que Tally sigue leyendo, siente que le empieza a hervir la sangre. ¡Es a sus vecinos y amigos a quienes Gloria está atacando! Eso no está bien. Alguien tiene que ponerla en su sitio y detener esos despiadados mensajes.

Los dedos de Tally vuelan mientras teclea una respuesta al último mensaje de Gloria: «@Gloria, tú eres la única idiota. La directora Johnson ha cambiado este colegio. Si ella dice que este plan de estudios es la manera de ayudar a nuestros hijos, entonces lo es. Tú no estás cualificada ni tienes entidad para opinar al respecto. Pero si ni siquiera terminaste el instituto. Eres una gran impostora en lo tocante a la educación, ¡y no me voy a quedar parada y dejar que ataques a las personas que están verdaderamente cualificadas para debatir sobre la educación de nuestros hijos!»

Tally golpea la pantalla con el dedo como si fuera un cuchillo para publicar el mensaje, sintiendo que está haciendo justicia. Alguien tenía que hacerle frente a Gloria. Al cabo de un instante, Tally oye el tintineo que anuncia la entrada de un mensaje directo. Es de otro vecino, Miguel. «Hala, Tally, eso fue un poco duro, ¿no te parece?» Y luego otro de Sandra. Y de Karyn. Y de Tyrone. Está claro que los demás padres se han quedado atónitos por su humillante ataque a Gloria.

Tally pronuncia, y luego escribe en un mensaje, las palabras que todos llegamos a odiar: «¡Eh, no me tratéis así! Soy la única por aquí que tiene el valor de decir la verdad.»

Menuda táctica. Tally ataca a Gloria en público, y luego, en lugar de disculparse o acaso desvanecerse sin más en las sombras, sostiene que lo que acaba de hacer era en cierto modo noble.

Acaba de elegir la opción menos inteligente. Su afirmación da por sentado que tenía que escoger entre decir la verdad o mantener una amiga.

Aquellos que son diestros en las conversaciones cruciales plantean a sus cerebros una pregunta más compleja. Ellos preguntan: «¿Qué quiero para mí, para la otra persona y para la relación?»

A medida que practique planteándose esta pregunta a usted mismo en momentos de emotividad, descubrirá que al principio le opone resistencia. Cuando nuestro cerebro no funciona bien, nos oponemos a la complejidad. Bueno, esto parece ¡complejo! Nos encanta la comodidad de tener que escoger simplemente entre atacar o escondernos y el hecho de que pensemos que eso nos hace quedar bien: «Lo siento, pero tenía que destruir su imagen propia si quería mantener mi integridad. No fue agradable, pero era lo que tenía que hacer.»

Por suerte, cuando rechazamos las opciones poco inteligentes y en su lugar exigimos a nuestro cerebro que resuelva el problema más complejo, las más de las veces el cerebro es exactamente eso lo que hace. Usted descubrirá que hay una manera de compartir sus preocupaciones, escuchar con sinceridad las de los demás y fomentar la relación, todo al mismo tiempo. Y los resultados pueden cambiarle la vida.

En busca del esquivo «y»

Las personas mejor dotadas para el diálogo rechazan las opciones menos inteligentes y establecen nuevas alternativas. Se plantean a sí mismas preguntas más difíciles, preguntas que convierten la alternativa «esto o lo otro» en una búsqueda de la importantísima y siempre esquiva conjunción «y». (Se trata de una especie en peligro de extinción, como ya se sabe.) He aquí cómo funciona:

Primero, aclaremos lo que verdaderamente queremos. Ya tenemos un comienzo ventajoso si hemos empezado con nosotros mismos. Si sabemos lo que deseamos para nosotros, para otros y para la relación, estamos en condiciones de abandonar las opciones menos inteligentes:

> «Lo *que quisiera es participar en el debate de la comunidad sobre el plan de estudios que afecta a nuestros hijos. Quiero que nuestro grupo de padres sea capaz de hablar libremente y que se escuchen unos a otros.»*

Segundo, aclaremos lo que verdaderamente no queremos. Ésta es la clave para enmarcar la pregunta del «y». Pensemos en aquello que tememos que puede ocurrirnos si renunciamos a nuestra estrategia actual de intentar vencer o permanecer a salvo. ¿Qué cosas malas nos ocurrirán si dejamos de presionar tanto? ¿O si no intentamos escapar? ¿Qué resultado horrible hace que recurrir al engaño sea una alternativa atractiva y sensata?

«Lo que no quiero es que la gente se calle porque una persona está dominando el hilo del debate y lanzando insultos. Tampoco quiero que nuestro sincero desacuerdo conduzca a unas relaciones dañadas.»

Tercero, presentemos a nuestro cerebro un problema más complejo. Finalmente, combinemos los dos en una pregunta y que nos obligue a buscar opciones más creativas y productivas que el silencio o la violencia.

«¿Cómo puedo tener una conversación sincera y fortalecer nuestra relación?»

* * *

Resulta interesante observar qué sucede cuando a las personas se les plantean preguntas y después de haberse acostumbrado a las opciones menos inteligentes. Sus expresiones se vuelven meditabundas, abren los ojos y comienzan a pensar. Con una regularidad sorprendente, cuando se les pregunta: «¿Es posible que haya una manera de lograr ambas cosas?», reconocen que es muy probable que sí.

«¿Hay alguna manera de hablarle a su compañero de sus verdaderas preocupaciones y no insultarlo ni ofenderlo?»

«¿Hay alguna manera de hablar con su vecino de su desagradable comportamiento y no parecer ni hipócrita ni exigente?»

«¿Hay alguna manera de hablar con su pareja sobre cómo gastan el dinero y no caer en una discusión?»

¿Es esto posible en la práctica?

Algunas personas piensan que esta manera de pensar peca de una cómica falta de realismo. Desde su punto de vista, las opciones poco inteligentes no son una falsa dicotomía, sino el mero reflejo de una realidad lamentable. Por ejemplo: «No puedes hablar con el jefe sobre nuestra próxima iniciativa. Te costará el empleo.»

A estas personas les decimos: ¿Os acordáis de Kevin? Al igual que casi todos los líderes de opinión que hemos estudiado, Kevin tiene lo que hace falta para hacerse oír y ser respetuoso. Quizás no sepa lo que Kevin hizo o lo que usted tiene que hacer, pero no niegue la existencia de Kevin o de personas como él. Hay una tercera serie de opciones que nos permite acrecer el conjunto de significados y construir a partir de la relación.

Cuando nosotros (los autores) nos encontramos en medio de un seminario en la misma empresa y sugerimos que existen alternativas a las opciones menos inteligentes, nunca falta alguien que diga: «Puede que uno pueda hablar sinceramente y ser oído en algunas empresas, pero si lo intentamos aquí, nos comerán vivos». Y la otra cara de la moneda: «Tienes que saber cuándo parar si quieres seguir sobreviviendo».

Al comienzo, pensábamos que quizá sí había lugares donde el diálogo no podía sobrevivir. Pero luego aprendimos a preguntar: «¿Me está diciendo que no hay nadie que sea capaz de entablar una conversación de alto riesgo de tal modo que se solucionen los problemas y se construya una relación?» Normalmente, siempre hay alguien.

RESUMEN: COMENZAR CON UNO MISMO

He aquí cómo las personas que se manejan con habilidad en el diálogo se mantienen centradas en sus objetivos, especialmente cuando las cosas se ponen difíciles.

Primero trabajar en mí, luego en nosotros

- Recordemos que la única persona a quien puede controlar directamente es a usted mismo.

Centrarse en lo que verdaderamente quiere

- Cuando advierta que se inclina por la violencia o el silencio, deténgase y preste atención a sus motivaciones.
- Pregúntese: «¿Qué dice mi forma de actuar sobre lo que quiero?»
- A continuación, aclare lo que verdaderamente quiere. Pregúntese: «¿Qué deseo para mí mismo? ¿Para los demás? ¿Para la relación?»
- Y, por último, pregúntese: «¿Qué debería hacer ahora mismo para avanzar hacia lo que verdaderamente quiero?»

Rechazar las opciones poco inteligentes

- Cuando piense en lo que desea, permanezca atento al momento en que empieza a inclinarse por las opciones menos inteligentes.
- Libérese de las opciones menos inteligentes buscando el «y».
- Defina lo que no desea, inclúyalo en lo que sí quiere y pida a su cerebro que empiece a buscar opciones sanas que lo devuelvan al diálogo.

5

CONTROLAR
SUS HISTORIAS

Cómo seguir dialogando cuando se siente
enfadado, atemorizado o herido

Aquí es donde estamos en nuestra conversación crucial:

- Hemos reconocido que la conversación podría ser crucial (capítulos 1 y 2).
- Incluso nos hemos centrado en la conversación adecuada que hay que abordar (capítulo 3).
- Hemos pensado en lo que realmente queremos (capítulo 4).

Casi estamos listos para abrir nuestras bocas. Pero no del todo todavía. Aún tenemos un problema que resolver: no tenemos ganas de entablar un diálogo. Lo que realmente nos apetece decir eliminaría para siempre la posibilidad de que aspirásemos a un cargo público.

Como aprendimos en el capítulo 2, uno de los rasgos definitorios de las conversaciones cruciales son las emociones fuertes. Sin estas emociones, la mayoría de nosotros lo haríamos bien en una conversación. Somos capaces de hablar del tiempo como unos fenómenos. Pero cuando nuestras emociones entran en juego, a menudo nos convertimos en la mismísima peor versión de nosotros mismos, y la conversación se desploma. En este capítulo analizaremos cómo dominar las conversaciones cruciales aprendiendo a dominar nuestras emociones. Cómo reaccionemos a nuestras emociones es el mejor indicador de todo lo que importa en esta vida. Es la esencia misma de la inteligencia artificial. Cuando aprendamos a influir en nuestros propios sentimientos, nos colocaremos en una posición muy superior para utilizar todas las herramientas de las conversaciones cruciales.

¡ME VUELVE LOCO!

¿Cuántas veces hemos oído a las personas decir: «¡Me vuelve loco!»? ¿Cuántas veces lo ha dicho usted? Por ejemplo, está tranquilamente sentado en casa viendo la televisión y llega su suegra (que vive con usted). La mujer echa una mirada a su alrededor y comienza a recoger las cosas que usted ha dejado desparramadas unos minutos antes al prepararse un plato de nachos. Esto lo cabrea. Su suegra tiene la costumbre de andar por la casa refunfuñando, convencida de que usted es un vago.

Minutos más tarde, cuando su mujer le pregunta por qué está tan enfadado, usted le explica: «Es tu madre otra vez. Estaba tan tranquilo aquí sentado cuando entró y me lanzó esa mirada suya. Para ser sincero, me gustaría que dejara de hacer eso. Es el único día que tengo libre, estoy tranquilamente relajado y viene ella y empieza a juzgarme. Me saca de mis casillas».

«¿Es ella la que te saca de quicio? —pregunta su mujer—. ¿O eres tú mismo?»

He aquí una pregunta interesante.

Independientemente de quién es el que saca de quicio a quién, algunas personas tienden a reaccionar más explosivamente y con más intensidad que otras ante el mismo estímulo. ¿A qué se debe eso? Por ejemplo, ¿qué es lo que permite a algunas personas escuchar comentarios devastadores sin pestañear, mientras que otras montan en cólera cuando se les dice que tienen un poco de salsa en la barbilla? ¿Cómo se explica que a veces usted mismo pueda aceptar un ataque verbal sin inmutarse, y otras enfurecerse si alguien se atreve a lanzarle una mirada de reojo?

LAS EMOCIONES NO OCURREN PORQUE SÍ

Para responder a estas preguntas, empezaremos con dos afirmaciones más bien osadas (y, a veces, impopulares). Después, explicaremos la lógica en cada afirmación.

Primera afirmación. Las emociones no se asientan sobre nosotros como si fueran niebla. No son los otros los que nos endosan las emociones. Aunque se sienta muy tranquilo al decirlo, no son los demás los que lo vuelven loco. Usted se vuelve loco a sí mismo. Usted se asusta, se enoja, se insulta o se hace daño a sí mismo. Usted y sólo usted crea sus emociones.

Segunda afirmación. Una vez que hemos desatado nuestras emociones de disgusto, tenemos sólo dos opciones: podemos reaccionar ante éstas o dejar que éstas nos controlen. Es decir, cuando se trata de emociones intensas, o encontramos una manera de dominarlas o nos convertimos en sus rehenes.

He aquí cómo funciona:

La historia de María

Pensemos en María, una redactora publicitaria que se encuentra dominada por emociones muy intensas. Ella y su colega Louis acaban de revisar el último borrador de una propuesta que han de presentar a su jefe. Durante la reunión, se suponía que expondrían juntos sus ideas. Pero cuando María hizo una pausa para respirar, Louis tomó el relevo de la presentación y siguió hasta explicar casi todos los puntos que habían elaborado juntos. Cuando el jefe se volvió hacia María para recabar más información, no quedaba nada por explicar.

María se ha sentido humillada e irritada a lo largo de este proyecto. Primero, Louis le presentó sus sugerencias al jefe y habló con él a espaldas de María. Y ahora monopoliza completamente la presentación.

María cree que Louis ha minimizado su contribución porque es la única mujer del equipo.

Está comenzando a hartarse de esta mentalidad de Louis de «club de chicos». ¿Y ella qué ha hecho? No quiere parecer demasiado «susceptible», de modo que la mayoría de las veces no dice nada y simplemente cumple con su trabajo. Sin embargo, consigue afirmarse de vez en cuando lanzando mordaces comentarios acerca de la manera en que la tratan.

«Claro que puedo conseguirte ese listado. ¿Quieres que te traiga café y, ya que estoy, te prepare un pastel?», murmura, y pone los ojos en blanco cuando abandona el despacho.

Por su parte, a Louis los comentarios desagradables y el sarcasmo de María lo desconciertan. No sabe con seguridad por qué está enfadada María, pero comienza a detestar su actitud y sus reacciones hostiles por casi todo lo que él hace. El resultado es que cuando los dos trabajan juntos, se podría cortar la tensión del ambiente con un cuchillo.

¿Qué ha irritado a María (y a Louis)?

Las personas peor dotadas para el diálogo caen en la trampa en la que ha caído María, que no se percata para nada de una peligrosa suposición suya. Está enfadada porque no la toman en cuenta y guarda un «silencio profesional». Supone que sus emociones y su conducta son las únicas reacciones correctas y razonables en esas circunstancias. Está convencida de que cualquiera en su lugar se sentiría igual.

Ése es el problema. María trata sus emociones como si fueran la única respuesta válida. Puesto que, según ella, estas emociones se justifican y son adecuadas, no hace ningún esfuerzo por cambiarlas o incluso cuestionarlas. De hecho, en su opinión, es Louis quien las ha provocado. En los últimos tiempos, su manera de actuar (guardar silencio y hacer comentarios desagradables) son el producto de estas mismas emociones. Sus emociones están controlando su comportamiento y alimentando su deteriorada relación con Louis. Las personas peor dotadas para el diálogo son rehenes de sus emociones, y ni siquiera se dan cuenta.

Las personas bien dotadas para el diálogo saben perfectamente que si no controlan sus emociones, las cosas empeorarán. Por lo tanto, intentan algo diferente. Fingen; respiran hondo y cuentan hasta 10. Ahogan las reacciones y hacen todo lo posible por volver al diálogo. Al menos lo intentan.

Desafortunadamente, una vez que estas personas emocionalmente alteradas llegan a un punto difícil en una conversación crucial, sus emociones reprimidas afloran. Estas se manifiestan como mandíbulas tensas o comentarios sarcásticos. El diálogo desaparece. O quizá su miedo paralizante les impide decir lo que realmente piensan. El significado permanece fuera del conjunto porque es cortado de raíz. En cualquier caso, sus emociones escapan del agujero donde las han relegado y encuentran una manera de colarse en la conversación. Nunca es agradable y siempre sabotea el diálogo.

Las personas mejor dotadas para el diálogo hacen algo completamente diferente. No son rehenes de sus emociones ni intentan reprimirlas. Al contrario, reaccionan ante éstas; es decir, cuando tienen emociones intensas, influyen en éstas (y a menudo las cambian) pensando en éstas. El resultado es que son ellos quienes escogen sus emociones y, al hacer esto, se permiten escoger conductas que arrojen mejores resultados.

Desde luego, esto es más fácil de decir que de hacer. No es fácil reconsiderarse a sí mismo desde un estado emotivo y peligroso, hasta alcanzar un estado que permita recuperar el control. Pero se puede hacer. Y debería hacerse.

EL CAMINO A LA ACCIÓN

Para ayudarnos a reconsiderar nuestras emociones, de entrada necesitamos saber de dónde proceden nuestros sentimientos. Echemos un vistazo a un modelo que nos ayuda a analizar y luego adquirir el control de nuestras propias emociones.

Pensemos en María. Se siente herida, pero le preocupa que si le dice algo a Louis, se mostrará demasiado emotiva. De modo que alterna entre guardarse sus sentimientos y hacer comentarios desagradables.

Como demuestra la figura 5.1, los actos de María nacen de sus sentimientos. Primero siente y luego actúa. Esto es bastante fácil, pero surge la pregunta: Para empezar, ¿qué es lo que provoca los sentimientos de María?

¿Acaso es la conducta de Louis? Como sucedía con la suegra y los nachos, ¿es Louis quien hizo que María se sintiera insultada y herida? María escuchó y vio a Louis empezar a hablar y aportar varios puntos clave en la presentación de ambos que ella tenía planeado tratar. Basándose en lo que vio y escuchó, generó una emoción, y luego dejó que sus sentimientos hablaran por ella.

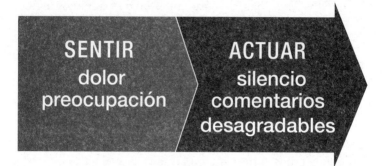

Figura 5.1.

Y aquí viene la gran pregunta: ¿Qué sucede entre lo que María ve y escucha (esto es, la actuación de Louis) y lo que ella siente? ¿Lo que vemos, escuchamos o experimentamos nos hace sentir algo (ver figura 5.2)? Y si es así, ¿por qué distintas personas tienen sentimientos diferentes en las mismas circunstancias?

Figura 5.2.

Las historias crean sentimientos

Resulta que hay un paso intermedio entre lo que hacen los demás y cómo nos sentimos. Justo después de que observemos lo que los demás hacen y justo antes de que sintamos alguna emoción al respecto, nos contamos una historia. Añadimos significado a la acción que observamos. Hacemos una suposición sobre la motivación que impulsa la conducta. ¿Por qué estaban haciendo aquello? Y también añadimos un juicio: ¿Es eso bueno o malo? Y a continuación, basándonos en esos pensamientos o historias, nuestro organismo responde con una emoción.

Cuando nos enfrentamos a las mismas e idénticas circunstancias, este paso intermedio es la razón por la que diez personas tienen diez respuestas emocionales diferentes. Por ejemplo, con un colega como Louis, algunos pueden sentirse insultados, mientras que otros sienten sólo curiosidad; algunos más se enfadan y aquellos otros sienten preocupación o incluso simpatía.

Gráficamente, tiene el aspecto del modelo de la figura 5.3. A este modelo lo llamamos «nuestro camino a la acción», porque explica cómo las emociones, los pensamientos y las experiencias conducen a nuestros actos.

Habrá observado que hemos añadido el relato de una historia a nuestro modelo. Observamos, contamos una historia, y luego sentimos. A pesar de que esta suma complica un poco el modelo, también nos da una esperanza. Puesto que nosotros y sólo nosotros contamos la historia, podemos recuperar el control de nuestras propias emociones contando una historia diferente. Ahora tenemos un punto de apoyo. Si encontramos una manera de cambiar las historias que contamos volviendo pensarlas en éstas o volviendo a contarlas, podemos dominar nuestras emociones y, por ende, nuestras conversaciones cruciales.

Figura 5.3. El camino a la acción

NUESTRAS HISTORIAS

En este mundo no existe nada bueno ni malo,
es el pensamiento el que lo hace parecer así.

WILLIAM SHAKESPEARE

Las historias proporcionan el fundamento de lo que sucede. Son nuestras interpretaciones de los hechos. Éstas empiezan ayudándonos a explicar lo que vemos y escuchamos («Carl está saliendo del edificio con una caja amarillo chillón. Las cajas de este color contienen material protegido.»). Pero, por lo general, las historias llevan al qué un paso más allá y dan expresión al por qué de que algo esté ocurriendo («Carl está robando nuestra propiedad intelectual.»). Nuestras historias contienen no solo conclusiones, sino también juicios (si algo es bueno o malo) y atribuciones (interpretaciones de las motivaciones de los demás).

Pensemos ahora en María y Louis. María observa que su colega ha empezado a hablar y ya no parará. ¿Qué está sucediendo aquí? María concluye que Louis se está apropiando de la presentación. Pero la historia de María no se detiene aquí.

Enseguida se cuenta a sí misma un cuento sobre por qué Louis se está adueñando de la presentación: «No confía en mi capacidad para comunicar. Piensa que es más probable que escuchen a un hombre. Y está tratando de acaparar el foco de atención para él solo.» Así, empieza a atribuir una motivación a las acciones de Louis, y entonces hace un juicio: «Es una rata sexista hambrienta de poder.»

Desde luego, cuando formulamos nuestros propios significados o historias, nuestro organismo no tarda en responder con intensos sentimientos o emociones; después de todo, nuestras emociones están vinculadas directamente a nuestros juicios de bien / mal, bueno / malo, generoso / egoísta, justo / injusto, etcétera. La historia de María genera rabia y frustración. Estos sentimientos, a su vez, dirigen sus reacciones (vacilar entre callarse o hacer comentarios desagradables de vez en cuando) (ver figura 5.4).

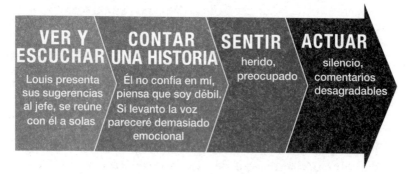

Figura 5.4. El camino a la acción de María

Unos pocos hechos sobre las historias

Aunque usted no se dé cuenta, se está contando historias a sí mismo. Cuando enseñamos a las personas que son nuestras historias las que moldean nuestras emociones y no los actos de las otras personas, siempre hay alguien que levanta la mano y dice: «¡Un momento! Yo no me he dado cuenta de haberme contado una historia. Cuando ese tipo se rio de mí durante la presentación, sólo me sentí irritado. Primero vinieron los sentimientos; luego, los pensamientos». Las historias que nos contamos suceden a un ritmo increíblemente rápido. Cuando pensamos que nos encontramos en peligro, nos contamos una historia tan rápidamente que ni siquiera sabemos que lo hacemos. Si usted no cree que esto sea verdad, pregúntese si siempre se enfada cuando alguien se ríe de usted. Si a veces se irrita y otras, no, entonces su respuesta no está programada. Eso significa que algo sucede entre la risa de los otros y sus sentimientos. En verdad, se cuenta una historia. Puede que no lo recuerde, pero se la cuenta.

Cualquier conjunto de hechos se puede utilizar para contar un número infinito de historias. Las historias son exactamente eso, historias. Estas invenciones podrían contarse de miles de maneras diferentes. Por ejemplo, María podría haber llegado igualmente a la conclusión de que Louis no era consciente de que a ella le importara tanto el proyecto. Podría haber llegado a la conclusión de que Louis se veía a sí mismo como una persona poco importante y pensaba que aquello era una manera de demostrar que era valioso. O quizá se había enfadado en el pasado porque no había seguido personalmente todos los detalles de un proyecto. Cualquiera de estas historias podría ajustarse a los hechos y habría creado emociones muy diferentes.

Si controlamos nuestras historias, éstas no nos controlarán a nosotros. Las personas que sobresalen en el diálogo son capaces de influir en sus emociones durante las conversaciones cruciales. Se dan cuenta de que si bien es verdad que al principio controlamos las historias que contamos, una vez contadas, las historias nos controlan a nosotros. Primero se enseñorean de nuestros sentimientos, y luego, de nuestra manera de actuar. Y de esta manera, controlan los resultados que obtenemos de nuestras conversaciones cruciales.

* * *

Las buenas noticias es que podemos contar historias diferentes y romper el bucle. De hecho, hasta que no nos contamos unas historias diferentes, no podemos romperlo.

Si desea mejorar los resultados de sus conversaciones cruciales, cambie las historias que se cuenta a sí mismo, incluso mientras está en medio de la refriega.

¿POR QUÉ CONTROLAMOS NUESTRAS HISTORIAS?

Estamos a punto de compartir algunas herramientas muy eficaces que puede utilizar para exponer, analizar y mejorar su historia. Vaya por delante que confesamos que tales habilidades exigen trabajo, atención, concentración y humildad. Muchos lectores llegan hasta la mitad de esta sección y le gritan al libro algo parecido a: «¿Por qué tengo que hacer todo este #^&(@ trabajo?» Traducido, están preguntando: «¿Por qué no llevar la sencilla vida de culpar a los demás de ser la causa de nuestras emociones?»

La verdad es que no tiene que hacer este trabajo. A menos que desee unos resultados diferentes. Pero si los quiere, necesitará unas emociones distintas. Si María desea obtener unos resultados distintos y tener una relación laboral diferente con Louis, va a tener que actuar de una manera diferente. Y para actuar de otra manera, deberá tener unos sentimientos distintos. Y para tener otra clase de sentimientos, deberá controlar su historia.

El control de nuestras historias no consiste en dejar que alguien se vaya de rositas por su mal comportamiento. Antes al contrario, es el primer paso para abordar esa conducta a través del diálogo. Cuando controlamos nuestras historias, asumimos la responsabilidad de la energía emocional que aportamos a la conversación. Y cuando lo hacemos, empezamos a cambiar la conversación.

Otra razón de que sea peligroso que deje sin analizar su historia es que esta podría estar creando su realidad. Las más de las veces, cuando las personas defienden su historia, están diciendo que esta es un reflejo fiel de la realidad. La realidad llega primero, y su historia simplemente la capta. Puede que sea así. Pero cuando se profundiza, no es infrecuente descubrir que la propia historia ha creado la realidad. O, al menos, que ha contribuido a ello. A esto podemos llamarlo una «espiral descendente». He aquí un ejemplo de la vida real de cómo funciona esto. Le ocurrió a Joseph al principio de su matrimonio. Él lo describe de esta manera:

Llevaba casado solo unos pocos años; en el ínterin habían llegado un par de niños, y mi calendario de viajes estaba empezando a ser frenético. Celia, mi esposa, había estado de acuerdo en ser la única progenitora cuando yo estuviera fuera.

Una noche llegué a casa de un viaje. Celia estaba sentada en el sofá leyendo. Estaba a punto de saludar cuando el teléfono sonó. De inmediato tuve dos pensamientos: (1) Responder al teléfono; podía tratarse de una emergencia internacional que solo yo podía resolver. (2) ¡No responder al teléfono! Al amor de mi vida le gustaría estar conmigo.

Tuve una corazonada clara sobre lo que debía hacer. Pero la obvié: cogí el teléfono. Era uno de mis socios de la empresa, y entablamos una conversación.

Bueno, sigan conmigo en esto porque puede que por un momento duden de mí. En ese instante, sentí una quemazón en medio de la espalda; una sensación de calor que se irradiaba hacia fuera. Eché un vistazo alrededor para encontrar de dónde provenía, y allí estaba Celia, en la otra punta de la habitación, mirando fijamente un agujero en medio de mi espalda. Tenía una aterradora mirada de enojo. La miré, puse los ojos en blanco con resentimiento y me di la vuelta. Oí cómo cerraba el libro de golpe, y salió de la estancia pisando fuerte. La miré de soslayo cuando pasó a mi lado y sacudí la cabeza con aire de superioridad.

¿Qué manera era esa de mantener una conversación crucial? ¡Yo no podía haberlo hecho peor!

¿Se da cuenta de la ironía en la historia de Joseph? Cuando llega a casa después de una larga semana de viaje, ¿qué supone que era lo que más deseaba? Estar con el amor de su vida. Y cuando entró en la casa, ¿qué supone qué era lo que más deseaba Celia? Estar con el amor de su vida. Y sin embargo, cada uno se comportó de una manera que les procuró lo contrario. ¿Por qué? Porque los dos eran rehenes de sus historias. En el momento, ambos creían que sus historias eran acertadas, y ninguno se dio cuenta de que sus historias estaban creando su realidad.

Por ejemplo, cuando Joseph sintió la quemazón y observó la expresión de Celia, se dijo a sí mismo que era una desagradecida. Estaba siendo crítica; estaba tratando de controlarlo. En la historia de Joseph, este justificó atender el teléfono pensando: «Llevo toda la semana trabajando como un burro, ¡y este es el trato que recibo!» Por consiguiente, resentido, se puso a la defensiva. Esto llevó a su desafortunada decisión de poner los ojos en blanco. ¿El resultado? Celia cerró ruidosamente su libro y abandonó la habitación. En este momento, Joseph diría que su historia es cierta: «Celia me está juzgando. ¡Y está siendo una desagradecida!» Aunque podría haber algo de verdad en la afirmación de Joseph, lo que está pasando por alto es el hecho de que él es parte de la historia. Sus actos contribuyeron a que Celia se contara la clase de historia que generó emociones de descontento que desembocaron en su comportamiento. Él era un socio de pleno derecho en la espiral descendente.

Estemos atentos, cuando defendamos nuestra historia, a que antes de nada analicemos si podríamos estar creando la realidad que decimos describir.

Así pues, ¿por qué controlar nuestras historias? Pues porque es un paso necesario en el camino hacia lo que realmente deseamos.

HABILIDADES PARA DOMINAR NUESTRAS HISTORIAS

¿Cuál es la manera más eficaz de elaborar unas historias diferentes? Las personas mejor dotadas para el diálogo encuentran una manera de tranquilizarse y luego tomar el control de su camino a la acción. He aquí cómo:

Vuelva sobre su camino

Para disminuir la velocidad relampagueante del proceso de contarse una historia y el subsiguiente flujo de adrenalina, vuelva sobre su camino a la acción, paso a paso. Esto exige un cierto grado de gimnasia mental. Primero, tiene que dejar lo que esté haciendo en ese momento. Después, tiene que conectar con el porqué de lo que está haciendo. He aquí cómo volver sobre su camino:

- [**Actúe**] Observe su conducta. Pregunte: «¿Estoy dejando que mis preocupaciones hablen por mí, en lugar de hablar de ellas con sinceridad?»

- **[Sienta]** Verbalice sus sentimientos. Pregunte: «¿Cuáles son las emociones que me animan a actuar de esta manera?»

- **[Elabore una historia]** Analice sus historias. Pregunte: «¿Cuál es la historia que crea estas emociones?»

- **[Vea y escuche]** Vuelva a los hechos. Pregunte: «¿Qué he visto o escuchado que sustente esta historia? ¿Qué he visto o escuchado que contradiga esta historia?

Al volver por turnos sobre los elementos de su camino, se sitúa en una posición que le permite pensar, cuestionar y cambiar cualquiera de los elementos citados.

Observe su conducta

Para empezar, ¿por qué tiene que detenerse y volver sobre su camino a la acción? Está claro que si constantemente deja de hacer lo que hace para buscar sus motivos e ideas subyacentes, ni siquiera será capaz de ponerse los zapatos sin pensar en ello durante quién sabe cuánto tiempo. Morirá de parálisis por análisis. En su lugar, considere dos situaciones que pueden servirle de pistas de que es el momento de que haga una pausa y vuelva sobre su camino a la acción:

1. **Malos resultados.** Usted no está satisfecho con los resultados que está obteniendo. Se encuentra en cierta situación y no le gusta el desenlace. Le gustaría que lo ascendieran, pero eso no ocurre. Le gustaría tener tiempo para disfrutar con su familia, pero cada vez que se encuentra en una reunión familiar con los parientes cercanos, los ánimos se caldean. Sea cual sea la situación, si usted no está satisfecho con el resultado,

empiece por observar cómo se comportó y el camino a la acción que desembocó en su comportamiento.

2. **Emociones fuertes.** Está sintiendo emociones negativas. De las fuertes. Esta es una de las mejores pistas de que ha llegado el momento de que vuelva sobre su camino. Si está enfadado, se siente frustrado, herido, molesto o irritado, esto es una pista fantástica para que se pregunte por la razón. «¿Por qué me siento de esta manera, y de qué manera me está haciendo actuar este sentimiento?»

Sin embargo, con mirar no basta. Debe mirar sinceramente lo que hace. Si se cuenta a sí mismo la historia de que su conducta agresiva es una «táctica necesaria», no verá la necesidad de reflexionar sobre sus actos. Si inmediatamente responde con un «empezaron ellos» o se dedica a racionalizar su conducta de alguna otra manera, tampoco se verá obligado a cambiar. En lugar de detenerse y reflexionar sobre lo que hace, se contará historias para justificar su manera de actuar y la de los demás.

Cuando una historia inútil esté impulsando su conducta, deténgase y piense en cómo otras personas verían su comportamiento. Por ejemplo, si la escena fuera retransmitida en directo a través de las redes sociales, ¿qué imagen daría usted? ¿Cómo describiría su conducta una tercera parte imparcial?

Las personas mejor dotadas para las conversaciones cruciales no sólo se dan cuenta cuando se están escabullendo del diálogo, sino que también son capaces de admitirlo. No es que se recreen en dudar de sí mismos, pero sí que reconocen el problema y comienzan a adoptar medidas correctivas. En el momento en que se percatan de que están saboteando el diálogo, vuelven sobre su propio camino a la acción.

Verbalice sus sentimientos

Cuando las personas más capacitadas comienzan a volver sobre su camino a la acción, pasan de admitir su propio comportamiento malsano a verbalizar sus emociones. A primera vista, esta tarea suena fácil. «¡Estoy enfadado!», piensa para sí mismo. ¿Hay algo que sea más fácil?

En realidad, identificar las propias emociones es más difícil de lo que podría imaginar. De hecho, muchas personas son emocionalmente analfabetas. Cuando se les pide que describan cómo se sienten, utilizan palabras como «mal», «enfadado» o «asustado», lo cual sería correcto si éstas fueran descripciones precisas, pero no suelen serlo.

Las personas dicen que están enfadadas cuando, de hecho, sienten una mezcla de vergüenza y sorpresa. O dan a entender que no se sienten felices cuando, en verdad, se sienten agredidos; o quizás nos hacen pensar que están disgustados cuando, en realidad, se sienten humillados y heridos.

Puesto que la vida no consiste en una serie de exámenes de vocabulario, es posible que usted se pregunte qué diferencia pueden suponer las palabras. Pero las palabras sí que importan. Saber lo que realmente siente le ayuda a lanzar una mirada más precisa a lo que sucede y por qué. Por ejemplo, es mucho más probable que lance una mirada franca sobre la historia que se cuenta si reconoce que se siente a la vez avergonzado y sorprendido en lugar de sencillamente enfadado.

Cuando dedicamos tiempo a articular con precisión lo que estamos sintiendo, empezamos a arrojar un poco de luz entre nosotros y la emoción. Esta distancia nos permite pasar de ser rehenes de la emoción a ser unos observadores de ésta. Cuando somos capaces de mantenerla a una pequeña distancia de nosotros, podemos examinarla, estudiarla y empezar a cambiarla. Pero ese proceso no puede empezar hasta que no le pongamos un nombre.

¿Y usted? ¿Acaso se detiene a pensar en sus sentimientos cuando experimenta emociones fuertes? Y si la respuesta es sí, ¿utiliza un vocabulario rico o se limita normalmente a utilizar expresiones como «bien», «desanimado», «fastidiado» o «frustrado»? En segundo lugar, ¿habla abiertamente con otras personas de cómo se siente? ¿Tiene la costumbre de hablar con sus seres queridos acerca de lo que le sucede interiormente? Y en tercer lugar, en ese caso, ¿dedica tiempo a ahondar en las emociones fáciles de expresar e identifica con precisión aquellas cuyo reconocimiento requieren una mayor vulnerabilidad (como la vergüenza, el dolor, el miedo y el error)?

Es importante conectar con sus sentimientos, y para llevar a cabo esto es posible que tenga que ampliar su vocabulario emocional.

Analice sus historias

Cuestione sus sentimientos e historias. Una vez haya identificado lo que siente, deténgase y pregúntese si, dadas las circunstancias, se trata del sentimiento adecuado. ¿Significa, por tanto, que se está contando la historia adecuada?

El primer paso para recuperar el control emocional consiste en impugnar la ilusión de que lo que siente es la única emoción correcta en esas circunstancias. Puede que éste sea el paso más difícil, pero también es el más importante. Al cuestionar nuestros sentimientos, nos abrimos a la posibilidad de impugnar nuestras propias historias.

Cuestionamos la cómoda conclusión de que nuestra historia es correcta y verdadera. No tenemos problemas para cuestionar si nuestras emociones (muy reales) y la historia que se esconde tras éstas (sólo una de muchas posibles explicaciones) son precisas.

En este punto, algo abrumador en nuestro interior suele protestar: «Espera un minuto. No debería tener que cambiar mi historia. Mi historia es exacta. ¡Es la verdad! ¡Tengo razón!»

Este es el equivalente emocional a una opción poco inteligente. Defender que las historias son correctas o equivocadas. Ya que rara vez ese es el caso. La mayoría de las veces, nuestras historias se corresponden más o menos con la realidad. Por ejemplo, María podría tener razón en lo relativo a que Louis tiene prejuicios sexistas acerca de la influencia de las mujeres. Pero eso podría no ser todo lo que está sucediendo en este episodio. ¿Y si Louis acabara de recibir un mal informe de rendimiento en el que su jefe le exhorta a «tener más voz»? ¿María se sentiría de otra manera si supiera que esto también formaba parte de lo que estaba sucediendo? Por otro lado, incluso nuestras historias «exactas» a menudo tienen incorporados elementos sutiles. Por ejemplo, la historia de María podría decir que el sexismo de Louis es una ofensa imperdonable o bien que es un defecto humano modificable. Esta pequeña distinción podría llevarla o a condenarlo o a intentar influir en él.

Como hemos dicho anteriormente, cualquier conjunto de hechos son susceptibles de ser utilizados para contar un número infinito de historias. Cuanto más aceptemos la responsabilidad por las historias que contamos, más sutiles y eficaces pueden llegar a ser nuestras respuestas emocionales.

Vuelva a los hechos

A veces usted no cuestiona sus historias porque las ve como hechos inmutables. Cuando genera historias en un abrir y cerrar de ojos, puede llegar a verse tan atrapado en el momento que empiece a creer que sus historias son hechos. Y parecen hechos. Usted confunde las conclusiones subjetivas con unos puntos de datos duros como el acero. Por ejemplo, al tratar de descubrir hechos en la historia, María podría decir: «¡Es un tarado misógino. Eso es un hecho! ¡Pregúntale a cualquiera que haya visto cómo me trata!»

«Es un tarado misógino», no es un hecho; es la historia que María creó para dotar de significado a los hechos. Los hechos podrían significar cualquier cosa. Como hemos dicho antes, otros podrían observar las interacciones de María con Louis y marcharse con unas historias distintas.

La mejor manera de liberarse de una historia abrumadora es separar los hechos de la historia. Intentar desnudar la historia ayuda a examinar nuestras ideas frente a un simple criterio: ¿Es capaz de ver o escuchar esta cosa que está llamando hecho? ¿Era una auténtica conducta?

Por ejemplo, es un hecho que Louis «hizo el 95 por ciento de la presentación y respondió a todas las preguntas menos una.» Esto es concreto, objetivo y verificable. Dos personas cualesquiera que observaran la reunión harían la misma observación. Sin embargo, la afirmación «Él no confía en mí» es una conclusión. Esta explica lo que uno piensa, no lo que hizo la otra persona. Las conclusiones son subjetivas.

Identifique la historia estando alerta a las palabras «calientes». Para no confundir la historia con los hechos, esté atento a los términos «calientes». Por ejemplo, cuando esté valorando los hechos, podría decir: «Me lanzó una mirada agresiva» o «hizo un comentario sarcástico». Palabras como «agresivo» o «sarcástico» son términos calientes. Expresan juicios y atribuciones que, a su vez, crean emociones fuertes. Son una historia, no hechos. Observe qué diferente es cuando dice: «Entrecerró los ojos con fuerza y apretó los labios», en contraste con «Me miró de forma agresiva». En el caso de María, ella sostenía que Louis era controlador y no la respetaba. Si se hubiera centrado en su conducta (hablaba mucho y se reunía con el jefe a solas), esta descripción menos vaga podría haber permitido distintas interpretaciones. Por ejemplo, quizá Louis estaba nervioso, preocupado o se sentía inseguro.

Eliminar las palabras calientes y limitarse a los hechos básicos es más difícil de lo que parece. Por ejemplo, mientras María se esfuerza en separar los hechos de la historia, podría tener que repetir unas pocas veces la eliminación de los juicios:

- **Primer intento (toda la historia).** Louis vulneró nuestro plan, me robó las diapositivas y me marginó a la fuerza.

- **Segundo intento (algunos hechos).** Louis me robó 10 de las diapositivas de las que supuestamente me iba a ocupar yo, y al responder las preguntas no me miró ni una sola vez.

- **Tercer intento (más hechos).** Louis se encargó de 10 diapositivas de las que previamente habíamos acordado que me encargaría yo. Cuando se hicieron las preguntas, él las respondió todas.

Busque otros hechos. Una vez que empezamos a contarnos una historia («¡Louis es una rata ambiciosa!»), empezamos a ver de manera selectiva la prueba o los hechos que la refuerzan, y pasamos por alto los hechos que la contradicen. Nos creemos nuestra historia y deseamos seguir creyendo en ésta. De esta manera, solo «vemos» aquello que nos ayuda a continuar creyendo. Cuando volvemos a reconstruir nuestro camino y volvemos a los hechos, tenemos que echar otro vistazo a todos los hechos. ¿Había cosas que, en medio de nuestra historia, pasamos por alto?

Por ejemplo, si María se ha contado previamente una historia sobre Louis, de manera inconsciente estará buscando hechos que la confirmen. A todos nos gusta tener razón. Así que buscamos datos de confirmación, y pasamos por alto o rechazamos cualquier cosa que la contradiga. Cuando María

busque hechos adicionales, tal vez advierta que Louis trabaja realmente bien con Sina, una colega a la que ella respeta.
O que Louis elogió el trabajo de María en una reunión de
equipo el mes pasado.

A medida que ella se libera de la necesidad de defender su
historia, la lista de hechos de María podría ampliarse para
incluir:

- **Cuarto intento (más hechos aún).** Luis se ocupó de 10
  diapositivas de las que previamente habíamos acordado que me encargaría yo. Y yo lo dejé. Cuando se hicieron las preguntas, él las respondió sin comprobar si yo
  quería hacerlo. Y yo no tercié para aportar mi punto de
  vista.

Cuando usted busca otros hechos para completar la película, asegúrese de preguntar: «¿Qué hechos hay que contradi-
gan mi historia?»

Atento a tres historias «ingeniosas»

A medida que aprenda a preguntar y a analizar sus historias,
preste atención a un tipo común e insidioso de historia: la
historia de autojustificación. Por ejemplo, usted se enfrenta a
una conversación crucial y, en lugar de comprometerse a un
diálogo productivo, se cierra en banda o pasa al ataque. Al
reconocer en algún nivel su propio mal comportamiento, se le
ocurre rápidamente una razón perfectamente verosímil de por
qué lo que hizo estuvo bien: «Pues claro que le grité. ¿Es que
no viste lo que hizo? Se lo merecía»; o bien: «Eh, no te atrevas
a juzgarme por no decir lo que pienso. No tengo elección.
Tengo que conservar este empleo.»

A estas invenciones imaginativas y de autojustificación las
denominamos «historias ingeniosas». Son ingeniosas porque

nos permiten sentirnos bien cuando adoptamos conductas censurables. Y, más aún, nos permiten sentirnos bien cuando adoptamos conductas censurables, aunque obtengamos unos pésimos resultados.

Cuando sentimos la necesidad de justificar nuestra conducta inoperante o desconectarnos de nuestros malos resultados, solemos recurrir a tres maneras muy predecibles de contar historias. Aprenda cuáles son las tres y la manera de contrarrestarlas y podrá asumir el control de su vida emocional.

Historias de víctimas – «No es culpa mía»

La primera de las historias inteligentes es una historia de víctimas. Las historias de víctimas, como puede imaginar, nos convierten en sufridos inocentes. Nosotros somos buenos, justos, brillantes u honestos, y las demás personas del planeta en general están aliadas en nuestra contra. Sufrimos sin culpa alguna por nuestra parte. Somos inocentes.

La víctima inocente es algo que existe. De pronto, alguien nos detiene en medio de la calle y nos roba a punta de pistola. Cuando algo así ocurre, es un hecho triste, no una historia. Somos realmente víctimas.

Pero no todas las historias de victimización están tan definidas y son tan parciales. En el transcurso de la mayoría de las conversaciones cruciales, cuando contamos una historia de víctimas, ignoramos intencionadamente el papel que nosotros mismos desempeñamos en el problema. Contamos nuestras historias de un modo en que se omite convenientemente cualquier cosa que hayamos hecho (o dejado de hacer) y que podría haber contribuido al problema.

Por ejemplo, la semana pasada su jefe no le permitió participar en un importante proyecto y eso hirió sus sentimientos. Usted se quejó ante todos acerca de lo mal que se sentía. Lo que no les explicó fue que no le comunicó a su jefe que se había retrasado en un proyecto importante cuyo incumplimiento lo había dejado a él en la estacada, razón por la cual, para empezar, lo apartó del proyecto. Ésta es la parte de la historia que deja fuera porque, claro, el jefe le hizo sentir mal.

Para apoyar sus historias de víctimas no habla de nada más que de sus nobles motivos. «Tardé más porque intentaba respetar los procedimientos habituales.» Luego se dice a sí mismo que está siendo castigado por sus virtudes, no por sus vicios. «Lo que pasa es que no valora a una persona como yo, que presta gran atención a los detalles.» (Este giro adicional lo convierte de víctima en mártir. ¡Vaya suerte!).

Historias de malvados – «Todo ha sido culpa tuya»

Creamos estas desagradables historias al convertir a seres humanos normales y decentes en malvados. Les imputamos malas intenciones y luego le hablamos a todo el mundo acerca de los defectos de los otros como si, de alguna manera, le estuviésemos haciendo un enorme favor al mundo. Así las cosas, ignoramos cualquier virtud de los malvados y convertimos sus defectos en críticas exageradas.

Por ejemplo, describimos a un jefe que se preocupa del factor calidad como un «obseso del control». Cuando nuestro cónyuge está molesto porque nosotros no hemos cumplido un compromiso, lo vemos como «inflexible y testarudo».

En las historias de víctimas, exageramos la propia inocencia; en las historias de malvados, ponemos el acento en la culpa o estupidez de la otra persona. Atribuimos automáticamente a los demás los peores motivos posibles o la incompetencia más supina, mientras ignoramos cualquier intención positiva o neutra o habilidad que una persona pueda tener. A menudo, deshumanizaremos aún más a nuestro malvado o malvada sustituyendo su nombre por una etiqueta. Por ejemplo: «No puedo creer que ese idiota haya vuelto a darme materiales inservibles». Al echar mano de la cómoda etiqueta, ahora ya no tratamos con un complejo ser humano, sino con un idiota.

Las historias de malvados no sólo nos permiten culpar a otros de los malos resultados, sino que también nos autorizan a hacer lo que queramos a los «malvados». Después de todo, podemos sentirnos perfectamente después de insultar o abusar de un idiota o un abogado, mientras que deberíamos tener más cuidado con una persona de carne y hueso. Y cuando no conseguimos los resultados que realmente deseamos, quedamos presos de nuestra inútil conducta porque, al fin y al cabo, ¡mirad con quién tenemos que tratar!

En ocasiones, vamos más allá de convertir en malvadas a las personas individuales y convertimos en malvadas a comunidades enteras: «Esos palurdos en ingeniería no tienen ni idea de lo que se necesita para vender nuestro producto.» «¡Abogados! No te puedes fiar de ninguno.» Coger a un ser humano individual, meterlo en una categoría amplia y luego rechazar a todo el grupo de personas nos permite tanto enfurecernos con ellos como despreciarlos, todo de golpe. Por desgracia, convertir en malvados a grupos y comunidades de manera continua perpetúa el maltrato y la opresión.

Atentos al doble rasero. Cuando prestamos atención a las historias de víctimas y de malvados y las percibimos como lo que son, es decir, como caracterizaciones injustas, comenzamos a ver el nefasto doble rasero que utilizamos cuando nuestras emociones están fuera de control. Cuando somos nosotros quienes cometemos los errores, contamos una historia de víctimas y alegamos intenciones inocentes y puras: «Desde luego que he tardado en llegar a casa y no te he llamado, ¡pero no podía defraudar al equipo!» Por otro lado, cuando otros hacen cosas que nos duelen o molestan, contamos historias de malvados e inventamos horribles motivos o defectos desproporcionados que atribuimos a los demás basándonos en lo mucho que nos han afectado sus actos: «¡Eres tan desconsiderado! Podrías haberme llamado y decirme que ibas a llegar tarde».

Historias de impotencia – «No hay nada más que pueda hacer»

Finalmente, existen las que denominamos «historias de impotencia». En estas invenciones, nos describimos a nosotros mismos como impotentes para hacer cualquier cosa saludable o útil. Nos convencemos de que no hay alternativas sanas para lidiar con nuestro problema, lo cual justifica la alternativa por la que estamos a punto de inclinarnos. Una historia de impotencia podría plantear que «Si no le gritara a mi hijo, no me escucharía». O, el otro lado de la moneda: «Si le dijera esto al jefe, adoptaría una actitud defensiva, así que como es natural ¡no digo nada!» Mientras que las historias de malvados y de víctimas lanzan una mirada retrospectiva para explicar por qué estamos en una determinada situación, las historias de impotencia miran de forma prospectiva para explicar por qué no podemos hacer nada que modifique nuestra situación.

Es especialmente fácil encarnar al impotente cuando convertimos la conducta de los demás en rasgos fijos e inalterables. Por ejemplo, cuando decidimos que nuestro colega es un «obseso del control» (historia de malvado), nos sentimos más reacios a hacerle comentarios porque, al fin y al cabo, los obsesos del control como él no aceptan comentarios (historia de impotencia). No hay nada que podamos hacer para alterar ese hecho.

Como puede ver, las historias de impotencia suelen nacer de historias de malvados, y normalmente no nos ofrecen más que opciones poco inteligentes: o podemos ser sinceros y estropear la relación o guardar silencio y sufrir.

Por qué contamos historias ingeniosas

A estas alturas debería quedar claro que las historias ingeniosas nos ocasionan problemas. En este punto, una pregunta razonable es: «Si son tan terriblemente dañinas, ¿por qué recurrimos a historias ingeniosas?» Hay dos razones:

Las historias ingeniosas concuerdan con la realidad. A veces las historias que contamos son ciertas. La otra persona intenta causarnos daño, somos víctimas inocentes. O quizá realmente no podemos hacer gran cosa para remediar el problema. Puede suceder. No es habitual, pero puede suceder.

Las historias ingeniosas justifican nuestros actos. Muy a menudo, nuestras conclusiones se transforman de explicaciones razonables en historias ingeniosas cuando nos eximen convenientemente de cualquier responsabilidad, siendo la verdad que tenemos una responsabilidad parcial. La otra persona ni es mala ni está equivocada, y nosotros no somos buenos ni tenemos razón. La verdad se sitúa en algún lugar intermedio. Sin embargo, si definimos a los demás como equivocados y a nosotros mismos como acertados, nos hemos salvado. Es más, una vez que hemos demonizado a los otros, podemos incluso insultarlos y abusar de ellos si queremos.

Nuestra necesidad de contar historias ingeniosas suele comenzar cuando traicionamos nuestros principios. Nos guste o no, normalmente no comenzamos a contar historias que justifican nuestros actos hasta que hemos hecho algo que tenemos la necesidad de justificar.

Traicionamos nuestros principios cuando actuamos conscientemente contra nuestro propio sentido de lo que es correcto. Y si no reconocemos nuestros errores, inevitablemente buscamos maneras de justificarlos. En ese momento, comenzamos a contar historias ingeniosas. Recuerde que cuando Joseph entró por la puerta después de estar de viaje durante una semana y oyó sonar el teléfono, sabía lo que debía hacer. Recibió un claro aviso de su conciencia de que ignorase el teléfono y se centrara en su esposa. Pero no lo hizo. Ese fue el momento en que empezó a elaborar una historia inteligente. Convirtió a Celia en una malvada («¡Es tan desagradecida!») y a él mismo en víctima («¡Llevo trabajando como un burro toda la semana y merezco algo de comprensión!»), y *voilà!*: se sintió justificado por comportarse de mala manera y culpó a Celia por estropear su reencuentro.

Vamos a ver un ejemplo de traición a uno mismo: imagine que avanza lentamente en medio de un denso tráfico. Empieza a pasar a otros coches que intentan introducirse en su carril. Un coche muy cerca de usted acelera y entra parcialmente en su carril. Usted piensa que debería dejarlo pasar. Es lo más correcto que se puede hacer y quisiera que a usted también lo dejaran pasar. Pero no lo hace, acelera y cierra el hueco. ¿Qué sucede en ese momento? Comienza a pensar cosas como éstas: «No puede venir y tirárseme encima. ¡Qué imbécil! Hace rato que estoy metido en esta cola. Además, tengo una cita importante». Y así sucesivamente.

Esta historia lo convierte a usted en la víctima inocente y a la otra persona en el malvado sin escrúpulos. Bajo la influencia de esta historia, sabe que se siente justificado por no hacer aquello que originalmente pensó que debería haber hecho. También ignora lo que pensaría de otros que hicieran lo mismo que usted: «¡Ese imbécil no me ha dejado pasar!»

Pensemos en un ejemplo más relacionado con las conversaciones cruciales. En el trabajo se ha incorporado un nuevo miembro a su equipo. Esta persona es mucho menos experimentada que usted y está deseosa de aprender, así que no para de asediarle a preguntas. A veces, le hace la misma pregunta que le hizo la víspera anterior. Usted está empezando a cansarse de llevarle de la mano. Y él le quita tanto tiempo, que su propio trabajo se está retrasando. Usted sabe que debería empezar a decirle que no a muchas de sus peticiones y remitirle a otras fuentes, pero no lo hace. En vez de eso, empieza a darle respuestas verdaderamente cortantes o bruscas, confiando en que pille la indirecta. Pero él no lo hace. Su enfado se convierte en resentimiento. Así que deja de responder a sus correos electrónicos y configura su herramienta de mensajería automática en «Ausente», esperando evitarle por completo. Cuando él se percata de su conducta y le pregunta la razón, usted se escabulle con una media verdad: «Estoy muy ocupado.» Se siente un poco culpable por evitarle. En un esfuerzo por sentirse mejor con sus actos, empieza a quejarse a otros miembros del equipo sobre todo el tiempo que el nuevo le está quitando y la cantidad de ayuda que este requiere. De todas maneras, ¿quién contrató a esta persona?

Fijémonos en el orden de los acontecimientos en estos dos ejemplos. ¿Qué fue primero, la historia o la traición a los propios principios? ¿Se convenció a sí mismo del egoísmo del otro conductor y luego no lo dejó pasar? Por supuesto que no. No tenía razón alguna para pensar que era un egoísta hasta que necesitó una excusa para justificar su propia conducta egoísta. Sólo comenzó a contar historias ingeniosas después de renunciar a hacer algo que debería haber hecho. Las necesidades de su compañero de trabajo no se convirtieron en fuente de resentimiento hasta que usted se convirtió en parte del problema. Si acabó molesto fue porque se traicionó. Y la historia ingeniosa lo ayudó a sentirse bien por ser brusco.

Las traiciones a uno mismo no suelen ser grandes acontecimientos. De hecho, pueden ser tan pequeñas que es muy fácil no verlas cuando fabricamos nuestras historias ingeniosas. He aquí algunas de las más comunes:

- Cree que debería ayudar a alguien, pero no lo hace.
- Cree que debería disculparse, pero no lo hace.

- Cree que debería quedarse hasta tarde para acabar con un compromiso, pero se marcha a casa.
- Dice que sí cuando sabe que debería decir que no, y luego espera que nadie verifique si ha cumplido con su compromiso.
- Piensa que debería hablar con alguien de cuestiones que tienen pendientes, pero no lo hace.
- Trabaja menos de lo que le corresponde y piensa que debería reconocerlo, pero no dice nada sabiendo que tampoco nadie mencionará el tema.
- Cree que debería escuchar con respeto las críticas, pero, en vez de eso, adopta una actitud defensiva.
- Detecta problemas en un proyecto presentado por alguien y piensa que debería mencionarlo, pero no lo hace.
- No lleva a cabo una tarea en el plazo debido y cree que debería comunicárselo a los demás, pero no lo hace.
- Sabe que tiene información que podría serle útil a un colega, pero se la guarda para usted.

Incluso las pequeñas traiciones como estas nos inician en el relato de historias ingeniosas. Cuando no reconocemos nuestros propios errores, nos obsesionan los errores de los otros, nuestra inocencia y nuestra impotencia para hacer algo diferente de lo que ya estamos haciendo. Contamos historias ingeniosas cuando perseguimos la autojustificación más que los resultados. Está claro que la autojustificación no es lo que realmente queremos, pero sin duda actuamos como si lo fuera.

Con esa triste verdad en mente, centrémonos en lo que realmente deseamos. Analicemos la última habilidad del control de mis historias.

Elabore el resto de la historia

Después de aprender a reconocer las historias ingeniosas que nos contamos a nosotros mismos, podemos avanzar hacia la habilidad final del control de mis historias. Las personas mejor dotadas para el diálogo se dan cuenta de que están contando historias ingeniosas, se detienen y hacen lo necesario para elaborar una historia útil. Una historia útil, por definición, crea emociones que impulsan a una acción positiva (como el diálogo).

¿Y qué es lo que transforma una historia ingeniosa en una historia útil? El resto de la historia. Eso es así porque las historias ingeniosas comparten una característica: están incompletas. Este tipo de historias omiten información crítica sobre nosotros, sobre los demás y sobre nuestras opciones. Sólo si incluimos todos esos detalles esenciales, las historias ingeniosas pueden transformarse en historias útiles.

¿Cuál es la mejor manera de incorporar los detalles ausentes? Es bastante sencillo: convirtiendo a las víctimas en protagonistas, a los malvados en seres humanos y a los impotentes en personas capaces. He aquí cómo hacerlo:

Convertir a las víctimas en protagonistas. Si se da cuenta de que está hablando de sí mismo como una víctima inocente (y no le han atracado a punta de pistola), pregúntese:

> «*¿Acaso pretendo no reconocer mi papel en el problema?*»

Esta pregunta lo lleva a reconocer el hecho de que, quizás, usted ha hecho algo para contribuir a causar el problema. En lugar de ser una víctima, ha actuado como protagonista aunque esto no significa necesariamente que tuviera motivos perniciosos. Quizá su contribución fue simplemente una omisión no deliberada, pero aun así ha participado.

Por ejemplo, un compañero de trabajo deja siempre las tareas más difíciles o delicadas para que usted las acabe. Usted se ha quejado con frecuencia a amigos y seres queridos por su condición de explotado. La parte que no cuenta de la historia es que usted sonríe complacido cuando su jefe lo felicita por su buena voluntad para asumir tareas difíciles, y nunca se lo ha comentado a su colega. Se lo ha insinuado, pero nada más.

Las más de las veces, cuando nos enfrentamos a problemas persistentes o recurrentes, el papel que estamos jugando (y del que fingimos no darnos cuenta) es de complicidad silenciosa. El problema lleva un tiempo sucediendo y... no hemos dicho nada. Nuestro papel es el silencio.

El primer paso para contar el resto de la historia sería añadir estos importantes hechos a su relato. Al preguntarse qué papel ha desempeñado, comenzará a darse cuenta de lo selectiva que ha sido su percepción. Se ha percatado de que ha minimizado sus propios errores mientras exagera el papel de los demás.

Convertir a los malvados en seres humanos. Cuando en alguna ocasión se sorprenda poniendo una etiqueta a alguien, o hablando mal de otras personas, deténgase y pregúntese:

> *«¿Por qué una persona razonable, racional y respetable*
> *haría lo que está haciendo esta persona?»*

Esta pregunta en concreto humaniza a los otros. Cuando buscamos respuestas creíbles, nuestras emociones se suavizan. La empatía suele reemplazar a los juicios y, dependiendo de cómo hayamos tratado a los demás, la responsabilidad personal reemplaza a la autojustificación.

Por ejemplo, aquella colega que elude muy oportunamente los trabajos difíciles le contó hace poco que había observado que usted tenía entre manos un importante proyecto, y que el día anterior (mientras usted estaba ocupado con una tarea urgente) ella vino y acabó el trabajo en su lugar. Usted tuvo sospechas enseguida. Ella intentaba hacerle quedar mal al completar el trabajo de un proyecto tan destacado. ¡Cómo se atreve a fingir que me ayuda cuando su verdadero objetivo era desacreditarme mientras se daba aires! Bueno, ésa es la historia que usted se ha contado a sí mismo.

Pero ¿qué pasaría si ella fuera realmente una persona razonable, racional y respetable? ¿Qué pasaría si no tuviese otro motivo que el de simplemente echarle una mano? ¿No es un poco apresurado hablar mal de ella? Y si habla mal de ella, ¿no correrá el riesgo de estropear una relación? ¿Podría suceder que usted piense mal, la acuse y luego se entere de que estaba equivocado?

Nuestro objetivo al preguntar por qué una persona razonable, racional y respetable actuaría de determinada manera no es disculpar a otros por cosas desagradables que puedan hacer. Si en realidad son culpables, ya tendremos tiempo para tratar de eso más adelante. El objetivo de la pregunta humanizadora es abordar nuestras propias historias y emociones. Eso nos proporciona otra herramienta para trabajar con nosotros mismos, en primer lugar dándonos una variedad de posibles razones para explicar la conducta de la otra persona.

De hecho, con la experiencia y la madurez, aprendemos a preocuparnos menos de las intenciones de los demás y más de los efectos que sus actos tienen en nosotros. Ya no participamos del juego de sacar a relucir motivos malsanos. Cuando reflexionamos sobre las posibles motivaciones alternativas, no sólo suavizamos nuestras emociones, sino que —lo que es igualmente importante— relajamos nuestra certeza absoluta el tiempo suficiente para dar lugar al diálogo, la única manera fiable de descubrir los verdaderos motivos de los demás.

Convertir al impotente en una persona capaz. Finalmente, cuando se sorprenda a sí mismo quejándose de su propia impotencia, puede contar la historia entera volviendo a su motivación original. A tal fin, deténgase y pregúntese:

>*«¿Qué deseo en realidad? ¿Para mí? ¿Para los otros?*
>*¿Para la relación?»*

Luego, libérese de las opciones menos inteligentes que lo han hecho sentirse impotente para escoger cualquier opción que no sea seguir atacando o permanecer en silencio. Para esto, pregúntese:

>*«¿Qué debería hacer ahora mismo para avanzar*
>*hacia lo que realmente quiero?»*

Por ejemplo, en este momento se sorprende insultando a su colega por no colaborar en una tarea difícil. Su colega parece sorprendida ante su reacción violenta e inesperada; de hecho, se lo ha quedado mirando como si hubiera perdido el juicio. Usted, desde luego, se ha dicho a sí mismo que ella evita deliberadamente tareas ingratas, y que a pesar de sus indirectas, no se observa ningún cambio.

«Tengo que ser más directo, —se dice—. No me gusta, pero si no la ofendo, estaré atrapado.» Se ha apartado de lo que realmente desea, es decir, compartir el trabajo a partes iguales y tener una buena relación. Ha renunciado a la mitad de los objetivos optando por las opciones menos inteligentes. «Bueno, mejor ofenderla que quedar como un tonto, ¿no?»

¿Qué debería hacer? Abordar el problema abierta, sincera y efectivamente, sin lanzar dardos críticos para luego justificarse. Cuando renuncia a encarnar el papel del impotente, está obligado a asumir su responsabilidad en utilizar las habilidades para el diálogo en lugar de lamentarse de sus debilidades.

EL NEGOCIADOR REHÉN

Cuando humanizamos a los demás, no estamos excusando el mal comportamiento ni las malas motivaciones. Antes bien, nos ayudamos a nosotros mismos a estar en una posición para tener una conversación crucial seria y fructífera. El coautor de este libro Ron McMillan aprendió el valor de este principio de un hombre con un empleo de alto riesgo. Míralo en el vídeo *The Hostage Negotiator* en crucialconversations.com.

LA NUEVA HISTORIA DE MARÍA

Para ver cómo encaja todo esto, volvamos a María. Supongamos que ha vuelto sobre su camino a la acción y ha separado los hechos de las historias. Esto le ha ayudado a darse cuenta de que la historia que contaba era incompleta, defensiva y perjudicial. Cuando observó la presencia de las tres historias inteligentes, las vio con dolorosa lucidez. Ahora está preparada para contar el resto de la historia.

Y se pregunta:

- ¿Acaso finjo no darme cuenta de mi papel en el problema?

  «Cuando descubrí que Louis mantenía reuniones sin que yo estuviera presente, sentí que debería preguntarle

por qué no me incluía. Creí que si lo hacía, podría abrir un diálogo que nos ayudaría a trabajar mejor juntos. Pero no lo hice, y a medida que aumentaba mi enfado, estaba cada vez menos interesada en abordar el tema. Durante la presentación, elegí no interrumpir cuando él empezó a ocuparse de mis diapositivas. Y en lugar de hablar claro, me enfurruñé cuando no me invitó a responder a las preguntas.»

- ¿Por qué una persona razonable, racional y respetable haría lo que hace Louis?

  «A él realmente le importa realizar un trabajo de buena calidad. Quizá no se dé cuenta de que yo me siento tan comprometida con el éxito del proyecto como él. Sus actos en la reunión podrían haber sido ocasionados por su nerviosismo y no por la opinión que tiene de mí.»

- ¿Qué es lo que verdaderamente quiero?

  «Deseo una relación de respeto con Louis. Y deseo que se me trate con respeto.»

- ¿Qué debería hacer ahora mismo para avanzar hacia lo que verdaderamente quiero?

  «Programaría una cita para sentarme con Louis y hablar cómo discurrió la presentación y nuestra manera de trabajar juntos.»

A medida que contamos el resto de la historia, nos liberamos de los efectos nocivos de las emociones malsanas. Lo más positivo es que, cuando recuperamos el control y reanudamos el diálogo, nos convertimos en dueños de nuestras propias emociones en lugar de ser sus rehenes.

¿Y qué pasó con María? ¿Qué hizo en la práctica? Programó una reunión con Louis. Después de que María explicara sus expectativas y puntos de vista sobre el proyecto, Louis se disculpó por no incluirla en las reuniones con el jefe. Le explicó que estaba tratado de avisarlo sobre algunas partes controvertidas de la presentación y, al mirar atrás, se dio cuenta de que no debería haber hecho tal cosa sin ella. También se disculpó por haberse adueñado de la presentación. Por la conversación, María se enteró de que Louis era proclive a hablar más cuando se ponía nervioso. Louis sugirió que cada uno se hiciera responsable de la primera o la segunda mitad de la presentación y se ciñeran a sus cometidos, de manera que hubiera menos probabilidades de que él la desplazara. La conversación acabó con la mutua comprensión de las perspectivas del otro y la promesa de Louis de ser más sensible en el futuro.

Mi conversación crucial: Marion B

Después de 25 años en mi organización, estaba a un paso de conseguir un puesto de nivel como consejero. Sin embargo, y con independencia de las muchas veces que había solicitado tal puesto y las entrevistas realizadas al efecto, jamás había sido seleccionado. Tras ser preterido una y otra vez, empezaba a contarme historias sobre la cuestión. Pero no decía nada.

Después de convertirme en formador de conversaciones cruciales, reconsideré de nuevo mi situación y me percaté de que había una conversación que no estaba manteniendo: no había preguntado a los directivos de mi organización qué era lo que me estaba impidiendo avanzar.

Era un remedio difícil, pero tal como aprendí sobre el control de mi historia, me di cuenta de que al principio había permanecido en silencio contándome que era solo una cuestión de mala suerte. Cuando el cuento de la suerte perdió fuelle, se convirtió en una historia de «intrigas»: había a quienes se les daba mejor dorar la píldora a las personas adecuadas. Y yo había perdido porque tenía «integridad». Mis historias de víctimas y malvados me mantenían callado y resentido. Después de muchas horas de reflexión, di con una nueva historia: «El no ser tenido en cuenta se debía en parte a que no había solicitado ninguna opinión.» Ya no era una víctima; era un protagonista. Y decidí actuar.

La conversación fue ardua. Se me dijo que para ascender a un puesto de nivel como el de consejo, primero tendría que desempeñar un puesto de idéntica naturaleza en una organización más pequeña. Esta información parecía sincera. Pero no me gustó. Sin embargo, en ese momento me encontraba en situación de tomar una decisión. Así que la tomé. Dejé mi organización y conseguí un empleo para dirigir un departamento cuatro veces mayor que aquel en el que había trabajado previamente.

Si al final no me hubiera enfrentado a mi historia, no habría conseguido los resultados que más deseaba.

RESUMEN: CONTROLAR SUS HISTORIAS

Si las emociones fuertes lo mantienen atascado en el silencio o la violencia, intente seguir estos pasos:

Volver sobre su camino

Analice su conducta. Si se percata de que se aleja del diálogo, pregúntese qué está haciendo en realidad.

Verbalice sus sentimientos. Aprenda a identificar con precisión y por su nombre las emociones que se esconden tras su historia. Pregúntese:

> *«¿Cuáles son las emociones que me animan a actuar de esta manera?»*

Localice su historia. Identifique su historia. Pregúntese:

> *«¿Qué historia debo de estar contando para crear estas emociones? ¿Qué historia está creando estas emociones?»*

Separe los hechos de la historia. Abandone su certeza absoluta distinguiendo entre los hechos concretos y su historia inventada. Pregúntese:

> *«¿Qué pruebas tengo que sustenten esta historia?»*

Busque las historias inteligentes. Las historias de víctimas, malvados e impotencia se encuentran al comienzo de la lista.

Elaborar el resto de la historia

Pregúntese:

> *«¿Qué estoy pretendiendo al no darme cuenta de mi papel en el problema?»*

«¿Por qué haría esto una persona razonable, racional y respetable?»

«¿Qué es lo que verdaderamente quiero?»

«¿Qué debería hacer ahora mismo para avanzar hacia lo que verdaderamente quiero?»

SEGUNDA PARTE
CÓMO ABRIR LA BOCA

Llegados a este punto, usted se encuentra mental y emocionalmente preparado para sostener una conversación saludable. Ahora es el momento de que abra la boca y hable. ¿Pero cómo? ¿Qué es lo primero que dice? ¿Y lo segundo? ¿Y lo tercero? ¿Y cómo puede estar preparado para las inevitables minas terrestres con las que se tropezará en cuanto lo haga?

Las habilidades de esta sección le ayudarán a estar preparado para las sorpresas (capítulo 6, «Aprender a observar»), a reducir las posibilidades de que los demás se pongan a la defensiva (capítulo 7, «Crear un entorno seguro»), a exponer sus opiniones de manera que provoquen el interés y no una actitud defensiva (capítulo 8, «Exponer su camino») y a descubrir el sentido que los otros tienen que ofrecer (capítulo 9, «Explorar los caminos de otras personas») sin que ello provoque su irritación (capítulo 10, «Recuperar su bolígrafo»).

6

APRENDER A OBSERVAR
Cómo darse cuenta de que la seguridad está en peligro

Comencemos este capítulo analizando una conversación crucial fallida. Usted y su equipo han estado trabajando de firme en la propuesta de adquisición de una empresa. Su jefe va a llevar ahora la propuesta a la junta directiva y le ha invitado a «estar presente» en la reunión. Le ha dejado claro que su papel ahí se limita a escuchar y observar. Usted está entusiasmado por un par de motivos. En primer lugar, cree en las recomendaciones de su equipo y quiere ver cómo responde la junta directiva. Y segundo, esta es la primera vez que verá al equipo directivo de la empresa en acción. Resulta emocionante estar involucrado.

Lo primero en lo que repara cuando ocupa su silla pegada a una pared en un lateral de la sala es el lugar en el que se sientan todos los ejecutivos. Como es natural, la CEO, Corinne, se sitúa en la cabecera de la mesa bastante larga. No parece que se siga necesariamente ningún orden en cuanto a dónde se sientan todos los demás, aunque se da cuenta de que Marco, el director financiero, ocupa un lugar en el otro extremo de la mesa. Por unos rumores que corren por la oficina se ha enterado de que los dos, la CEO y el director financiero, mantienen una relación un tanto conflictiva.

La reunión empieza, y Corinne le pide a su jefe que presente la propuesta. Este hace una labor fantástica al resumir las recomendaciones mientras sus colegas escuchan con atención. Al terminar, su superior se ofrece a responder las preguntas. Alguien, usted no está seguro de quién, hace una pregunta inquisitiva, pero amistosa. Su jefe responde, pero antes de que pueda solicitar más preguntas, Corinne interviene para dar su opinión. La discusión continúa así durante algún tiempo: alguien hace un comentario; Corinne responde. Otro comentario; otra opinión repentina de Corinne. Usted se percata de que la CEO hace un comentario después de prácticamente cada intervención de los demás, sin permitir en ningún momento que la conversación avance demasiado sin su contribución.

Por fin, Marco da su opinión. Hace un resumen de lo que ha oído, aclara que entiende la postura de Corinne y, luego, con energía, le dice por qué está equivocada. Corinne le replica con fuerza; él responde con contundencia. Todo el mundo observa la tensa conversación que discurre entre ambos. Justo cuando usted cree que están a punto de ponerse a gritar, Corinne repliega velas, pospone la discusión y da por finalizada la reunión. Marco aparta su silla de la mesa con la fuerza y perentoriedad de alguien que se aparta de un salto del camino de un autobús que se aproxima y sale en silencio de la sala sin decir nada a nadie.

Cuando usted y su jefe cogen el ascensor para volver a bajar a su piso, usted dice:

—¡Caray! ¿Pasa lo mismo a menudo?

—Prácticamente —responde—. Siempre parece que la cosa empieza bastante bien, pero entonces degenera de manera inevitable. Lo que pasa es que esos dos no pueden trabajar juntos. En cuanto Marco abre la boca, se produce un choque de trenes.

—¿Y cómo es eso? —pregunta usted, intrigado por la opinión de su superior.

—Bueno, al final era fácil ver lo irritado que estaba cada uno. No pararon de interrumpirse y de pisarse la palabra, levantando la voz cada vez más. Pero incluso antes de eso, desde el primer comentario de Marco, ya supe que la cosa iría mal. Él empieza con esas afirmaciones tan categóricas: «Siempre ha sido así... Eso jamás funcionará...» Es posible que el tío sea la persona más inteligente del equipo, y él lo sabe. ¿Y ese lenguaje? ¿«Siempre», «jamás», etc.? Eso hace que Corinne inevitablemente se enfurezca.

Usted piensa en ello un instante y luego dice:

—Sin duda, estoy de acuerdo. Las señales de alarma se hicieron patentes desde el momento en que Marco empezó a hablar. Pero, ya ves... Pienso que aún antes hubo unas cuantas cosas que condujeron la conversación en la dirección equivocada.

—¿De veras? —responde su jefe sorprendido—. Me pareció que iba bastante bien hasta que Marco empezó a hablar. ¿Qué es lo que viste antes de eso?

—Bueno —empieza usted con aire pensativo—, me pareció interesante que Corinne puntualizara los comentarios de casi todos los demás. Tú decías algo; y entonces ella decía algo. Luego, hablaba algún otro; de nuevo, Corinne otra vez. Incluso hubo veces en que se metió de lleno en la conversación y cortó a alguien para meter baza.

—Ah, por supuesto —dice su jefe—. Pero así es Corinne. Se apasiona realmente con las cosas y quiere entablar diálogo con todos nosotros.

—Mmmm —murmura usted—. Bien, puede que eso sea cierto... que diga que quiere hacer que todo el mundo intervenga. Pero me parece que sus bruscas y permanentes intervenciones hacen mella en el diálogo. Me pregunto si eso no forma parte de lo que hace que Marco intervenga con tanta contundencia.

—Nunca había pensado en ello. O, la verdad, ni siquiera había caído en la cuenta hasta ahora —dice su jefe—. Supongo que tendré que estar atento la próxima vez.

El ascensor se detiene con un tintineo, y cada uno se va por su lado.

ATENCIÓN A LAS CONDICIONES

Cuanto antes nos demos cuenta de que no estamos manteniendo un diálogo, más fácil es retroceder y menores son los costes. El triste corolario es que cuanto más tardemos en advertir que no estamos manteniendo un diálogo, más difícil es regresar y mayores son los costes.

Sin embargo, la mayoría tenemos problemas para advertir las primeras señales de alarma del deterioro de la comunicación. Durante las conversaciones cruciales, la clave para mantener un diálogo es aprender el proceso dual. No solo hay que estar atento al contenido de la conversación (lo que se está diciendo), sino que también hay que observar hábilmente el proceso (cómo se está diciendo). Cuando los factores que están en juego adquieren importancia, acabamos tan atrapados en lo que estamos diciendo que puede resultar casi imposible sacarnos de la discusión. En consecuencia, no vemos lo que nos está sucediendo a nosotros mismos ni a los demás. Incluso cuando estamos asustados por lo que está sucediendo, lo suficiente para que pensemos: «¡Jo! Esto se ha puesto desagradable. ¿Y ahora qué?», puede que no sepamos qué buscar para darle la vuelta a las cosas. Es posible que no veamos con suficiencia lo que está pasando.

¿Cómo podríamos estar metidos de lleno en un acalorado debate y no darnos cuenta realmente de lo que está sucediendo? Una metáfora podría ayudar: esto es como pescar con mosca por primera vez con una experimentada pescadora de caña. Su guía no para de decirle que lance la mosca a dos metros río arriba de la trucha marrón que «está justo allí». Sólo que usted no puede ver que haya ninguna trucha marrón «allí». Ella sí puede. Y esto es así porque ella sabe lo que está buscando. Usted cree que lo sabe. Cree que tiene que buscar una trucha marrón, pero, en realidad, lo que tiene que buscar es la imagen distorsionada de una trucha marrón que está bajo el agua mientras el sol le da en los ojos. Usted tiene que buscar otros elementos aparte de las cosas que sus padres han metido a empujones y amontonado encima de la chimenea. Saber qué buscar y entonces verlo en realidad requiere conocimientos y práctica por igual.

¿Qué es lo que buscamos cuando estamos en medio de una conversación crucial? ¿A qué debemos estar atentos para captar los problemas antes de que se vuelvan demasiado graves? Es útil estar atentos a tres condiciones diferentes: al momento en que una conversación se vuelve crítica, a las señales de que las personas no se sienten seguras (silencio o violencia), y a nuestro propio estilo bajo presión. Echaremos una mirada a cada uno de estos francotiradores de la conversación.

Aprender a reconocer las conversaciones cruciales

En primer lugar, manténgase alerta al momento en que una conversación deja de ser rutinaria o inofensiva para convertirse en crucial. De la misma manera, cuando se prepare a entablar una conversación difícil, preste atención al hecho de que está a punto de entrar en una zona de peligro. De otra manera, es muy posible que se entregue a trucos absurdos antes de que se dé cuenta de lo que ha sucedido. Y, como señalábamos anteriormente, cuanto más se aleje del camino, más difícil será volver a él y más elevados serán los costes.

Para captar precozmente los problemas, debemos reprogramar nuestra mente para que se mantenga atenta a las señales que indican que nos encontramos en una conversación crucial. Algunas personas toman conciencia antes que nada de las señales físicas. Pensemos en lo que sucede con nuestro organismo cuando las conversaciones se ponen difíciles. Todos somos algo diferentes. ¿Cuáles son sus pistas? Tal vez se le encoja el estómago o se le sequen los ojos. Cualesquiera que sean, aprenda a verlas como señales que sugieren dar un paso atrás, bajar la intensidad y empezar con uno mismo antes de que las cosas se nos escapen de las manos.

Otros se dan cuenta de sus emociones antes de percatarse de las señales corporales. Se dan cuenta de que tienen miedo, se sienten dolidos, están a la defensiva o se enfurecen, y comienzan a reaccionar ante estos sentimientos o a reprimirlos. Estas emociones también pueden ser grandes claves para decirnos que demos un paso atrás, disminuyamos la intensidad y hagamos lo necesario para volver a activar nuestro cerebro.

La primera clave de algunas personas es conductual. Para ellas es como una experiencia astral. Se ven a sí mismos alzando la voz, señalando con el dedo como si fuera un arma cargada o retrayéndose en el silencio. Sólo entonces se dan cuenta de cómo se sienten.

Por lo tanto, reflexione un momento sobre sus conversaciones más difíciles. ¿Qué claves puede utilizar para reconocer que su cerebro comienza a desactivarse y que corre el riesgo de distanciarse de un diálogo sano?

Aprender a identificar los problemas de seguridad

Las personas dotadas para el diálogo están siempre atentas a la seguridad. Prestan atención al contenido y son sensibles a las señales de que las personas se han vuelto temerosas. Cuando sus amigos, sus seres queridos o sus compañeros se distancian de un diálogo sano —ya sea imponiendo sus opiniones al conjunto de significados compartidos, ya manteniendo deliberadamente sus ideas fuera del conjunto—, las personas mejor dotadas para el diálogo centran inmediatamente su atención en saber si los demás se sienten seguros o no.

Cuando es seguro, podemos decir cualquier cosa. Ésta es la razón por la que los comunicadores más dotados vigilan de cerca la seguridad. El diálogo exige el libre flujo de significados, y punto. Y no hay nada que atente más contra el flujo de significados que el miedo. Cuando tememos que las personas no queden convencidas con nuestras ideas, empezamos a presionar demasiado. Cuando tememos que nos hagan daño en algún sentido, empezamos a inhibirnos. Estos dos tipos de reacciones —combatir y huir— están motivados por el mismo sentimiento: el miedo. Por otro lado, si nos sentimos bastante seguros, podemos hablar de casi cualquier cosa, y las personas nos escucharán. Si no tememos ser agredidos o humillados, podemos oír casi cualquier opinión sin adoptar una actitud defensiva.

Ésta es una afirmación bastante sorprendente. Piense en ello. Estamos sugiriendo que la gente rara vez se pone a la defensiva simplemente por lo que esté usted diciendo; sólo se pone a la defensiva cuando ya no se siente segura, o cuando se pregunta por qué estamos diciendo lo que estamos diciendo. Concretamente, empieza a especular sobre nuestro respeto («¿Es este mensaje una señal de falta de respeto?»), nuestras intenciones («¿Me está diciendo este mensaje que tienes intenciones malsanas con respecto a mí?») o sobre ambas cosas. En cualquier caso, el problema no es el contenido de su mensaje, sino las condiciones de la conversación. Como hemos visto antes, desde que somos bastante pequeños empezamos a llegar a la conclusión de que no se puede ser al mismo tiempo sincero y respetuoso. Básicamente, nuestra conclusión es que hay algunos mensajes que no podemos transmitir a determinadas personas. Y con el paso del tiempo, esa lista de mensajes se hace cada vez más extensa, hasta que nos encontramos manejando inadecuadamente la mayoría de las conversaciones cruciales. Si lo que sugerimos aquí es cierto, entonces el problema no es el mensaje; el problema es que usted y yo no ayudamos a que los demás se sientan seguros al oír el mensaje. Si somos capaces de aprender a ver cuándo la gente empieza a sentirse insegura, entonces podremos tomar medidas para remediarlo. Lo cual significa que el primer desafío consiste sencillamente en ver y comprender que la seguridad está en peligro.

Piense en su propia experiencia. ¿Recuerda haber sido objeto de comentarios realmente duros por parte de alguien en algún momento de su vida y no haber adoptado una actitud defensiva? Al contrario, fue capaz de aceptar los comentarios; reflexionó sobre estos; permitió que influyeran en usted. Si fue así, pregúntese por qué. ¿Por qué en esa ocasión fue capaz de aceptar comentarios potencialmente amenazadores con tanta tranquilidad? Si usted se parece al resto de nosotros, es porque creyó que la otra persona deseaba lo mejor para sus intereses. Además, usted respetaba la opinión de esa otra persona, se sentía seguro escuchando los comentarios porque confiaba en las motivaciones y capacidad de la otra persona. No tenía necesidad de defenderse de lo que decía, ¡aunque no le gustase lo que esa persona estuviera diciendo!

Por el contrario, si no nos sentimos seguros, no aceptamos comentarios. Es como si el conjunto de significados estuviese sellado con una tapa. «¿Qué quieres decir con que tengo buen aspecto? ¿Te estás riendo de mí? ¿Me estás insultando?» Cuando no nos sentimos seguros, incluso los comentarios bienintencionados parecen sospechosos.

La seguridad no es sinónimo de comodidad. A estas alturas, vale la pena advertir que sentirse seguro en una conversación no es sinónimo de sentirse cómodo. Definiremos la seguridad con más precisión en el siguiente capítulo. Pero, por el momento, queremos ser claros acerca de lo que no es la seguridad. Las conversaciones cruciales son, por definición, conversaciones difíciles. Nosotros y los demás tenemos que alargar estas conversaciones, a menudo aventurándonos en nuevos territorios y sintiendo algún grado de vulnerabilidad. La medida de si una conversación es segura no se cifra en lo cómodo que me siento, sino en si el significado está fluyendo. ¿Los demás y yo sentimos que podemos compartir nuestro significado, hacer que éste sea escuchado y también escucharnos unos a otros de manera honesta y respetuosa? Si podemos hacer eso, si el significado está fluyendo con honestidad y respeto, sabemos que la seguridad está presente.

Cuando no hay seguridad, usted empieza a cegarse. Como sabemos, cuando nuestras emociones empiezan a redoblar sus esfuerzos, las funciones claves del cerebro empiezan a dejar de funcionar. Cuando nos sentimos verdaderamente amenazados, nuestra visión periférica en realidad se estrecha hasta el punto de que apenas podemos ver más allá de nuestras narices.

Al sustraernos al contenido de una discusión y estar atentos al miedo, reactivamos el cerebro y recuperamos nuestra visión amplia. Como hemos sugerido anteriormente, cuando nos damos para analizar un nuevo problema (¡atentos a las señales de que la seguridad está en peligro!), estamos afectando al funcionamiento de nuestro cerebro. Los centros del razonamiento superior están más activos, y tenemos menos probabilidades de perder sofisticación intelectual y bastantes más de tener éxito en nuestra conversación crucial.

No dejemos que los problemas de seguridad nos desvíen. Cuando las personas comienzan a sentirse inseguras, empiezan a comportarse de manera molesta. Así las cosas, pueden reírse de nosotros, insultarnos o abrumarnos con sus argumentos. En tales momentos, deberíamos pensar: «Vaya, no se sienten seguras. Tengo que hacer algo, quizás procurar convertir esto en algo más seguro». Desafortunadamente, las más de las veces, en lugar de entender su agresión como una manifestación de que peligra la seguridad, lo tomamos al pie de la letra, como un ataque. «¡Me están atacando!», pensamos. Entonces la parte torpe de nuestro cerebro entra en acción y respondemos de la misma manera. O quizás intentemos escapar. En cualquier caso, no utilizamos un proceso dual ni intentamos restablecer la seguridad. Al contrario, nos convertimos en parte del problema cuando nos vemos arrastrados al conflicto.

Imagine el alcance de lo que señalamos con esta proposición. Le pedimos que luche contra su tendencia natural a responder de la misma manera y que en su lugar piense: «Eso es una señal de que la otra persona se siente insegura.» ¿Y luego qué? Hay que hacer algo para darle seguridad.

Para dejarlo más claro que el agua: no estamos pidiéndole que tolere las conductas abusivas; le estamos pidiendo que piense en la causa de tal comportamiento. Por supuesto, algunos «tarados» son, de hecho, verdaderos tarados, hasta las entretelas y en todo momento u ocasión. Pero seamos sinceros. ¿Ha perdido alguna vez los nervios? ¿Le ha gritado a alguien en el acaloramiento del momento? ¿Ha interrumpido a alguien cuando ya no podía soportarlo más? ¿Ha utilizado su poder (como padre, jefe o experto) de manera inapropiada para conseguir lo que quería? Ya sabe... ¿ha actuado como un tarado? Es probable. Todos lo hemos hecho a veces. ¿Y sabe qué? Que no somos unos tarados. Solo somos personas que, en un momento difícil, respondemos a la falta de seguridad con una agresión. Lo vemos en nosotros mismos. Así que tenemos que dar a las personas el respeto y la consideración para que lo vean en ellas. Como es evidente, esto puede ser difícil, pero merece la pena.

Estas habilidades son el eje central de todo lo que sigue en el proceso de generar diálogo. Son la puerta de acceso para obtener todos los beneficios que reciben aquellos que manejan las conversaciones cruciales con habilidad. Imagine una influencia mayor, unas relaciones reforzadas, unos equipos más fuertes y un liderazgo más efectivo. Conecte su capacidad para identificar y reaccionar ante los problemas de seguridad.

En el próximo capítulo, analizaremos cómo reaccionar. Por ahora, limitémonos a aprender a estar atentos a la seguridad y luego mostrarnos curiosos y no enfadados ni atemorizados. Aprendamos a identificar las dos clases de conducta que nos darán la pista del hecho de que alguien se está sintiendo inseguro. Nos referiremos a éstas como el silencio y la violencia.

El silencio y la violencia

Cuando las personas comienzan a sentirse inseguras, eligen uno de los dos caminos malsanos. O guardan silencio (absteniéndose de aportar significado al conjunto) o recurren a la violencia verbal (intentan imponer un significado al conjunto compartido). Conocemos este aspecto. Sin embargo, agreguemos algunos detalles. Así como unos cuantos conocimientos de lo que hay que buscar pueden convertir el agua turbia en una trucha marrón, conocer unas cuantas maneras habituales de guardar silencio y recurrir a la violencia nos ayudan a ver los problemas de seguridad cuando comienzan a aparecer. De esta manera, podemos distanciarnos, restablecer la seguridad y reanudar el diálogo antes de que el daño sea demasiado grande.

El silencio

El silencio es cualquier manera de abstenerse deliberadamente de aportar información al conjunto de significados. Casi siempre responde al deseo de evitar problemas potenciales, y siempre restringe el flujo de significados. Los métodos varían desde utilizar las palabras de manera engañosa hasta evitar del todo a una persona. Las tres maneras más habituales de guardar silencio consisten en disimular, rehuir y retirarse.

- Disimular consiste en restar importancia o manifestar de manera selectiva nuestras verdaderas opiniones. El sarcasmo, la adulación y el enmascaramiento son algunas de las formas más habituales:

  «Creo que tu idea es, bueno, brillante. Sí, eso es. Lo que me preocupa es que los demás no sepan captar las sutilezas. Hay ideas que nacen antes de tiempo, de modo que deberías esperarte a encontrar cierta, digamos, resistencia menor.»

  Significado: *Tu idea es insensata, y la gente se opondrá a ésta hasta su último aliento.*

«Sí, claro, funcionará de maravilla (acompañado de unos ojos en blanco). Ofreces rebajas a la gente, y seguro que vendrán del otro extremo de la ciudad para ahorrarse seis centavos en una caja de detergente.»

Significado: *Qué idea más descabellada.*

• Rehuir significa alejarse completamente de los temas delicados. Conversamos, pero sin abordar el fondo del asunto:

«¿Que qué me parece tu nuevo traje? Bueno, ya sabes que el azul es mi color preferido.»

Significado: *¿Qué ha pasado? ¿Te han dado la ropa en un circo?*

«Hablando de ideas para reducir los costes, ¿y si aguamos el café? ¿O utilizamos las dos caras del papel de las fotocopias.»

Significado: *Si realizo sugerencias triviales puede que podamos evitar hablar de cosas delicadas, como la inoperancia del personal.*

• Retirarse significa marginarse del todo en una conversación. O abandonamos la conversación o abandonamos la habitación:

«Perdonadme. Tengo que responder a una llamada.»

Significado: *Prefiero arrancarme el brazo a mordiscos que dedicar un solo minuto más a esta reunión inútil.*

«Lo siento, no volveré a hablar de cómo fraccionar la factura de teléfono. No creo que nuestra amistad pueda soportar otra batalla.» (Sale.)

Significado: *No podemos hablar ni del tema más sencillo sin discutir.*

La violencia

La violencia es cualquier estrategia verbal que intente convencer, controlar u obligar a otros a adoptar nuestro punto de vista. Se opone a la seguridad al pretender imponer significados al conjunto compartido. Los métodos varían desde el insulto y el monólogo hasta las amenazas. Las tres formas más habituales son el control, la clasificación y el ataque.

- Controlar consiste en obligar a otros a adoptar nuestra manera de pensar. Se consigue ya sea imponiendo nuestros puntos de vista a otros, ya dominando la conversación interrumpiendo, exagerando los propios hechos, hablando en término absolutos, cambiando de tema o utilizando preguntas autoritarias, entre otras estrategias:

  «No hay ni una sola persona en el mundo que no haya comprado una de estas cosas. Son el regalo perfecto.»

  Significado: *No tengo justificación por haber gastado nuestro dinero ahorrado con tantos sacrificios en este costoso juguete, pero realmente lo deseo.*

  «Hemos probado su producto, pero era un absoluto desastre. Todos saben que no pueden hacer sus entregas a tiempo y que su atención al cliente es la peor del mundo.»

  Significado: *No estoy seguro de los hechos reales, así que recurriré a la exageración para captar su atención.*

- Clasificar es colgarle una etiqueta a las personas o las ideas para después desecharlas con un estereotipo o categoría general:

«¿Esa idea? Podría haber funcionado en la década de 1990. Pero hoy día, nadie al que realmente le preocupe el servicio de calidad y atención al cliente implantaría jamás esa clase de plan.»

Significado: *Mi argumentación no se sostiene por sus propios méritos, así que para conseguir lo que quiero, te atacaré personalmente.*

«¿Estás hablando en serio? Solo alguien de [insertar el nombre de un partido político contrario] pensaría que esa es una buena idea?»

Significado: *Si hago como que todas las personas con las creencias políticas opuestas a la mía parezcan malas y equivocadas, no tendré que dar ninguna explicación.*

- Atacar habla por sí solo. Las motivaciones van desde vencer en una discusión a infligir daños a la otra persona. Entre las tácticas se incluyen el desprecio y las amenazas.

«Tú intenta esa estúpida maniobra y ya verás qué sucede.»

Significado: *Me saldré con la mía, aunque tenga que hablar mal de ti y amenazar con alguna vaga represalia.*

«No escuches ni una palabra de lo que dice Jim. Lo siento Jim, pero conozco muy bien a los tipos como tú. Sólo intentas facilitar las cosas a tu equipo mientras nos haces sufrir a los demás. Ya te he visto hacerlo antes.

Eres un verdadero imbécil, ¿lo sabías? Sí, lo siento, pero alguien tiene que tener lo que hace falta para decir las cosas como son.»

Significado: *Para conseguir lo que quiero, hablaré mal de ti y luego me comportaré como si fuera la única persona íntegra.*

Preste atención a su estilo bajo presión

Usted ha permanecido atento para determinar cuándo una conversación se convierte en crucial e identificar las señales de que la seguridad está en peligro. Pero hay una cosa más a la que tiene que prestar atención: su propia conducta. Este es quizá el elemento más difícil de vigilar de cerca. La mayoría de las personas tienen problemas para apartarse del rayo tractor del argumento en cuestión. Después de todo, no es como si pudiera salirse realmente de su cuerpo y observarse a sí mismo. Usted se encuentra en el lado equivocado de la mirada.

Mal autocontrol

En realidad, todos tenemos dificultades en ciertos momentos para controlar nuestra conducta. A menudo perdemos toda apariencia de delicadeza social cuando nos ensimismamos tanto con las ideas y las causas que le perdemos la pista a lo que hacemos. Así, intentamos abrirnos paso como matones; hablamos cuando no deberíamos, o nos refugiamos en un estricto mutismo. En esencia, somos el personaje de la historia del cómico Jack Handey que se cita a continuación:

La gente no paraba de hablar de lo mala persona que era ese tipo que vivía en nuestro barrio. Quise averiguarlo personalmente. Llamé a su puerta, pero él dijo

que no era la mala persona, que la mala persona vivía
en esa casa de ahí. «Oye, imbécil —dije yo—, esa es
mi casa.»

Desafortunadamente, cuando somos incapaces de controlar nuestra propia conducta, parecemos bastante ridículos. Por ejemplo, hablamos con nuestro cónyuge acerca del hecho de que nos ha dejado esperando en el taller de coches más de una hora. Nuestro cónyuge dice que todo fue un simple malentendido y exclama: «No tienes por qué enfadarte».

Y entonces pronunciamos las famosas palabras: «¡No estoy enfadado!»

Por supuesto, cuando lo negamos, lo hacemos escupiendo rabiosamente, y la vena de la frente se nos ha hinchado hasta alcanzar el tamaño de una pequeña serpiente pitón. Nosotros, como es natural, no vemos la incoherencia de nuestra respuesta. Estamos metidos en medio del asunto y no nos parece nada bien que nuestro cónyuge se ría de nosotros.

Su estilo bajo presión: prueba

¿Qué tipo de observador es usted cuando se trata de sí mismo? Una buena manera de potenciar la conciencia de uno mismo consiste en analizar su estilo bajo presión. ¿Qué hace cuando la conversación se vuelve difícil? Para averiguarlo, conteste el cuestionario de las páginas siguientes. O, para facilitar la puntuación, visite www.crucialconversations.com. Esto le ayudará a ver cuáles son las tácticas a las que normalmente recurre cuando se ve atrapado en medio de una conversación crucial. También le ayudará a definir qué partes de este libro pueden serle de mayor ayuda.

Instrucciones. Las siguientes preguntas analizan la manera en que cada cual responde normalmente cuando se ve atrapado en una conversación crucial. Antes de contestar, piense en una relación específica en el trabajo o en el hogar. Después, rodee con un círculo V (Verdadero) o F (Falso) basándose en cómo aborda habitualmente las conversaciones difíciles en esa relación.

V	F	1.	En lugar de decirle a la gente exactamente lo que pienso, a veces confío en las bromas, el sarcasmo o los comentarios maliciosos para hacerles ver que me siento frustrado.
V	F	2.	Cuando tengo algo difícil que plantear, le resto importancia en lugar de decir todo lo que pienso.
V	F	3.	A veces, cuando las personas sacan a colación un asunto delicado, intento cambiar de tema.
V	F	4.	Cuando se trata de abordar temas difíciles, a veces desvío la conversación hacia asuntos más seguros en lugar de abordar lo que realmente me preocupa.
V	F	5.	A veces evito situaciones que podrían llevarme a ponerme en contacto con personas con las que tengo problemas.
V	F	6.	Hay ocasiones en que pospongo volver a ponerme en contacto con personas porque me siento incómodo tratando con ellas.
V	F	7.	Cuando quiero convencer con mi opinión, a veces exagero mis argumentos.
V	F	8.	Si tengo la impresión de que pierdo el control de una conversación, a veces interrumpo a las personas o desvío la conversación hacia un tema que me sea más conveniente.

V	F	9.	Sospecho que a veces los demás evitan mantener conversaciones conmigo porque se sienten subestimados o heridos.
V	F	10.	Cuando un comentario me impresiona, a veces digo cosas que otros pueden entender como rudas o agresivas; comentarios como: «¡No me vengas con eso!» o «¡Eso es absurdo!»
V	F	11.	A veces, cuando las cosas se calientan, dejo de rebatir las opiniones de otras personas y digo cosas que pueden herirlas personalmente.
V	F	12.	Cuando me siento amenazado o herido, a veces me comporto de una manera que parece motivada por el rencor y el afán de venganza.
V	F	13.	A veces me sorprendo teniendo la misma conversación con la misma persona en repetidas ocasiones.
V	F	14.	Hay ocasiones en que me marcho de una conversación tras llegar a un acuerdo que no pienso que realmente resuelva el problema.
V	F	15.	Cuando estoy discutiendo un asunto importante con los demás, en ocasiones paso de intentar que se entienda mi punto de vista a tratar de ganar la batalla.
V	F	16.	A veces decido que es mejor mantener la paz que expresar mis opiniones.
V	F	17.	Cuando se habla de temas sensibles, mis emociones suelen sacar lo mejor de mí.
V	F	18.	En ocasiones me marcho de las conversaciones repasando las razones por las que estoy en lo cierto y los demás están equivocados.

V	F	19.	En medio de una conversación difícil, a menudo me encuentro tan atrapado en la discusión que no sé cómo me perciben los demás.
V	F	20.	Cuando las conversaciones empiezan a deteriorarse, me resulta difícil entender qué es lo que está yendo mal y cómo volver a encauzarlas.
V	F	21.	Cuando por fin digo lo que pienso de verdad, tiendo a hacerlo de una manera que hace que los demás se pongan a la defensiva.
V	F	22.	A menudo me cuesta decidir si es más importante decir lo que pienso o conservar la relación.
V	F	23.	A veces, cuando creo firmemente en algo, lo digo de una manera que los demás tienden a oponerse.
V	F	24.	Cuando estoy muy seguro de mi opinión, no me gusta que los demás me rebatan.
V	F	25.	A menudo no estoy seguro de cómo ayudar a los otros a que hablen claro sobre las cosas que son reacios a exponer.
V	F	26.	Gasto más energía en pensar cómo expresar mi punto de vista que en preocuparme por ayudar a los demás a expresar el suyo.
V	F	27.	Paso mucho tiempo sintiéndome muy angustiado cuando me enfrento a una conversación donde creo que podría recibir algún comentario desagradable.
V	F	28.	Puedo sentirme herido y furioso durante mucho tiempo después de una conversación en la que los demás me hicieron comentarios hirientes.
V	F	29.	Con frecuencia tengo problemas con las personas que no hacen lo que acordamos que harían, y luego la responsabilidad de volver a sacar el tema a colación recae sobre mí.

V	F	30.	Cuando se decide sobre asuntos difíciles, a veces tenemos expectativas encontradas acerca de cómo tomar la decisión o incluso sobre qué fue lo que acordamos cuando lo hablamos.

PRUEBA ONLINE DEL ESTILO BAJO PRESIÓN

Para conseguir rápidamente una puntuación o realizar la prueba de nuevo con diferentes conversaciones en mente, visite crucialconversations.com. Sus resultados se generarán de manera automática para que pueda ver sus tácticas habituales en las conversaciones cruciales. Los resultados también le mostrarán qué capítulos de este libro podrían serle de más utilidad.

Puntuación de su estilo bajo presión

Por favor, rellene las hojas de puntuación de las figuras 6.1 y 6.2. Cada campo contiene dos casillas de verificación que corresponden a dos preguntas de la prueba. Haga una marca de aprobación en cualquier pregunta que responda con una «V». Si su respuesta es «F», deje vacía la casilla. Sume el número total de marcas de aprobación que tenga en la casilla de silencio y el total que obtenga en la de violencia de la figura 6.1 y anote los totales en las respectivas casillas de silencio y violencia en la parte superior de las columnas. Haga lo mismo en las casillas de las habilidades para el diálogo de la figura 6.2. Por ejemplo, cuente cuántos puntos ha marcado en «Escoger el tema» e introduzca ese número en la casilla correspondiente a esa habilidad.

Silencio ☐	Violencia ☐
Disimular ☐ 1 (V) ☐ 2 (V)	**Controlar** ☐ 7 (V) ☐ 8 (V)
Rehuir ☐ 3 (V) ☐ 4 (V)	**Clasificar** ☐ 9 (V) ☐ 10 (V)
Retirarse ☐ 5 (V) ☐ 6 (V)	**Atacar** ☐ 11 (V) ☐ 12 (V)

Figura 6.1. Puntuación para el estilo bajo presión

Cap. 3 Escoger el tema ☐ 13 (V) ☐ ☐ 14 (V)	Cap. 8 Exponer su camino ☐ 23 (V) ☐ ☐ 24 (V)
Cap. 4 Comenzar con uno mismo ☐ 15 (V) ☐ ☐ 16 (V)	Cap. 9 Explorar los caminos de otras personas ☐ 25 (V) ☐ ☐ 26 (V)
Cap. 5 Controlar sus historias ☐ 17 (V) ☐ ☐ 18 (V)	Cap. 10 Recuperar su bolígrafo ☐ 27 (V) ☐ ☐ 28 (V)
Cap. 6 Aprender a observar ☐ 19 (V) ☐ ☐ 20 (V)	Cap. 11 Pasar a la acción ☐ 29 (V) ☐ ☐ 30 (V)
Cap. 7 Crear un entorno seguro ☐ 21 (V) ☐ ☐ 22 (V)	

Figura 6.2. Puntuación para las habilidades para el diálogo

Qué significa la puntuación

Su puntuación del estilo bajo presión (figura 6.1) le mostrará qué maneras de guardar silencio o de recurrir a la violencia emplea con mayor frecuencia. Sus puntuaciones de silencio y violencia le dan la medida de con qué frecuencia cae en esas estrategias no muy buenas. En realidad es posible obtener una puntuación alta en ambas. Una puntuación media o alta (una o dos casillas marcadas por campo) significa que utiliza esa técnica ocasional o frecuentemente.

Sus puntuaciones en las habilidades para el diálogo (figura 6.2) están organizadas por concepto y capítulo, de manera que pueda usted decidir qué capítulos de este libro podrían resultarle más beneficiosos. Los nueve campos reflejan sus habilidades en cada uno de los capítulos de habilidades correspondientes. Si su puntación es alta (un punto de dos en una casilla) en uno de estos campos, usted ya es bastante habilidoso en esta área, al menos en las situaciones que tenía en mente cuando respondió las preguntas. Advierta que sus respuestas podrían ser diferentes si hubiera pensado en una situación más complicada. Si su puntuación es baja o moderada (cero o uno), tal vez quiera prestar especial atención a esos capítulos.

Su puntuación no representa un rasgo caracterológico inalterable o una propensión genética; es tan solo una medida de su conducta en las circunstancias en las que pensaba cuando respondió las preguntas. Y con independencia de cuál sea su puntuación, puede cambiar eso. De hecho, las personas que se toman este libro en serio practicarán las habilidades de cada capítulo, y al final cambiarán. También reharán la prueba de vez en cuando para las relaciones especialmente difíciles a las que se están enfrentando. A medida que lo hacen, se van haciendo cada vez más competentes en la aplicación de las habilidades en situaciones cada vez más difíciles. Y mientras lo hacen, sus vidas cambian para mejor.

Una vez que haya realizado la prueba usted mismo, tal vez quiera pedirles a las personas que le conocen bien que la hagan pensando en usted. ¿Coincide su valoración de su estilo bajo presión con la manera en que lo ven los demás? Si no es así, preste atención a las discrepancias y analice lo que están viendo los otros. Aprender a ser bueno en controlarse a sí mismo puede llevar algún tiempo.

OBSERVAR VIRTUALMENTE

En el caso de muchos de nosotros, un número cada vez mayor de nuestras conversaciones, incluso nuestras conversaciones cruciales, ocurren virtualmente, por medio de la tecnología. Telefoneamos, enviamos mensajes de texto y correos electrónicos y mantenemos videoconferencias como nunca antes lo hemos hecho. Así que, ¿cómo aprendemos a observar cuando no estamos cara a cara?

Aprender a buscar las señales de que la seguridad está en peligro en un entorno virtual no es en realidad tan diferente a hacerlo en un encuentro personal. Los mejores comunicadores se dan cuenta de que, en su esencia, aprender a observar tiene que ver con ampliar su flujo de datos. Ven más, y además comprenden más sobre lo que ven.

La evidente dificultad con la mayoría de las comunicaciones virtuales es que nuestro flujo de datos está drásticamente limitado. Mucho de lo que vemos cuando estamos hablando con la gente se transmite a través de las señales no verbales, cosas como su lenguaje corporal, el tono de voz o hacia dónde miran, por ejemplo. Estas señales son indicadores importantes que nos ayudan a darle sentido a lo que los demás están diciendo. Cuando una conversación se traslada al teléfono o al correo electrónico, nuestro flujo de datos se convierte en algo más parecido a un goteo de datos.

La solución es siempre la misma. Un flujo de datos mejor nos proporciona más cosas que ver en una conversación. Si sabemos que necesitamos tener una conversación crucial, escojamos el medio que nos dé la mayor anchura de banda. Para muchos, éste es una conversación cara a cara. Cuando eso no es posible, a menudo recurrimos a la videoconferencia, y luego, a una llamada telefónica. En última instancia, terminamos con un correo electrónico, un mensaje de texto y un mensaje instantáneo. A cada paso que damos, sabemos que estamos disminuyendo los datos de los que disponemos. No es lo ideal, pero ¿cuándo lo es la vida real?

En la vida real, la gente dirige equipos desde la otra punta del mundo; los padres de edad avanzada viven lejos; los adolescentes ignoran nuestras llamadas, pero un instante después responden a un mensaje de texto («Aja! Sabía que estabas mirando directamente el teléfono cuando entró mi llamada!»). Las conversaciones cruciales ocurren prácticamente a diario. Y cuando se producen, el objetivo es siempre el mismo: ampliar el flujo de datos. Aprenda a buscar las señales de que la seguridad está en peligro.

¿Y cómo ampliamos nuestro flujo de datos? Empecemos pidiendo más datos. Por ejemplo:

- **Correo electrónico:** «No he tenido noticias tuyas desde hace un par de días en respuesta al correo que te envíe. No estoy seguro de cómo interpretar tu silencio. ¿Qué opinión te merece la propuesta?»
- **Teléfono:** «Ojalá pudiera verte la cara en este momento. No sé cómo estás oyendo mi mensaje y detestaría que lo malinterpretaras. ¿Puedes ayudarme a entender en qué estás pensando ahora mismo?»
- **Mensaje directo:** «Cuando he leído el comentario que has publicado en mi cuenta de redes sociales, no he

sabido cómo tomármelo. Parecía como si estuvieras molesto. ¿Lo estás?»

Cuando vea señales de silencio o violencia en las comunicaciones virtuales, pida más datos. Cuando lo haga, la gente añadirá significados al conjunto sobre lo que siente o piensa o guardará silencio. Si no revelan más sobre cómo se sienten, esos son sus propios datos de confirmación. Entonces es el momento de crear un entorno seguro, el tema del siguiente capítulo.

Mi conversación crucial: Tom E.

Tengo 55 años, y todos conocemos el dicho: «Más sabe el diablo por viejo que por diablo». Desde hace 17 años trabajo en la misma empresa realizando funciones de ingeniería y compras. A lo largo de mi trayectoria profesional me he enfrentado a conflictos interpersonales recurrentes, consecuencia de frecuentes «estallidos de ira». Yo siempre había creído que completar los trabajos era lo más importante y que el deterioro de las relaciones era un daño colateral con el que podía vivir.

Mi superior inmediato había asistido al curso de conversaciones cruciales organizado para los directivos de alto nivel de nuestra empresa. El siguiente paso era inscribir al segundo nivel de directivos y formadores. Yo no formo a nadie, pero aun así mi jefe me inscribió en el curso.

Lo primero que pensé fue: «¡La verdad es que no tengo tiempo para este rollo!» Pero transcurridos los primeros minutos, me di cuenta de que no sólo estaba en el lugar adecuado, sino que había posibilidades de aprender algo. Me incliné con atención y asimilé todo lo que pude. Cuando aprendí a observar, repasé mentalmente incidentes del pasado y vi en dónde me había equivocado. Me percaté de que no prestaba atención al relacionarme con los demás, sin reparar cuándo se decantaban por el silencio o la violencia. La causa era mi actitud de «o a mi manera o te largas» con que solía presionar a los demás hasta que optaban por callarse, lo cual yo interpretaba como consentimiento.

Durante el curso, volví a leer algunos capítulos y hablé con mis condiscípulos. Me reuní con mi compañero de aprendizaje, y me confesó con toda franqueza que muchos de mis compañeros de trabajo creían que poseía un alto grado de conocimiento, pero evitaban tratar conmigo porque no sabían cuándo iba a tener el siguiente arrebato de ira.

Al poco tiempo de terminar el curso, el director de ingeniería me llamó a su despacho. Me iba a poner a prueba a causa de los comentarios que circulaban sobre mis exabruptos: tenía tres meses para darle la vuelta a las cosas o estaría acabado. Me pasé toda la noche pensando en lo que iba a hacer. Me di cuenta de que lo que había aprendido sobre mí en el curso de conversaciones cruciales me procuraba los medios para solucionar el problema. Antes del curso, no tenía ni la más remota idea de cómo darle la vuelta a la situación, y lo más probable es que hubiera salido por la puerta. Pero gracias a conversaciones cruciales, acepté el desafío.

Mi formador me dijo que esto tendría que ser una «cambio vital» y no sólo un cambio temporal, y me di cuenta de que tenía que limar algunas asperezas dentro de la empresa. Sabía que iba a ser un camino largo y difícil. Disculparse era difícil, pero quería cambiarme a mí mismo.

Ya ha pasado un año, y sigo trabajando en la misma compañía. Estoy sorprendido por todo lo acaecido en este último año. He resuelto todas las diferencias, y de vez en cuando las personas han recurrido a mí en busca de consejo para arreglar determinadas situaciones. Incluso he mantenido conversaciones cruciales con directivos de nuestra empresa en representación de los demás. Mi esposa me dice que mi patrón de conducta de los últimos 30 años ha cambiado. Las cosas que solían provocarme un estallido de ira en casa ya no lo hacen, y asegura que es como si estuviera casada con otra persona. Y soy una persona diferente; una que incluso me gusta. Sin duda, conversaciones cruciales me ha cambiado, y este viejo diablo ha aprendido nuevas artimañas.

RESUMEN: APRENDER A OBSERVAR

Cuando nos vemos atrapados en una conversación crucial, es difícil ver exactamente qué sucede y por qué. Cuando una conversación se vuelve tensa, a menudo hacemos exactamente lo contrario de lo más indicado. Recurrimos a los componentes menos sanos de nuestro estilo bajo presión. Para romper con este insidioso patrón, aprenda a observar:

- El contenido y las condiciones.
- El momento en que las cosas se vuelven cruciales.
- Los problemas de seguridad.
- Si los demás adoptan una actitud de silencio o violencia.
- Los estallidos de su estilo bajo presión.

7

CREAR UN ENTORNO SEGURO

Cómo crear un entorno seguro para hablar
sobre prácticamente cualquier cosa

El último capítulo contenía una promesa: si identifica los riesgos para la seguridad cuando surgen, puede tomar distancias con la conversación, crear seguridad y luego encontrar una manera para dialogar acerca de casi cualquier cosa. En este capítulo, llevaremos a cabo esa promesa enseñando lo que se requiere para restablecer la seguridad.

Para empezar, escuchemos una conversación crucial entre una pareja que se llaman Oba y Mari. Él es chef, y Mari, directora de proyectos de una empresa con cadena de suministros de implantación global. El último año ha sido duro. Una recesión desencadenó una reestructuración en la empresa de Mari, y se le pidió que asumiera más responsabilidades al tiempo que su equipo se veía reducido. Lo peor es que el restaurante en el que trabajaba Oba cerró, y todavía no ha encontrado un empleo fijo. La presión económica que supuso la pérdida de los ingresos de Oba, agravada con el mayor número de horas que Mari está trabajando, está ejerciendo una presión increíble sobre la relación.

Oba siente que Mari no tiene tiempo para él o su relación, que siempre está por detrás del trabajo. A su vez, Mari está quemada por el trabajo y le parece que Oba no ha asumido suficientes tareas domésticas. Durante meses, los dos han estado permitiendo que sus preocupaciones hablen por ellos, en lugar de mantener una conversación honesta al respecto. Cuando Mari trabaja hasta tarde, Oba se siente rechazado y se enfurruña, así que se sienta y se pone a ver la televisión. Mari llega a casa, ve a Oba sentado en el sofá mientras la lavadora sigue sin poner y los platos se amontonan en el fregadero. Así que se cabrea, hace un comentario insidioso y provoca que el resentimiento de Oba se haga aún mayor. Mari se retira al dormitorio, se deja caer agotada en la cama, y Oba al final se queda dormido en el sofá.

Después de meses de esta guisa, Oba decide abordar el tema con Mari. En lugar de esperar a hablar cuando ambos están cansados o molestos, escoge una rara mañana dominical en el que están teniendo un almuerzo relajado.

Oba: *Mari, me estaba preguntando si podríamos hablar sobre lo que sucedió el viernes por la noche, ya sabes, cuando llegaste tarde a casa del trabajo y te fuiste directamente al dormitorio.*

Mari: *Ah, ¿te refieres al viernes por la noche cuando estabas sentado en el sofá en lugar de hacer las tareas domésticas? ¿Es a ese viernes por la noche?*

Oba: *Eh, estaba esperando a que llegaras a casa para que pudiéramos pasar algún tiempo juntos.*

Mari: *Por supuesto, bien que me estabas esperando. Esperando a que yo hiciera todo lo que había que hacer en la casa. ¿Cuándo vas a empezar a asumir tu parte del trabajo aquí?*

Oba: *(Se marcha)*

APARTARSE, CREAR UN ENTORNO SEGURO Y REANUDAR EL DIÁLOGO

Muy bien, fijémonos en Oba. Intentó afrontar un tema difícil. Bien por él. No era tarea fácil después de meses de no decir nada, sin embargo, se metió de lleno. Y entonces, su pareja le respondió con sarcasmo. ¿Qué debería hacer él ahora? ¿Puede volver a un diálogo sincero y saludable? ¿Qué hacemos cuando no nos sentimos seguros hablando de lo que tenemos en mente?

La clave es salir del contenido de la conversación. Así es. Cuando la seguridad está en peligro y advertimos que las personas se mueven hacia el silencio o la violencia, tenemos que apartarnos del contenido de la conversación (literalmente, dejar de hablar del tema de la conversación) y restaurar la seguridad. ¿Y cómo se hace esto?

Primero tenemos que comprender la razón de que alguien se sienta inseguro. La gente jamás se pone a la defensiva por lo que estamos diciendo (el contenido de nuestro mensaje); se pone a la defensiva a causa de las motivaciones que nos supone (la intención). Dicho de otra manera, la seguridad en una conversación tiene que ver con la intención, no con el contenido. Cuando las personas se ponen a la defensiva, es porque bien:

1. Albergan malas intenciones hacia ellas (y se percatan de ello).

O bien:

2. Han malinterpretado sus buenas intenciones.

Si es lo primero, tenemos que volver atrás y empezar con uno mismo. Recuerde, es fácil que en una conversación crucial nuestras motivaciones se degraden. Examinémonos a nosotros mismos preguntando: «¿Qué dice mi manera de actuar sobre lo que quiero?» Esta pregunta nos ayuda a vernos como nos ven los demás. Luego, preguntémonos: «¿Qué es lo que verdaderamente quiero? ¿Para mí? ¿Para los demás? ¿Para la relación?» Si nuestras motivaciones se han degradado, retrocedamos y volvamos a centrarnos en lo que realmente queremos.

Bueno, a menudo el problema no es que tengamos malas intenciones, sino que nuestra intención ha sido malinterpretada. Recuerde, los seres humanos están determinados genéticamente para buscar las amenazas. Cuando la gente se siente amenazada, pasa al silencio o la violencia verbal, o a la huida o la lucha, actitudes todas nada geniales para resolver problemas. Todo lo que se necesita para destruir la seguridad en una conversación crucial es... nada. Durante esos tensos segundos al principio de una conversación, los demás analizan todos sus tics faciales o su cruce de piernas en busca de pruebas de sus intenciones. ¿Es su intención hacerles daño? ¿Va a por ellos? Su labor consiste en crear pruebas de que ese no es el caso.

Dedique un instante a asimilar esta última frase. No es suficiente con que tengamos buenas intenciones; la otra persona debe saber *que ese es el caso*. Pensemos esto en el marco de un prejuicio inconsciente, esto es, de las inquietudes y los juicios que tenemos sobre aquellos que son diferentes a nosotros y que *no somos conscientes de tenerlos*. Estos prejuicios provocarán que enviemos sutiles señales a los demás que los hagan sentir inseguros: apartar la mirada, retroceder un poco, arrugar el entrecejo de manera casi imperceptible, etc. De igual manera, ellos pueden tener prejuicioso inconscientes hacia nosotros que les hacen sentir menos seguros. Esta es una razón más para aceptar el desafío de la labor de generar pruebas claras e inconfundibles para los demás de lo contrario.

En este caso, Oba quería sinceramente hablar con Mari sobre su relación. Él la quiere y sabe que la manera en que se han estado tratando mutuamente no es buena para ninguno de los dos. Desea mejorar su relación para ambos. Así que habla claro, y Mari se pone a la defensiva. ¿Por qué? Porque ella se precipita a una conclusión sobre las intenciones de Oba. Desde el principio, este no proporcionó ninguna prueba de sus intenciones, así que Mari probablemente (y de manera previsible) pensó que la estaba atacando (¡por enésima vez!) por las muchas horas que estaba trabajando y por el hecho de que nunca tuviera tiempo para él. Antes incluso de que Oba hubiera terminado su primera frase, ella se puso a la defensiva y contraatacó.

En tales circunstancias, las personas *peor* dotadas para el diálogo hacen lo que Oba y Mari hicieron. Al igual que esta última, dicen lo primero que les viene a la mente sin pararse a considerar cómo será recibido. O como Oba, concluirán que el tema es del todo inseguro y pasarán al silencio.

Aquellos que son *buenos* para el diálogo se dan cuenta de que la seguridad está en peligro, pero lo arreglan de la manera incorrecta. Tratan de hacer el tema más agradable edulcorando su mensaje: «Oh, cariño, sé que querías que pasáramos algún tiempo juntos, pero es que el viernes estaba cansadísima.» Estas personas tratan de hacer más seguras las cosas suavizando o disfrazando su contenido. Esta estrategia, claro está, evita el verdadero problema, y éste nunca acaba de arreglarse.

Las personas mejor *dotadas* para el diálogo no se andan con rodeos. Punto. Saben que para resolver su problema, tendrán que hablar de su problema, sin fingir, edulcorar o engañar. Así que hacen algo del todo diferente. Se apartan del contenido de la conversación, crean un entorno seguro y luego reanudan el diálogo. Y una vez restaurada la seguridad, pueden hablar de casi todo.

DOS CONDICIONES DE SEGURIDAD

Para que las personas se sientan seguras con nosotros, tienen que saber dos cosas sobre nuestras intenciones:

* Que nos importan sus preocupaciones (propósito común).
* Que nos importan ellos (respeto mutuo).

Llamamos «propósito común» y «respeto mutuo» a las condiciones para el diálogo. Solo cuando se cumplan estas dos condiciones, cuando haya un propósito común y un respeto mutuo, tendremos la seguridad necesaria para que el significado fluya al conjunto. Echemos un vistazo a estas dos condiciones por turno.

El propósito común: la condición de entrada

¿Recuerda la última vez que alguien le respondió con un comentario difícil y usted no adoptó una actitud defensiva? Digamos que un amigo le dijo cosas con las que la mayoría de las personas se enfadan. Para que esta persona pueda expresar ese delicado mensaje, usted tiene que haber creído que él o ella lo apreciaban, o apreciaban sus propósitos y objetivos. Eso significa que usted confiaba en sus propósitos, de modo que estaba dispuesto a escuchar comentarios bastante duros.

Ésta es la primera condición de la seguridad: el propósito común. Propósito común significa que otros perciben que trabajamos en aras de un resultado común en la conversación, que nos preocupan sus objetivos, intereses y valores. Y viceversa. Usted cree que a ellos les preocupan los de usted. Por lo tanto, el propósito común es la primera condición para entablar un diálogo. Después de identificar un objetivo común, siempre habrá una buena razón y un clima sano para conversar.

Por ejemplo, si Mari cree que el propósito de Oba al mencionar el tema consiste en hacerle sentirse culpable o en salirse con la suya, esta conversación está destinada al fracaso desde el principio. Si ella cree que a Oba realmente le preocupa mejorar las cosas para ambos, puede que éste tenga una posibilidad.

Un propósito común infalible. A veces parece imposible encontrar un propósito común. A usted no se le ocurre ningún objetivo o propósito que tal vez pudiera tener en común con la otra persona (después de todo, no tiene más que pensar en ¡a quién ha votado él en las últimas elecciones! ¡Jamás llegará a ningún acuerdo con ese tipo sobre nada!) Pero siempre hay un camino para encontrar un propósito común en la conversación. Verá, los seres humanos tenemos la innata necesidad de ser escuchados, deseamos ser escuchados y comprendidos. Así que un propósito común fantástico para empezar es buscar una comprensión mutua. Si la otra persona cree de verdad en su sinceridad por entenderla a ella o a sus necesidades u opiniones, entonces dispone de los ingredientes básicos de la seguridad. Y en cuanto la otra persona se sienta comprendida a fondo, es más probable que tenga los recursos psicológicos para escucharle a usted.

Recuerde el adjetivo «común» de propósito común. Hay muchas cosas que podemos hacer en una conversación para generar seguridad mediante el propósito común. Más adelante, en este mismo capítulo, expondremos los pasos concretos que podemos dar para crearlo cuando nos encontramos en una encrucijada de propósitos. Pero no confundamos nuestra responsabilidad para generar seguridad en el diálogo con que no debamos esperar que la otra persona reconozca nuestras necesidades: el propósito común debe ser común. Sí, nos ha de importar el propósito de la otra persona, pero a la otra persona también le tiene que importar el nuestro. No tenemos que subordinar nuestro propósito al de los otros sólo para crear una apariencia de seguridad para ellos.

Entonces, ¿qué hacemos si a la otra persona no parece importarle nuestro propósito? Pues escogemos eso como el tema de la conversación crucial que hemos de tener. Después de todo, nuestro propósito es igual de importante que el de la otra persona, y podemos y debemos mantener eso como límite. Por ejemplo, podríamos decir:

> *Para mí es importante que tengamos una relación productiva y de colaboración. Me gustaría hablar sobre una pauta que he observado en nuestras conversaciones. Sé que a menudo tenemos diferentes metas u objetivos, y espero que sepas que me importan tus objetivos tanto como los míos propios. Aunque a veces, tengo la impresión de que a ti realmente no te importan mis objetivos, y eso puede hacer que me resulte difícil hablar de las cosas contigo. Me pregunto si no habré malinterpretado esto.*

Atento a la reciprocidad. Veamos cómo se aplica el propósito común a un ejemplo difícil, un ejemplo donde, a primera vista, podría parecer que su objetivo consiste en mejorar las cosas sólo para usted. Digamos que tiene un jefe que a menudo no cumple con sus compromisos. ¿Cómo podría decirle al jefe que no confía en él? Seguro que no hay manera de decirle esto sin que él adopte una actitud defensiva, ¿no es cierto? No necesariamente.

Para evitar el fracaso, encuentre un propósito común que sea tan estimulante para el jefe que le incite a escuchar sus preocupaciones. Si la única razón que tiene para acercarse al jefe es conseguir lo que quiere, el jefe verá en usted a un crítico y un egoísta, lo cual sería verdad. Por el contrario, si intenta entender el punto de vista de la otra persona, descubrirá a menudo una manera de inducirla a conversar de buena gana, incluso cuando se trate de asuntos muy delicados. Por ejemplo, si se debe al comportamiento del jefe que usted no cumpla los plazos que a él le importan, o que incurra en costes que le obsesionan, o que disminuya la productividad que a él tanto le preocupa, entonces se encuentran frente a un posible propósito común.

Imagínese que aborda el tema de la siguiente manera: «Tengo algunas ideas sobre cómo ser mucho más fiable e incluso disminuir costes en varios miles de dólares en la elaboración del informe mensual. Se trata de una conversación algo delicada, pero creo que nos será muy útil si la abordamos.» Ahora ya tiene un propósito común.

El respeto mutuo: la condición de la continuidad

Si bien es verdad que no hay motivo para entablar una conversación crucial si no existe un propósito común, también es verdad que no podemos seguir dialogando si no observamos un respeto mutuo. El respeto mutuo es la condición para que el diálogo continúe. Cuando las personas perciben que sus interlocutores no las respetan, la conversación se vuelve inmediatamente insegura y el diálogo se frena en seco.

¿Por qué? Porque el respeto es como el aire. Mientras está presente, nadie piensa en él; pero si lo eliminamos, es en lo único en lo que pensamos. Desde el momento en que nuestro interlocutor percibe una falta de respeto en una conversación, la interacción ya no se produce en torno al propósito original: ahora se trata de defender la propia dignidad.

Por ejemplo, imagine que tiene que hablar con un grupo de supervisores acerca de un complejo problema de calidad.

Usted tiene la firme intención de ver el problema resuelto de una vez por todas. Su empleo depende de ello. Desafortunadamente, también piensa que los supervisores reciben sueldos exagerados y no están suficientemente cualificados. Tiene la firme convicción de que no sólo no poseen los conocimientos necesarios, sino de que cometen errores estúpidos sin parar. Algunos incluso tienen un comportamiento poco ético.

Cuando los supervisores expresan sus ideas, usted pone los ojos en blanco. La falta de respeto que le ronda el pensamiento se revela en un gesto desafortunado. Ahí acaba todo. Sin respeto mutuo, la conversación se va al garete, y ahora los supervisores atacan sus propuestas. Usted usa adjetivos insultantes al describir las de ellos. A medida que la atención se centra en ganar puntos, todos pierden. El propósito común padece de una falta de respeto mutuo.

Señales delatoras. Para saber cuándo se viola el respeto y la seguridad, manténgase alerta a las señales de que las personas adoptan actitudes de defensa de su dignidad. Cuando las personas sienten que se les falta el respeto, sus emociones se cargan notablemente, y pasan del miedo a la rabia. Luego recurren a gestos y mohines, insultos, gritos y amenazas. Para saber cuándo peligra el respeto mutuo, formúlese la siguiente pregunta: «¿Creen los otros que los respeto?»

¿Podemos respetar a personas que no respetamos?

Algunas personas temen que jamás serán capaces de mantener un respeto mutuo con ciertos individuos o en ciertas circunstancias. Se preguntan cómo pueden respetar a alguien que se comporta de una manera que deplora. ¿Qué hace usted, por ejemplo, si se siente enfadado porque alguien lo ha decepcionado? Y si esto ha pasado en repetidas ocasiones, ¿cómo puede respetar a una persona que está tan escasamente motivada y es tan egoísta?

El diálogo estaría realmente destinado al fracaso si tuviéramos que respetar todos los rasgos de carácter de la otra persona antes de que entablásemos una conversación. Si esto fuera así, la única persona con la que podríamos hablar sería con nosotros mismos. Sin embargo, podemos mantener un diálogo encontrando una manera de respetar y tener en cuenta la humanidad elemental de la otra persona. En esencia, el sentimiento de falta de respeto suele surgir cuando nos ponemos a pensar que los otros son diferentes a nosotros. Podemos contrarrestar este sentimiento permaneciendo atentos a los aspectos en que somos similares. Sin perdonar su conducta, intentamos simpatizar, incluso empatizar con ellos.

En cierta ocasión una persona bastante aguda propuso la práctica de este principio adoptando la forma de una oración: «Señor, ayúdame a perdonar a aquellos que pecan de manera diferente de la mía». Cuando reconocemos que todos tenemos debilidades, es más fácil encontrar una manera de respetar a los demás. Al hacer esto, tenemos una sensación de parentesco entre nosotros e incluso la persona más peliaguda. Esta conexión con los demás nos ayuda a crear el respeto mutuo y, a la larga, nos permite dialogar con prácticamente cualquier persona.

Pensemos en el siguiente ejemplo real. En una empresa manufacturera se arrastraba una huelga desde hacía más de seis meses. Al final, el sindicato acordó volver al trabajo, pero los trabajadores tuvieron que firmar un contrato cuyas condiciones, de hecho, eran peores que las que ellos pedían al comienzo. El día de la vuelta al trabajo, estaba claro que a pesar de que los obreros trabajarían, no lo harían con una sonrisa en la cara ni pondrían demasiada agilidad en ello. Todos estaban furiosos. ¿Cómo iban a prosperar de esa manera?

Preocupado porque, a pesar de que hubiera terminado la huelga, la batalla aún proseguía, un directivo le pidió ayuda a uno de los autores de este libro. Éste se reunió con los dos grupos de dirigentes (directivos y jefes del sindicato) y les pidió que siguieran sus instrucciones. Los dos grupos se reunirían por separado en sendas salas y redactarían sus objetivos para la empresa en una gran hoja de papel para reuniones. Durante dos horas, los dos grupos redactaron febrilmente lo que deseaban en el futuro y luego lo pegaron a la pared. Cuando acabaron su tarea, se les pidió a los grupos que cambiaron de sala con el objetivo de encontrar algo —cualquier cosa—, que pudieran tener en común en sus propuestas.

Al cabo de unos minutos, los dos grupos volvieron a la sala de reunión. Estaban absolutamente sorprendidos. Era como si hubiesen escrito las mismas listas. No sólo compartían matices de una o dos ideas; sus aspiraciones eran casi idénticas. Todos anhelaban una empresa que diera beneficios, con empleos estables y bien remunerados, con productos de alta calidad y un impacto positivo en la comunidad. Al tener una oportunidad de hablar libremente y sin temor a ser atacado, cada grupo redactó no sólo lo que ellos deseaban, sino lo que prácticamente todos deseaban.

Esta experiencia llevó a ambos grupos a cuestionarse en profundidad cómo se habían percibido mutuamente, y empezaron a verse como más similares entre sí. Entendieron que las tácticas mezquinas y políticas que los otros habían utilizado eran vergonzosamente similares a las que ellos mismos habían empleado. Los «pecados» de los otros eran diferentes de los suyos, pero esto se debía más al papel que desempeñaban que a un defecto fundamental de su carácter. Restablecieron el respeto mutuo, y el diálogo reemplazó al silencio y la violencia por primera vez en décadas.

CREAR Y RESTAURAR LA SEGURIDAD

Sabemos que necesitamos tener tanto el propósito común como el respeto mutuo para mantener un diálogo eficaz.

También sostenemos que deberíamos poder encontrar la manera tanto de encontrar el propósito común como de disfrutar del respeto mutuo, incluso con las personas con defectos o diferentes.

¿Pero cómo? ¿Qué se supone que tenemos que hacer realmente? He aquí cuatro habilidades que las personas mejor dotadas para el diálogo utilizan de manera rutinaria para crear un entorno seguro desde el principio en una conversación y restaurar la seguridad cuando se ha perdido:

- Transmitir nuestras buenas intenciones.
- Disculparnos cuando sea apropiado.
- Contrastar para aclarar los malentendidos.
- Crear un propósito común. .

Transmitir nuestras buenas intenciones

Como hemos comentado, si las personas no están seguras de nuestras intenciones, darán por supuesto lo peor. Hemos visto esto con Oba y Mari. Oba inició la conversación con una declaración aparentemente inocua: «Mari, me estaba preguntando si podríamos hablar sobre lo que sucedió el viernes por la noche, ya sabes, cuando llegaste tarde a casa del trabajo y te fuiste directamente al dormitorio.»

Él pidió hablar y relacionó los hechos. ¿Y qué sucedió? Que Mari se puso de inmediato a la defensiva. ¿Por qué? Porque dio por supuesto que Oba estaba sacando el tema para poder criticarla por su conducta. ¿Y por qué no habría de hacerlo cuando fue así como él planteó la conversación? Oba formuló la cosa como: «Hablemos de que te fuiste directamente a nuestro dormitorio.» No es de sorprender que Mari se sintiera insegura.

Pero retrocedamos un momento. Si le preguntáramos a Oba: «¿Qué es lo que realmente quieres con esto?», él diría:

«Deseo tener una mejor relación con Mari. Quiero sincerarme y hablar con ella sobre cómo me siento, y quiero que ella sea sincera conmigo. Quiero que seamos amables el uno con el otro cuando hablamos de las cosas difíciles».

Así que imaginemos que Oba iniciara la conversación con esto:

> **Oba:** *Mari, me preguntaba si podríamos hablar sobre lo que sucedió el viernes por la noche. Yo te quiero, y quiero asegurarme de que vamos a hablar de las cosas que afectan a nuestra relación, porque nuestra relación es lo más importante en el mundo para mí. Estoy seguro de que hay cosas que te gustaría que cambiara, y quiero saber cuáles son, además de hablarte de mis problemas. ¿Podríamos hablar?*

Cuando empezamos la conversación comunicando nuestras buenas intenciones, establecemos los cimientos de la seguridad. Esto no significa que la otra persona no se ponga a la defensiva a medida que la conversación avance, pero nos da la piedra de toque que necesitamos para volver al diálogo una y otra vez cuando la seguridad esté en peligro.

Disculparnos cuando sea apropiado

Cuando cometa un error que cause daño a otras personas, comience con una disculpa. Una disculpa es una declaración que expresa sinceramente su pesar por su responsabilidad en provocar o, al menos no impedir, el dolor o las dificultades causadas a otros.

Por ejemplo, el vicepresidente de la división realiza una visita a su fábrica. Parte del recorrido incluye visitar a los miembros del equipo de calidad, que recientemente han puesto en marcha algunas nuevas mejoras del proceso. Los miembros del equipo están nerviosos y han trabajado toda la noche para preparar la visita del capitoste. Por desgracia, cuando llega el momento de dejarse ver en el área, el vicepresidente deja caer una bomba. Ha diseñado un nuevo plan de producción que usted está convencido que perjudicará la calidad y en potencia ahuyentará a sus mejores clientes. Puesto que usted solo dispone de otra hora para estar con él, decide hablar del asunto en lugar de guiar la visita. El futuro de usted depende de esta excepcional conversación. Por suerte, usted y el vicepresidente son capaces de llegar a un acuerdo sobre un nuevo plan; por desgracia, se olvida de avisar al equipo que tanto se ha esforzado.

Cuando usted vuelve a su despacho después de acompañar al vicepresidente a su coche, se encuentra con el equipo. Con la vista nublada por el cansancio y decepcionados, los seis miembros del equipo están que echan chispas. Ni visita ni llamada telefónica, y ahora, por la manera en que usted ha acelerado el paso al pasar junto a ellos, queda claro que ni siquiera se va a detener y dar una simple explicación.

¡Ay!

Las cosas empiezan a ponerse feas: «Nos hemos pasado toda la noche en vela, ¡y ni siquiera te molestas en hacernos una visita! Ni siquiera un mensaje de texto para decirnos que ha surgido algo. Muchas gracias.»

El tiempo se detiene. Esta conversación acaba de hacerse crucial. Los empleados que se han esforzado tanto están a todas luces molestos. Sienten que se les ha faltado al respeto, a pesar del hecho de que usted no tenía intención de ser irrespetuoso.

Pero usted no restablece la seguridad. ¿Por qué? Porque ahora siente que le han faltado al respeto. Ellos le han atacado. Así que se queda atascado en el contenido de la conversación, pensando que esto tiene algo que ver con la visita a la fábrica: «Tenía que escoger entre el futuro de la empresa y una visita a la fábrica. Me decidí por nuestro futuro, y lo volvería a hacer si me viera en la obligación.»

En lugar de seguir enganchado y contraatacar, rompa el ciclo. Considere el comportamiento agresivo del equipo en su justa medida —una señal de la seguridad quebrantada—, luego apártese de la conversación y restaure la seguridad para restablecer el respeto. Es el momento de disculparse sinceramente por ser irrespetuoso: «Lamento no haber llamado cuando he sabido que no pasaríamos. Habéis trabajado toda la noche, y habría sido una excelente oportunidad para mostrar vuestras innovaciones. Y yo ni siquiera os he explicado lo que había sucedido. Os pido disculpas.»

Ahora bien, una disculpa no es realmente una disculpa a menos que usted experimente un cambio de actitud. Para ofrecer unas disculpas sinceras, sus motivaciones tienen que cambiar. Tiene que renunciar a cuidar su honor, a tener razón o a ganar para centrarse en lo que verdaderamente quiere. Tiene que sacrificar una parte de su ego reconociendo su error. Pero, al igual que muchos sacrificios, cuando renuncia a algo que valora, se ve recompensado con algo aún más valioso, en este caso, un diálogo sano y mejores resultados.

Contrastar para aclarar los malentendidos

A veces otras personas sienten que se les falta el respeto durante conversaciones cruciales, aunque nosotros no hayamos cometido ninguna falta. Desde luego, hay momentos en que faltamos al respeto porque nos comportamos de un modo abiertamente hiriente. Pero con la misma frecuencia, el insulto no es en absoluto intencionado.

Lo mismo puede pasar con el propósito común. Puede que empecemos compartiendo inocentemente nuestras opiniones, pero las otras personas crean que nuestra intención es dañarlas u obligarlas a aceptar nuestra opinión. Es evidente que, en esas circunstancias, disculparse no es lo indicado. Sería poco inteligente reconocer que hemos cometido un error cuando no es cierto. ¿Cómo, entonces, se puede reconstruir el propósito común o el respeto mutuo con el fin de que sea seguro reanudar el diálogo?

Cuando los demás malinterpreten su propósito o su intención, tome distancias con la discusión, y reconstruya la seguridad utilizando una habilidad llamada «contraste».

El contraste es una afirmación sobre «lo que no quiero / lo que quiero» que aclara los malentendidos:

- En la parte de «lo que no quiero» de la afirmación, usted explica lo que no pretende con la conversación. Esto aborda las inquietudes de los otros de que usted no los respeta o de que tiene una intención malsana.
- En la parte de «lo que quiero» de la afirmación, aclara cuál es realmente su intención con la conversación. Esto confirma su respeto o aclara su verdadero propósito.

Por ejemplo, con Oba y Mari:

Mari (a la defensiva): *¿Por qué no paras de fastidiarme a todas horas? Trabajo todo lo que puedo y llevo esta pesada carga, ¡mientras tú de dedicas a ver la televisión!*

Oba (utilizando el contraste para restablecer el propósito): *No quiero criticarte ni fastidiarte. Esa no es mi intención, y sé que soportas una enorme carga. Lo que quiero es que podamos hablar de nuestras preocupaciones el uno con el otro, de manera que podamos hacerles frente y fortalecer nuestra relación.*

O con usted y el equipo de calidad después de la no visita del directivo:

Equipo (a la defensiva): *Nos has ignorado por completo y el trabajo que hemos hecho ¡hace que esta fábrica funcione!*

Usted (utilizando el contraste para restablecer el respeto): *Lo último que quería hacer era indicar que no valoro el tiempo que habéis invertido en esto o que no quiero hablar de ello con el vicepresidente. Creo que vuestro trabajo ha sido simple y llanamente asombroso y me comprometo a garantizar que el vicepresidente lo sepa.*

De las dos proposiciones del contraste, la del «lo que no quiero» es la más importante, porque aborda los malentendidos que han puesto la seguridad en peligro. Los empleados que trabajaron con tanta ilusión reaccionan porque creen que usted no valora sus esfuerzos y que no le importan lo suficiente como para mantenerlos informados, cuando la verdad era exactamente lo contrario. Cuando la gente malinterprete, y usted empiece a discutir sobre los malentendidos, párese. Utilice el contraste. Explique lo que no pretende hasta que haya restablecido la seguridad. Entonces, vuelva a la conversación. Lo primero es la seguridad.

Una vez que haya hecho esto y la seguridad retorne a la conversación, entonces puede explicar lo que pretende. La seguridad antes de nada.

Utilice el contraste para proporcionar el contexto y la magnitud. Cuando se encuentra en medio de una conversación difícil, a veces los otros experimentan sus palabras como más fuertes o peores de lo que usted pretende. Por ejemplo, usted habla con su colaborador acerca de su falta de puntualidad. Cuando usted comparte su inquietud, él se derrumba.

A esas alturas, puede que se vea tentado de suavizar su contenido: «Pues, verás, en realidad no es tan importante». No ceda a la tentación. No se arrepienta de lo que ha dicho y no se disculpe por ello. En su lugar, sitúe sus comentarios en un contexto. Por ejemplo, a esas alturas puede que su colaborador crea que usted está insatisfecho con todos los aspectos de su trabajo. Cree que su perspectiva del problema en cuestión representa la totalidad del respeto que usted le tiene. Si esta idea es incorrecta, utilice el contraste para aclarar lo que piensa y lo que no piensa. Empiece con aquellas cosas que no piensa.

> **Lo que no piensa:** *«Déjame que te lo explique. No quiero que pienses que no estoy satisfecho con la calidad de tu trabajo. Quiero que sigamos trabajando juntos. Realmente pienso que trabajas bien.»*

> **Lo que piensa:** *«Este tema de la puntualidad es importante para mí y sólo quisiera que intentaras remediarlo. Si cuidas un poco ese aspecto, no habrá problemas.»*

Utilice el contraste como prevención. Hasta ahora hemos mostrado cómo el contraste puede ser utilizado como primeros auxilios para una conversación herida. Alguien se ha tomado algo a mal y nosotros hemos intervenido para aclarar nuestro verdadero propósito o el sentido de nuestras palabras. Sin embargo, el contraste también puede ser una poderosa herramienta para prevenir problemas de seguridad. A este respecto, es parecido a empezar una conversación indicando nuestras buenas intenciones. Dos ejemplos:

«Quiero hablar de cómo estamos gestionando nuestras finanzas. No quiero que pienses que no aprecio el tiempo que has dedicado a mantener nuestra cuenta corriente equilibrada y actualizada. Sí que lo valoro, y no tengo ninguna duda de que yo no podría haberlo hecho igual de bien. No obstante, sí que me preocupa un poco la manera en que estamos utilizando nuestro nuevo sistema bancario online.»

«Me gustaría hablar contigo de algo que me preocupa, y sinceramente, no estoy seguro de cómo manejar esta conversación. Mi temor es que acabe con nuestra relación, y esa no es mi intención en absoluto. Todo lo contrario; mi objetivo al sacar esto a colación es fortalecerla.»

El contraste para prevenir los problemas de seguridad da buen resultado cuando tienes alguna experiencia con la otra persona y supones acertadamente, basándote en esa experiencia, que dicha persona puede malinterpretar tus intenciones.

Crear un propósito común

A veces nos enredamos en una discusión porque a todas luces tenemos unos propósitos diferentes. No hay malentendidos, así que el contraste no puede aplicarse. Necesitamos algo más sólido para estos casos.

Por ejemplo, acaban de ofrecerle un ascenso que le permitirá impulsar su carrera por un camino más expedito y que le otorgará mucha más autoridad. Por otro lado, el sueldo es una compensación lo bastante buena para ayudar a suavizar la noticia de la mudanza. Esta última parte es importante porque tendrá que trasladarse con su familia al otro extremo del país, y su mujer y sus hijos adoran el lugar donde viven actualmente.

Esperaba que su cónyuge tuviera sentimientos ambivalentes con el traslado, pero al parecer no alberga la menor duda: para su cónyuge el ascenso es un acontecimiento negativo. Primero, tendrán que mudarse y, segundo, usted tendrá que trabajar más horas. Todo aquello de tener más dinero y más poder no parece que la compense por el tiempo que perderán para estar juntos. Y ahora, ¿qué?

Las personas peor dotadas para el diálogo ignoran el problema y siguen adelante o se inclinan y dejan que se imponga la opinión de los otros. Su opción está entre la competición o la sumisión. Ambas estrategias terminan por arrojar un balance de ganadores y perdedores, y el problema continúa mucho más allá de la conversación iniciada.

Las personas bien dotadas para el diálogo optan inmediatamente por una solución intermedia. Por ejemplo, la pareja que se enfrenta al traslado monta dos hogares, uno donde el cónyuge trasladado trabajará y otro donde la familia vive actualmente. En realidad, nadie quiere este arreglo y, francamente, es una solución bastante poco atractiva destinada a crear problemas más graves, incluso conduciendo al divorcio. Si bien el acuerdo a veces es necesario, otras personas saben que éste no es el punto de partida.

Las personas mejor dotadas para el diálogo utilizan cuatro habilidades para encontrar un propósito común. Por si le ayuda a recordar lo que hay que hacer, observe que las cuatro habilidades utilizadas para crear el propósito común conforman el acrónimo CHIP.

Comprometerse en la búsqueda de un propósito común

Como sucede con la mayoría de las habilidades para el diálogo, si queremos reanudar el diálogo, tenemos que comenzar con uno mismo. En este caso, tenemos que *acordar ponernos de acuerdo*. Para tener éxito, tenemos que dejar de utilizar el silencio o la violencia para imponer a los demás nuestro punto de vista. Debemos incluso renunciar al falso diálogo, donde fingimos tener un propósito común (argumentando tranquilamente nuestro punto de vista hasta que la otra persona cede). Comencemos con uno mismo comprometiéndonos a perseverar en la conversación hasta que inventemos una solución que defina un propósito que ambos compartamos.

Esto puede ser difícil. Para dejar de discutir, tenemos que dejar de creer que nuestra opción es la mejor y la única y que no estaremos satisfechos hasta conseguir exactamente lo que deseamos en ese momento. Tenemos que abrir nuestro pensamiento al hecho de que, quizá, haya una tercera opción en alguna parte, una opción que convenga a todos.

También tenemos que estar dispuestos a verbalizar este compromiso, incluso cuando nuestra pareja parezca decidida a ganar. Actuamos pensando que nuestro compañero se ha atascado en el silencio o en la violencia porque se siente inseguro. Suponemos que si creamos más seguridad, demostrando nuestro compromiso para definir un propósito común, la otra persona confiará más en el diálogo como posible solución productiva.

Así, la próxima vez que se encuentre atrapado en un pulso de voluntades, pruebe esta habilidad asombrosamente poderosa pero sencilla: tome distancias con el contenido del conflicto y cree un entorno seguro. Simplemente diga: «Parece que los dos estamos intentando imponernos mutuamente nuestra visión. Me comprometo a seguir con la conversación hasta que tengamos una solución con la que ambos nos sintamos satisfechos». A partir de entonces, observe si la seguridad cobra un giro positivo.

Hablar del «qué» en vez del «cómo»
(reconocer el propósito oculto tras la estrategia)

El deseo de definir un objetivo compartido es un excelente primer paso, pero el deseo por sí solo no es suficiente. Una vez que hayamos experimentado un cambio de actitud, tenemos que cambiar también nuestra estrategia. He aquí el problema que tenemos que resolver: cuando nos encontramos en un callejón sin salida, es porque nosotros pedimos una cosa y la otra persona pide algo diferente. Pensamos que jamás encontraremos una solución porque equiparamos lo que pedimos a lo que queremos. En realidad, lo que pedimos es la estrategia que postulamos para conseguir lo que queremos. Confundimos deseos o propósito con estrategias. Ése es el problema.

Por ejemplo, vuelvo a casa del trabajo y digo que quiero ir al cine. Tú dices que quieres quedarte en casa y relajarte. Y entonces discutimos: el cine, la televisión, el cine, leer, etc. Pensamos que nunca podremos resolver nuestras diferencias porque salir y quedarse en casa son incompatibles.

En tales circunstancias, podemos romper el punto muerto preguntando al otro: «¿Por qué quieres eso?» En el caso que nos ocupa, podría ser algo así:

«¿Por qué quieres quedarte en casa?»

«Porque estoy cansada de correr de arriba abajo y tener que aguantar el ritmo de la ciudad.»

«¿Entonces quieres paz y tranquilidad?»

«Sobre todo. ¿Y por qué quieres ir tú al cine?»

«Para estar un rato contigo y lejos de los niños.»

Antes de que puedan definir un propósito común, primero hay que saber cuáles son los verdaderos anhelos de las personas. Tomemos distancia con el contenido de la conversación, que generalmente se centra en las estrategias, y analicemos los propósitos subyacentes.

Cuando separamos las estrategias del propósito, surgen nuevas opciones. Al renunciar a una estrategia y centrarnos en nuestro verdadero objetivo, ya estamos abiertos a la idea de que podríamos encontrar realmente alternativas que puedan beneficiar a los intereses de ambas partes.

> *«Tú quieres paz y tranquilidad y yo quiero estar contigo lejos de los niños. Si encontramos algo que sea tranquilo y esté lejos de los niños, los dos estaremos contentos. ¿No te parece?»*

> *«Desde luego. ¿Qué te parece si salimos a dar una vuelta en coche por el campo y...?»*

Inventar un propósito común

A veces, cuando usted reconoce los propósitos que se ocultan tras las estrategias de otra persona, descubre que realmente tienen objetivos compatibles. A partir de ese momento, es posible definir estrategias comunes. Pero no siempre tenemos tanta suerte. Por ejemplo, descubrimos que nuestros deseos y objetivos no pueden cumplirse si no es a expensas de los deseos y objetivos de la otra persona. En este caso no podemos descubrir un propósito común. Eso significa que tendremos que inventar uno con decisión.

Para inventar un propósito común, tenemos que desplazarnos hacia objetivos más amplios. Definamos un objetivo que tenga más sentido o que compense mejor que aquellos que dividen a las diferentes partes. Por ejemplo, puede que usted y su cónyuge no estén de acuerdo en si debería o no aceptar el ascenso, pero sí pueden estar de acuerdo en que las necesidades de su relación y los niños son más importantes que las aspiraciones profesionales. Al centrarse en objetivos superiores y a más largo plazo, a menudo encontrará las maneras de trascender los acuerdos a corto plazo, crear un propósito común y volver al diálogo.

Poner en práctica nuevas estrategias (proponer nuevas estrategias)

Una vez que haya creado seguridad definiendo un propósito común, debería tener suficiente seguridad como para volver al contenido de la conversación. Es hora de reanudar el diálogo y generar estrategias que satisfagan las necesidades de todos. Si se ha comprometido a encontrar algo con lo que todos estén de acuerdo y ha manifestado lo que realmente desea, dejará de gastar su energía en conflictos improductivos y, en vez de eso, no tardará en encontrar opciones que satisfagan a todos.

Suspendamos los juicios y busquemos nuevas alternativas. ¿Puede encontrar una manera de trabajar en un empleo local y que se adecue a sus objetivos profesionales? ¿Acaso ese empleo con esa empresa es lo único que le alegrará la vida? ¿Es realmente necesario mudarse para este nuevo empleo? ¿Hay otra comunidad que le ofrezca a su familia los mismos beneficios? Si no está dispuesto a darle una oportunidad a la creatividad, será imposible que definan juntos una opción aceptable para ambos. Por otro lado, si está dispuesto, sólo tiene el cielo como límite.

Crear un propósito común

Resumiendo, cuando observe que usted y otros están trabajando en sentidos contrarios, he aquí un consejo. Primero, tome distancia con el contenido del conflicto. Dejé de centrarse en quién piensa qué. A continuación, cree el propósito común.

- **Comprométase a buscar el propósito común.** Pronuncie un compromiso público unilateral para seguir con la conversación hasta que encuentre algo que satisfaga a todos.

  «Esto no funciona. Tu grupo pretende quedarse hasta tarde y trabajar hasta que acabemos, y mi grupo quiere irse a casa y volver el fin de semana. ¿Por qué no vemos si encontramos algo que deje a todo el mundo contento?»

- **Hable del «qué» en vez del «cómo».** Pregunte a las personas por qué desean aquello por lo cual luchan. Diferencie entre lo que piden y el propósito que persiguen.

  «Dime exactamente por qué no quieres venir el sábado por la mañana. Estamos cansados y nos preocupan las cuestiones de seguridad y de pérdida de calidad. ¿Por qué quieres quedarte hasta tarde?»

- **Invente un propósito común.** Si después de aclarar los propósitos de cada cual persiste el conflicto, intente inventar un objetivo superior o a más largo plazo que sea más estimulante que aquellos que alimentan el conflicto.

  «Desde luego no quiero que aquí haya ganadores ni perdedores. Será mucho mejor si discurrimos algo que no enfrente a un grupo con otro. En otras ocasiones, hemos votado o hemos lanzado una moneda y los que pierden simplemente acaban molestos con

los que ganan. A mí me preocupa más que nada cómo nos sentiremos unos con otros. Asegurémonos de que cualquiera que sea la decisión, no creemos una brecha en nuestra relación de trabajo.»

- **Ponga en práctica nuevas estrategias.** Con un propósito común bien definido puede unir los esfuerzos en la busca de una solución que satisfaga a todos.

«De modo que tenemos que encontrar algo que no ponga en peligro la seguridad ni la calidad y permita que los de tu grupo asistan a la boda de su colega el sábado por la tarde. Los integrantes de mi equipo tienen un partido el sábado por la mañana. ¿Qué te parece si tu equipo trabajara por la mañana y las primeras horas de la tarde y luego el nuestro pudiera llegar después del partido y tomar el relevo a partir de entonces? Así, podremos...»

ESCRIBIRLO DOS VECES

Hasta aquí, hemos puesto ejemplos de cómo crear o restaurar la seguridad en una conversación que se está manteniendo cara a cara (en persona o en la red) o, por lo menos, por teléfono. ¿Pero qué pasa con la seguridad en la comunicación escrita, como el correo electrónico o los mensajes de texto?

Bien, agárrese a su asiento para oír esto... porque resulta que en la comunicación escrita se crea la seguridad de la misma manera que en una conversación cara a cara. Sí, si enviamos un correo electrónico a otro ser humano y queremos crear seguridad para esa persona, la clave estriba en recordar que le enviamos un correo electrónico a otro ser humano. Y entonces creamos la seguridad transmitiendo nuestras buenas intenciones, porque eso es lo que crea un entorno seguro para los seres humanos. Revolucionario, lo sabemos.

Las condiciones esenciales de la seguridad no cambian en función del medio. Si sé que usted se preocupa por mí (respeto mutuo) y sé que le importa lo que a mí me interesa (propósito común), me sentiré seguro con usted, ya sea conversando cara a cara o leyendo un correo electrónico. La diferencia clave en un correo electrónico u otra comunicación escrita es que verbalizar nuestras buenas intenciones es incluso más esencial.

En una conversación cara a cara, hablamos de nuestras intenciones tanto con las palabras (nos disculpamos, contrastamos, etc.), como con las señales no verbales (nuestro tono de voz, nuestro lenguaje corporal, el contacto visual, etc.). Cuando las pistas visuales son eliminadas, deviene incluso más esencial utilizar nuestras palabras para comunicar nuestra intención.

Lo que plantea un problema es que, en el momento en que resulta de la máxima importancia que lo recordemos, olvidamos que nos estamos comunicando con un ser humano que necesita sentirse seguro. Al fin y al cabo, no hay nadie más por ahí, solo nosotros y nuestro teclado, y estamos escribiendo a distancia.

Así que ahí va un consejo para garantizar que comunica intenciones cuando escribe un mensaje crucial a alguien: escríbalo dos veces. Primero, escriba el mensaje para hacer comprender su contenido, y una vez que su contenido haya sido aprendido, piense en cómo hacer comprender su intención. Lea el mensaje detenidamente, imaginando la cara de la otra persona. ¿Cómo podría sentirse esa persona en cada punto de su mensaje? Entonces, vuelva a reescribirlo pensando en la seguridad. Repare en los sitios en los que alguien podría malinterpretar sus intenciones o su respeto y aclare lo que pretende y lo que no para que lo oigan. En las relaciones más personales y menos formales, puede incluso desear describir la expresión facial que muestra mientras escribe algo con solo dejar su intención aún más clara. Por ejemplo: «Si pudieras ver mi cara mientras escribo esto, probablemente verías mi ceño de preocupación mientras confío en que mi mensaje no se esté interpretando como duro o crítico.»

Por lo general, pensamos en una comunicación escrita y asincrónica como en una forma inferior y distante cuando se trata de mantener conversaciones cruciales. Y en la mayoría de los casos, así es. Sin embargo, en la comunicación asincrónica hay una ventaja si es usted lo bastante listo para utilizarla. Con la comunicación virtual, como un correo electrónico, usted consigue su segunda oportunidad antes de necesitarla, antes incluso de pifiarla. En lugar de decir algo y luego pensar: «Podría haber dicho eso de una manera mejor», tiene la oportunidad de escribir algo y luego releerlo antes de enviarlo siquiera. Tenemos que aprender a disciplinarnos en aprovechar esa segunda oportunidad para crear seguridad antes de que la necesitemos.

¿CÓMO MANTENGO UNA CONVERSACIÓN CRUCIAL DE MANERA VIRTUAL?

Las conversaciones virtuales —ya tengan lugar a través de una videoconferencia, ya mediante un mensaje de texto o una llamada telefónica— aportan una dinámica diferente a una conversación crucial. La coautora de este libro Emily Gregory le da algunos consejos sobre cómo puede preparar una conversación crucial para tener éxito. Vea el vídeo *How Do I Have a Crucial Conversation Virtually?* en crucialconversations.com.

VOLVAMOS A OBA Y MARI

Acabemos el capítulo donde lo empezamos. Oba va a intentar dialogar con Mari. Veamos cómo se las arregla para crear un entorno seguro en esta conversación crucial. Dado que han intentado tener esta conversación antes y fracasaron, él tiene una idea aproximada de cómo Mari podría malinterpretar su intención. Así que empezará hablando de sus buenas intenciones con una declaración de contraste.

> **Oba:** *Mari, me gustaría hablar de lo mucho que estás trabajando y de cómo eso está afectando a nuestra relación. No saco esto a colación para criticarte o sugerir que eres tú quien tiene el problema. Sé que ahora mismo estás soportando una tremenda presión en el trabajo, y te estoy muy agradecido por los sacrificios que estás haciendo por nuestra familia. La verdad es que sólo quiero hablar sobre lo que podemos hacer para que las cosas mejoren para los dos en esta nueva realidad en la que estamos inmersos.*

> **Mari:** *¿Qué es de lo que hay hablar? Yo trabajo, tú no. Trato de asimilarlo.*

> **Oba:** *Me parece que es algo más complicado que eso. Y cuando dices cosas como esta, hace que me pregunte si me sigues respetando.*

> **Mari:** *Si es así como te sientes, ¿por qué estamos fingiendo que tenemos una relación siquiera?*

Bien, ¿qué es lo que acaba de suceder? Recordemos, estamos analizando la parte de la conversación de Oba. Él es el que inició la charla. A todas luces hay mucho que Mari podría hacer que las cosas mejoraran. Pero ¿qué debería hacer

Oba si quiere que la conversación discurra por mejores cauces? Debería mantenerse centrado en lo que realmente quiere: encontrar la manera de mejorar las cosas para ambos. En consecuencia, no debería responder al contenido de la descorazonadora afirmación de Mari. En su lugar, debería buscar el problema de seguridad que hay detrás. ¿Por qué Mari empieza a retirarse de la conversación? Por dos razones:

- La manera en que Oba expuso su punto de vista a Mari le sonó como si la estuviera culpando de todo.
- Ella cree que la preocupación de Oba en un pequeño aspecto es un reflejo de todo lo que siente hacia ella.

Así que él se disculpará y utilizará el contraste para restablecer la seguridad.

Oba: *Lamento haberlo dicho así. No te estoy culpando por cómo me siento o actúo. Ése es mi problema. No veo esto como tu problema, lo veo como nuestro problema. Puede que ambos estemos comportándonos de una manera que empeora las cosas. Al menos, sé que yo sí.*

Mari: *Puede que yo también. A veces hablo demasiado porque me siento muy abrumada y agotada. Y también lo hago con la esperanza de hacerte sentir mal. Te pido perdón también por eso.*

Dese cuenta de lo que acaba de suceder. Puesto que Oba afronta con corrección el problema de la seguridad y se mantiene centrado en lo que realmente quiere de esta conversación, Mari vuelve al diálogo. Esto es mucho más eficaz que si Oba hubiera recurrido a la culpabilización.

Sigamos.

Mari: *No sé cómo podemos resolver esto, sencillamente. Mi trabajo es lo que es ahora mismo. Contigo desempleado, la verdad es que no estoy en situación de reducirlo o de intentar renegociar. Y cuando llego a casa y veo que todas las tareas domésticas están sin hacer, de verdad es que me siento frustrada. Sé que quieres que pasemos más tiempo juntos, pero estoy agotada y necesito tener tiempo para mí y poder recobrar energías.*

El problema ahora es de propósito común. Mari cree que ella y Oba tienen objetivos contrapuestos. A su modo de ver, no hay posibilidad de encontrar una solución que satisfaga a ambos. Su día sólo tiene 24 horas. En lugar de pasar a comprometerse o de esforzarse en imponer su criterio, Oba se apartará del asunto y utilizará la fórmula CHIP para conseguir el propósito común.

Oba: (Comprometerse en la búsqueda de un propósito común). *Sé que estás saturada y no quiero nada que no te vaya bien. Deseo encontrar la manera de que ambos nos sintamos más próximos, apreciados y queridos.*

Mari: *Eso es lo que quiero yo también. Sólo que parece que no hay suficiente tiempo al día para eso.*

Oba: (Hablar del «qué» en vez del «cómo»): *Puede, pero puede que no. ¿Qué te haría sentir querida y apreciada en nuestra relación?*

Mari: *Bueno, es difícil decirlo porque no quiero herirte y sé que esto es delicado... Sé que te sientes mal por estar en el paro, eso lo entiendo. Pero en este momento estás sin trabajo. Y la verdad, me ayudaría a sentirme mejor con nuestra relación si empezaras a hacer* *más tareas en casa, como fregar los platos, poner la lavadora y todo eso. Cuando trabajábamos los dos, nos dividíamos eso al 50 por ciento, pero ahora no estamos trabajando los dos.*

Oba: *De acuerdo. Eso es justo. Y me alegra que lo hayas dicho. Estoy teniendo problemas con mi baja autoestima, y eso ha afectado a mi motivación. Creo que esa es una de las razones por las que ahora, tal vez más que nunca, anhele realmente estar contigo, que desee que tengamos tiempo para divertirnos hablando, riendo y disfrutando de la compañía del otro.*

Mari: *Lo entiendo. Pero me resulta difícil disfrutar de algo estando tan quemada. Y además, estoy resentida contigo porque me siento presionada.*

Oba: *Sí, eso lo entiendo. Y siento ese resentimiento, lo cual sólo hace que me sienta aún peor conmigo mismo, porque sé que te estoy decepcionando.*

Mari: (Inventar un propósito común): *Entonces, tenemos que encontrar la manera de liberarme de parte de la carga que llevo encima, para que podamos disfrutar más el uno del otro. ¿Sabes?, realmente yo también quiero eso.*

Oba: *Sé que lo quieres. Me imagino que a ninguno de los dos nos gusta sentirnos así.*

Mari: (Poner en práctica nuevas estrategias): *Bien, y si...*

Oba y Mari no han resuelto su problema todavía, y existen muchas limitaciones reales que lo harán difícil. Sin embargo, ahora es mucho más probable que resuelvan su problema y levanten su relación que de lo que lo era al principio de este capítulo. Crear seguridad no resuelve todos nuestros problemas; tan sólo crea el espacio para dar una oportunidad al diálogo.

Mi conversación crucial: doctor Jerry M.

El lunes, una mujer ingresó en mi clínica para que ese mismo día se le practicara una cirugía de baipás vascular. El objetivo era aliviar el dolor en la extremidad por debajo de la rodilla causado por una mala circulación sanguínea. La paciente vivía en Misisipi y había hecho un viaje de dos horas hasta Memphis para ver a un médico. El cirujano realizó la intervención con destreza y el resultado fue excelente. Al siguiente día, la paciente y su marido estaban locos de alegría porque el terrible dolor en el pie había desaparecido.

El director de atención al paciente y el médico habían acordado provisionalmente que, si todo iba bien, la paciente podía ser dada de alta el jueves por la tarde. Como fuera que la paciente siguió mejorando, el director de atención organizó el alta para el jueves. El jueves por la mañana, el director de atención le dijo al marido de la paciente que fuera a recoger a su esposa sin saber que el médico había escrito la siguiente nota: «Paciente con evolución favorable, pie caliente, pulso excelente, paciente estable. Plan: alta el viernes antes mediodía».

Al ver la nota, el director de atención intentó ponerse en contacto con el cirujano, lo que no logró hasta última hora de esa tarde, cuando éste se dirigía apresuradamente a su consulta. Como llegaba tarde, dijo bruscamente: «Tengo que ver a la paciente antes de darle el alta. No me pasaré a verla hasta mañana. La paciente no se va hoy a casa, y sanseacabó.»

Alrededor de las tres de la tarde, el director de atención se puso en contacto conmigo para pedir ayuda. Llamé inmediatamente al cirujano y empecé nuestra conversación elogiándole por su éxito y ofreciéndole mi ayuda. Le expliqué que la familia del paciente había tenido que hacer un viaje de dos horas en coche para ir a recogerla, y que ella estaba lista para irse.

Me ofrecí para hacer todo el papeleo mientras él le daba instrucciones a la pareja por teléfono, pero se mantuvo en sus trece: «No. Tengo que ver a esa paciente y no puedo pasarme hasta mañana». Y, poniéndose a la defensiva, añadió levantando la voz: «¿Es la compañía médica la que te está incitando a esto? En suma, ¿por qué me estás presionando?»

Desconcertado, le respondí utilizando la habilidad del contraste: «La verdad, ni siquiera sé quién va a pagar. La compañía médica no tiene nada que ver con esto; sólo intento satisfacer las necesidades del paciente y su familia. Han tenido una experiencia maravillosa. Piensan que eres un semidiós. Se les dijo que podían irse a casa, y tengo miedo de que cancelar el alta pudiera estropear un resultado clínico por lo demás fantástico».

Sin saber bien qué decir, el cirujano respondió: «Diles que me pasaré, pero no estaré ahí antes de las siete de la tarde».

Tras llegar a un acuerdo, le prometí que transmitiría su disposición a volver especialmente y darles instrucciones en persona. Se pasó esa noche, dio de alta a la paciente y evitó deslustrar una atención médica por lo demás maravillosa.

En el entorno de la atención médica, las conversaciones cruciales son una realidad desde el principio y se producen a cada momento. Esta conversación tuvo éxito porque seguí dos de las normas fundamentales: el respeto mutuo y el propósito común.

RESUMEN: CREAR UN ENTORNO SEGURO

Apartarse del contenido

Cuando otros se inclinen por el silencio o la violencia, tome distancias con la conversación y cree un entorno seguro. Cuando se restablezca la seguridad, vuelva al tema en cuestión y reanude el diálogo.

Decidir qué condición de la seguridad peligra

- **El propósito común.** ¿Creen los demás que a usted le importan sus objetivos en esta conversación? ¿Confían en sus motivaciones?
- **El respeto mutuo.** ¿Creen los demás que usted los respeta?

Comunicar las buenas intenciones

Para empezar bien la conversación, comunique sus intenciones positivas. ¿Qué es lo que quiere realmente? Para usted y la otra persona.

Disculparse cuando sea apropiado

Cuando haya faltado claramente el respeto, pida disculpas.

Contrastar para aclarar el malentendido

Cuando otros malinterpreten su objetivo o su imagen, utilice el contraste. Comience con aquello que no pretende ni quiere decir. A continuación, explique lo que sí pretende o quiere decir.

Crear un propósito común

Cuando los objetivos son contrarios, utilice las cuatro habilidades CHIP para recuperar el propósito común:

- Comprometerse en la búsqueda de un propósito común.
- Hablar del «qué» en vez del «cómo».
- Inventar un propósito común.
- Poner en práctica nuevas estrategias.

8

EXPONER SU CAMINO

*Cómo hablar persuasivamente
sin ser brusco ni desagradable*

Hasta ahora, hemos hecho un gran esfuerzo de preparación para dar la cara y dominar las conversaciones cruciales. He aquí lo que hemos aprendido. Nuestros corazones tienen que estar en el lugar adecuado, y nuestras cabezas han de estar centradas en el tema adecuado. Tenemos que librarnos de las historias ingeniosas que nos mantienen alejados de lo que queremos. Debemos prestar mucha atención a la manera en que las personas participan en el diálogo —sobre todo cuando empiezan a sentirse inseguras—, de manera que podamos restablecer la seguridad cuando sea necesario.

De modo que digamos que estamos adecuadamente preparados. Estamos listos para abrir la boca y comenzar a compartir nuestro punto de vista. Es verdad, realmente nos disponemos a expresar nuestra opinión. Y ahora, ¿qué?

La mayoría de las veces abordamos una conversación y ponemos el piloto automático: «Hola, ¿cómo están los niños? ¿Cómo te va en el trabajo?» ¿Hay algo más fácil que hablar? Sabemos miles de palabras y solemos entretejerlas en conversaciones que se adecuan a nuestras conveniencias. Es lo que sucede la mayoría de las veces.

Sin embargo, cuando hay importantes factores en juego y se intensifican nuestras emociones, bien, es entonces cuando abrimos la boca y el resultado no es tan genial. En realidad, como hemos señalado antes, cuanto más importante sea la conversación, menos probable será que manifestemos lo mejor de nuestra conducta. Por desgracia, tal y como veremos, expresamos nuestras opiniones de una manera que está perfectamente diseñada para provocar la actitud de defensa.

Para mejorar nuestras habilidades cuando se trata de expresar nuestra opinión, examinaremos cinco habilidades que resuelven dos de nuestros principales problemas: la actitud defensiva y la resistencia. Primero, estudiaremos la manera en que estas cinco habilidades nos ayudarán a elaborar nuestro mensaje de una manera que ayude a los demás a escucharlo. Y segundo, analizaremos cómo esas mismas habilidades nos ayudan a ser más convincentes en los momentos en que nuestra propia certeza sea nuestro peor enemigo.

COMPARTIR OPINIONES DELICADAS

Aportar información al conjunto de significados puede ser un asunto bastante arduo cuando las ideas que estamos a punto de dejar caer en la conciencia colectiva contienen opiniones delicadas, poco atractivas o polémicas. Como, por ejemplo: «Marta, al personal simplemente no le gusta trabajar contigo. Voy a eliminarte del equipo de proyectos especiales.»

Una cosa es sostener que la empresa tiene que cambiar el color de los embalajes del verde al rojo, pero otra muy distinta es decirle a una persona que es ofensiva o desagradable. Cuando el tema cambia de las cosas a las personas, siempre es más difícil y hay quienes están mejor dotados para ello que otros (lo cual no es una sorpresa para nadie).

Cuando se trata de compartir información delicada, las personas peor dotadas para el diálogo oscilan entre dejar caer con rudeza sus ideas en el conjunto de significados o no decir nada. A veces comienzan con: «No te va a gustar esto, pero, oye, alguien tiene que decir las cosas como son...» (la clásica opción menos inteligente), o a veces simplemente guardan silencio.

Las personas bien dotadas para el diálogo dicen sólo una parte de lo que les preocupa, pero restan importancia a sus opiniones porque temen herir a otros. Hablan muy bien, pero edulcoran convenientemente su mensaje. Por ejemplo, en lugar de ser sinceros y decirle que piensan que su trabajo de marketing abochornará a la empresa, dicen: «Esto, bueno, me gustan mucho las imágenes. Pero me parece que podemos animar un poco el texto aquí y allí.»

Las personas mejor dotadas para el diálogo dicen todo lo que piensan y lo hacen de una manera que los otros perciben como segura cuando escuchan lo que tienen que decir y también cuando quieren responderles. Son a la vez completamente sinceros y respetuosos. Si consideran que su trabajo de marketing es malo, se aseguran cuando terminan de que usted sepa que piensan que el trabajo de marketing es malo. Pero lo hacen de una manera que sea también respetuosa al cien por ciento.

¿Cómo? Encontrando la manera de mantener la seguridad sin comprometer la sinceridad.

SALVAGUARDAR LA SEGURIDAD

Para hablar sinceramente, cuando la sinceridad podría ofender fácilmente a otros, tenemos que encontrar un modo de salvaguardar la seguridad. Esto se parece a decirle a alguien que le aseste a otro un puñetazo en la nariz, pero, ya sabes, sin hacerle daño. ¿Cómo podemos pronunciar lo impronunciable y seguir guardando el respeto? Se puede conseguir si sabemos mezclar atentamente tres ingredientes, a saber: la confianza, la humildad y la habilidad.

La confianza. La mayoría de las personas sencillamente no mantendrán conversaciones delicadas, al menos no con la persona indicada. Por ejemplo, nuestro colega Brian llega a casa por la noche y le dice a su mujer que su jefe, Fernando, lo controla de manera enfermiza. Cuenta lo mismo a la hora de la comida cuando habla con sus compañeros de trabajo. Todos saben qué piensa Brian de Fernando, excepto, desde luego, el propio Fernando.

Las personas que manejan el diálogo con habilidad sienten la confianza necesaria para decir lo que hay que decir a la persona que tiene que escucharlo. Están seguras de que sus opiniones merecen un lugar en el conjunto de significados. También confían en que pueden hablar abiertamente sin parecer rudos ni ofender a sus interlocutores.

La humildad. La confianza no es lo mismo que la arrogancia o la testarudez. Las personas hábiles están seguras de que tienen algo que decir, pero también observan que otros tienen opiniones válidas. Son conscientes de que no tienen el monopolio de la verdad. Sus opiniones establecen un punto de partida pero no dicen la última palabra. Puede que actualmente opinen de cierta manera, pero saben que con nueva información puede cambiar su parecer. Esto significa que están dispuestos a expresar sus opiniones y a estimular a los demás a que hagan lo mismo.

La habilidad. Finalmente, las personas que comparten sin reservas información delicada suelen obtener buenos resultados. Por eso, están seguros desde el comienzo. No se inclinan por la opción menos inteligente, porque han encontrado un camino donde caben a la vez la sinceridad y la seguridad. Pronuncian lo impronunciable, y con más frecuencia de lo que sospecharíamos, los demás les agradecen su sinceridad.

La habilidad es fruto de la práctica y la repetición. Sí, leer este libro y aprender las habilidades para el diálogo es un buen primer paso. Pero sólo leer no le hará a usted mejor a la hora de dialogar. Tiene que empezar manteniendo conversaciones cruciales si quiere mejorar el mantener conversaciones cruciales.

El dinero desaparecido

Para ver cómo abordar un tema delicado, observemos lo que sucede con un problema difícil. Anita acaba de abrir su cartera al llegar a la caja del supermercado. Alarga la mano para sacar un par de billetes de veinte con los que piensa pagar las provisiones que acaba de comprar. Pero espera: no hay dinero. Registra los diferentes compartimentos y... sigue sin haber ningún billete de 20 dólares. De inmediato se vuelve hacia su hija de 16 años que está parada a su lado. Entonces, en voz alta, ruge: «¡Amber! ¿Dónde está el dinero?»

Bueno, la cosa fue rápida. Anita tardó medio segundo en saltar de «pensaba que aquí dentro tenía 40 dólares» a «ha hurgado en mi cartera y ¡se ha llevado mi dinero!».

Bueno, ¿cuál es la peor manera en que Anita podría manejar esta situación (una que no incluya encerrar a la hija en su dormitorio a pan y agua hasta que cumpla los 25 años)? ¿Cuál es la peor manera de hablar del problema? La mayoría de las personas están de acuerdo en que lanzarse de lleno a una desagradable acusación seguida de una amenaza es una buena aspirante a ese honor.

—¡No me puedo creer que me robaras! ¿Quieres pasarte los próximos diez años metida en tu habitación? —dice con aire ofendido.

—Mamá, ¿de qué me estás hablando? —pregunta Amber sin saber a qué se está refiriendo Anita, pero imaginándose que sea lo que fuere, no puede ser bueno.

—Sabes muy bien de qué estoy hablando —dice a voz en grito.

Al oír esto, Amber empieza a mirar a su alrededor y advierte que todo el mundo la está mirando.

—Mamá —dice entre dientes—. No sé de qué estás hablando, pero tienes que calmarte. La gente está mirando.

—¡Me cogiste 40 dólares de la cartera, y ahora te haces la inocente! —Anita es ajena a los espectadores.

Como cualquiera que haya pasado por ello confirmará, educar a los adolescentes es difícil. Y hablar con ellos de los actos inmorales es todavía más difícil. Si Anita tiene razones para creer que Amber le ha cogido el dinero, ha de abordar el problema sin excusas. Pero hacer una acusación acalorada en un lugar público no es la mejor manera de resolver el problema. ¿Cómo debería hablar sobre su preocupante conclusión de una manera que conduzca al diálogo?

EXPONER MI CAMINO

Si el objetivo de Anita es tener una conversación saludable sobre un tema difícil (por ejemplo, «Creo que me estás robando»), su única esperanza es perseverar en el diálogo, al menos hasta que confirme o no sus inquietudes. Esto es verdad para cualquiera que tenga una conversación crucial (por ejemplo, «Tengo la impresión de que me controlas obsesivamente»; «Me temo que estás consumiendo drogas»; «Me pusiste a los pies de los caballos en la reunión»). Eso significa que, a pesar de sus peores sospechas, no debería violar el principio del respeto. En la misma línea, no debería sabotear la seguridad con amenazas y acusaciones.

Entonces, ¿qué debe hacer? Empezar con uno mismo. Piense en lo que realmente desea y la manera en que el diálogo puede ayudarle a conseguirlo. Y conserve el dominio de su historia; advierta que podría estar precipitándose a una desagradable historia de víctimas, malvados o impotencia. La mejor manera de dar con la verdadera historia no consiste en *dejar que hable por usted* la peor historia que pueda pensar. Eso lo conducirá a un silencio autodestructivo y a juegos de violencia. Piense en otras explicaciones posibles el tiempo suficiente para templar sus emociones y reanudar el diálogo. Por otro lado, si resulta que tenía razón en su impresión inicial, tendrá todo el tiempo para llegar a la confrontación más tarde.

Una vez que haya trabajado consigo mismo para crear las condiciones adecuadas para el diálogo, puede recurrir a diferentes habilidades que le ayudarán a abordar hasta los temas más delicados en una conversación. Estas cinco herramientas se pueden recordar con facilidad mediante el acrónimo PRIME. Éste corresponde a:

- Parta desde los hechos.
- Relate su historia.
- Investigue el camino del otro.
- Muévase con cautela.
- Entusiasme al otro a compartir.

Las tres primeras habilidades describen qué hacer. Las dos últimas se refieren a cómo hacerlo.

LAS HABILIDADES «QUÉ»

La mejor forma de dar su opinión es seguir el modelo del camino a la acción, que aprendimos en el capítulo 5, de principio a fin y de la misma manera que lo recorrió (figura 8.1). ¿No es extraño que nos permitamos a nosotros mismos movernos de izquierda a derecha a lo largo del camino, pero cuando tratamos de convencer a los otros exijamos sencillamente que acepten nuestros sentimientos e historias sin permitirles hacer lo mismo? Cuando estamos borrachos de adrenalina, carecemos tanto de sabiduría como de paciencia para razonar. Puesto que estamos obsesionados con nuestras emociones e historias, esperamos que los otros se nos unan allí. Empezar con nuestras feas historias es la manera más controvertida, menos influyente y más insultante con que podríamos empezar.

Figura 8.1. Camino a la acción

Parta desde los hechos

Así que comencemos por la izquierda. El primer paso consiste en rehacer su camino a la acción hasta la fuente y encontrar los hechos, esto es, las pruebas concretas, tales como las cosas que ha visto, oído o experimentado de manera directa. Anita no puede encontrar 40 dólares en su cartera. Eso es un hecho. Entonces se cuenta una historia: el dinero no está allí porque Amber lo ha robado. A continuación, se siente traicionada y furiosa. Por último, ataca a Amber: «¡Eres una ladronzuela! ¡Pensaba que podía confiar en ti!» Toda interacción fue rápida, predecible y muy desagradable.

¿Y si Anita hubiera tomado un camino distinto, uno que empezara con los hechos? ¿Y si fuera capaz de suspender la fea historia que se contó (pensando de manera intencionada en historias plausibles alternativas) y luego empezara su conversación con los hechos? ¿No sería ese un camino más seguro que recorrer? En lugar de aferrarse a una historia creada por ella, adopta una actitud de curiosidad: el fruto de la humildad. Aunque siga teniendo sospechas, las guarda provisionalmente durante un momento mientras analiza otras posibilidades. ¿Cómo? Suspendiendo la historia y empezando con los hechos: el dinero desaparecido.

Los hechos son lo menos polémico. Los hechos proporcionan un principio seguro. Por su misma naturaleza, los hechos son menos polémicos. Por ejemplo, pensemos en la afirmación: «Ayer llegaste al trabajo a las 8:20.» Esto no admite mucha discusión. Las conclusiones, por otro lado, son sumamente polémicas. Por ejemplo: «Llegaste veinte minutos tarde», comienza a incluir cierta historia; añade la suposición de que se te esperaba a las 8 de la mañana. Otra opción: «No se puede confiar en ti», a duras penas es un hecho, se parece más a un insulto, y sin duda puede ser discutido. Saltar de una llegada a las 8:20 h a la suposición de un retraso y de ahí a una historia de irresponsabilidad nos lleva rápidamente de un terreno firme a uno cuestionable. Al final, puede que queramos transmitir nuestras conclusiones, pero a buen seguro que no querremos sincerarnos con una controversia. Tenemos que empezar con las áreas de menos desacuerdos antes de pasar a aquellas con más.

Los hechos conforman los cimientos de la conversación. Los hechos establecen la base para las conclusiones que irán a continuación. Los hechos se convierten así en el punto de arranque de la conversación y es menos probable que provoquen la ofensa. Por ejemplo, ¿qué comienzo es menos ofensivo?:

«¡Deja de acosarme sexualmente!»

o

«Cuando me hablas, en lugar de mirarme a la cara, tus ojos me recorren de arriba abajo. Y a veces, me pones la mano en el hombro.»

Queremos que la otra persona permita que nuestro significado sea añadido al conjunto de significados compartidos. Para que eso ocurra, tiene que darse una escucha justa. Estamos tratando de ayudar a que los otros vean la manera de que una persona razonable, racional y respetable pudiera terminar la historia que estamos transmitiendo. Eso es todo. Cuando empezamos con unas conclusiones escandalosas u ofensivas («¡Deja de desnudarme con la mirada!» o «Creo que deberíamos declararnos en quiebra»), animamos a los demás a contarse una historia de malvados sobre nosotros. Puesto que no les hemos proporcionado hechos que apoyen nuestra conclusión, la gente tiene que inventarse las razones de que les estemos contando estas cosas. Lo más probable es que crean que somos imbéciles o malvados.

Así que si su objetivo es ayudar a los demás a que vean la manera de que una persona razonable, racional y respetable pueda pensar en lo que usted está pensando, empiece con los hechos.

Tómese su tiempo para separar los hechos de las conclusiones. *Reunir los hechos son los deberes que hay que hacer para las conversaciones cruciales.*

Asimismo, recuerde que usted está partiendo con sus hechos. La habilidad en esto consiste en que parta con sus hechos, no con los hechos. Usted está transmitiendo lo que ha visto y oído. Cuando reconoce que esos son sus hechos, deja espacio para otros hechos: las cosas que la otra persona puede haber visto y oído. Sin duda, ha hecho sus deberes de manera concienzuda reuniendo los hechos, pero no pretenda tener todos los hechos.

Relate su historia

A menudo nos sentimos demasiado deseosos de contar nuestras historias (nuestros juicios y conclusiones). En ocasiones, el mero hecho de exponer los hechos es suficiente para invitar a las personas a que nos ayuden a entenderlos. Por ejemplo, si su jefe no ha hablado con Recursos Humanos tres veces seguidas sobre un ascenso que le tenía prometido, podría bastar con señalar la sucesión de lapsus sin añadir: «Creo que eres un cobarde o un mentiroso. ¿A ti qué te parece?»

Pero, como es natural, si lo que desea es compartir su historia, no comience por ésta. Su historia (sobre todo si lo ha llevado a una conclusión más bien desagradable) podría insultar y sorprender a los otros sin ninguna necesidad. De un solo plumazo, con una frase mal concebida podría dar al traste con la seguridad.

> **Brian:** *Quisiera hablar contigo acerca de tu manera de dirigir. Me controlas hasta en los más mínimos detalles, y eso comienza a ponerme de los nervios.*

> **Fernando:** *Pero ¿qué dices? Sólo te he preguntado si acabarías a tiempo, y tú me vienes con...*

Si empieza con su historia (y, al hacer esto, da al traste con la seguridad), es muy probable que nunca llegue realmente a los hechos. Para hablar de sus historias, tiene que hacer que los demás recorran su camino a la acción. Permítales conocer su camino desde el principio hasta el final, y no desde el final hasta... bueno, hasta donde sea que le lleve. Y dé a conocer a los otros su experiencia desde su punto de vista, empezando con sus hechos y siguiendo por su historia. De esta manera, cuando hable acerca de lo que comienza a percibir como conclusión, ellos entenderán por qué. Primero los hechos, y luego la historia, y asegúrese de que mientras explica su historia, la cuenta como una historia posible, no como si fuera un hecho probado.

> **Brian:** (Los hechos.) *Desde que comencé a trabajar aquí, me pides que me reúna contigo dos veces al día. Eso es más que con ningún otro. También me has pedido que te dé a conocer mis ideas antes de incluirlas en los proyectos.*

> **Fernando:** *¿Qué quieres decir?*

> **Brian:** (La posible historia.) *No sé si es el mensaje que quieres transmitir, pero me empiezo a preguntar si confías en mí. Quizá pienses que no estoy a la altura del trabajo o que te meteré en líos. ¿Es eso lo que está pasando?*

> **Fernando:** *En realidad, sólo intentaba darte una oportunidad para que tengas mi opinión antes de que te comprometas demasiado en un proyecto. El último colega con el que trabajé siempre llegaba casi al final del proyecto y sólo entonces descubría que había omitido algún elemento clave. Intento evitar sorpresas.*

Relatar su propia historia puede ser engañoso; tiene que ganarse el derecho a contarla empezando con sus hechos. Incluso así, la otra persona aún puede adoptar una actitud defensiva cuando usted pase de los hechos a las historias. Al fin y al cabo, se trata de compartir con otros conclusiones y juicios potencialmente poco halagüeños.

Para empezar, ¿por qué compartir su historia? Porque rara vez vale la pena mencionar los hechos por sí solos. Son los hechos más la conclusión los que exigen una conversación cara a cara. Además, si se limita a mencionar los hechos, puede que la otra persona no entienda la gravedad de las implicaciones. Por ejemplo:

—*He visto que tenías algunos de los nuevos prototipos de chips en tu mochila.*

—*Sí, así es, eso es lo bueno de estas criaturas. Son los bastante duros para ir a cualquier parte.*

—*Esos chips tienen un propietario.*

—*¡Así debería ser! Nuestro futuro depende de ello.*

—*Tengo entendido que no hay que llevárselos a casa.*

—*Desde luego que no. Es así como los roban.*

(Parece como si hubiese llegado el momento de una conclusión.) «*Me preguntaba qué están haciendo esos prototipos en tu mochila. Parece que te los vas a llevar a casa. ¿Es eso lo que está sucediendo aquí?*»

La confianza es necesaria. Puede resultar dificultoso compartir conclusiones negativas y juicios poco atractivos (por ejemplo: «Me pregunto si no serás un ladrón»). La confianza es necesaria para compartir una historia tan potencialmente explosiva. Sin embargo, si usted ha hecho sus deberes pensando en los hechos que hay detrás de su historia, se dará cuenta de que está llegando a una conclusión razonable, racional y respetable. Una conclusión que merece ser escuchada. Y al empezar con los hechos, usted ha sentado las bases. Cuando piensa en los hechos y luego se guía por estos, es mucho más probable que tenga la confianza necesaria para aportar un importante significado polémico y vital al conjunto compartido.

No lo exagere. A veces carecemos de la confianza necesaria para hablar y dejamos que los problemas acumulen presión durante mucho tiempo. Cuando nos dan la oportunidad, lanzamos todo un arsenal de conclusiones nada halagüeñas. Por ejemplo, está a punto de entablar una conversación crucial con la maestra de segundo de su hija. La maestra quiere que su hija repita curso. Usted quiere que su hija siga junto al resto del grupo. Esto es lo que pasa por su cabeza:

> *¡No me lo puedo creer! Esta maestra acaba de salir de la universidad y quiere que Jade repita curso. No creo que entienda el estigma de tener que repetir. Peor aún, se apoya en las recomendaciones del psicólogo de la escuela. Este tipo es un perfecto idiota. Yo lo conozco, y no confiaría en él ni para curarme un resfriado. No pienso dejar que estos dos imbéciles se salgan con la suya.*

¿Cuál de estas insultantes conclusiones o juicios debería compartir? Desde luego, no toda la artillería de cuentos desagradables. De hecho, será necesario que trabaje con esta historia de malvados antes de albergar la esperanza de sostener un diálogo sano. A medida que lo haga, su historia se parecerá más a esto (observe la cuidadosa elección de las palabras; al fin y al cabo, se trata de su historia, no de los hechos):

> *La primera vez que escuché su recomendación, mi reacción inicial fue oponerme a su decisión. Pero después de pensar en ello, me he dado cuenta de que podría estar equivocada. He pensado que realmente*

no tengo ninguna experiencia para decir qué le con-
vendría más a Jade en esta situación, sólo temores
acerca del estigma de no aprobar el curso. Sé que es
un tema complejo. Me gustaría conversar y ver cómo
entre los dos podemos sopesar esta situación con
más objetividad.

Atento a los problemas de seguridad. Cuando comparta su historia, manténgase atento a las señales que indican que la seguridad se deteriora. Si las personas adoptan actitudes defensivas, tome distancia con la conversación y restablezca la seguridad mediante el contraste. Así es como debería hacerlo:

Sé que le importa mucho mi hija, y estoy segura de que
usted posee una buena formación. Eso no es lo que me
preocupa. Sé que quiere lo mejor para Jade, y yo tam-
bién. Lo único que creo es que se trata de una decisión
ambigua que tendrá enormes consecuencias para el
resto de su vida.

Mucho ojo con no pedir perdón por sus opiniones. El objetivo del contraste no es diluir su mensaje, sino asegurarse de que las personas no escuchen lo que usted no ha dicho. Tenga la suficiente confianza para compartir lo que realmente desea expresar.

Investigue el camino del otro

Hemos mencionado que la clave para compartir ideas delicadas es una mezcla de confianza y humildad. Expresamos nuestra confianza compartiendo nuestros hechos y nuestras historias con claridad. Demostramos nuestra humildad pidiendo a los otros que compartan sus opiniones, y diciéndolo de corazón.

Así, cuando haya compartido su punto de vista, los hechos y las historias por igual, invite a los otros a que hagan lo mismo. Si su objetivo es seguir ampliando el conjunto de significados en lugar de tener razón, o tomar la mejor decisión en lugar de imponer la suya, estará dispuesto a escuchar las opiniones de los demás. Al estar abierto al aprendizaje, está demostrando la curiosidad que se deriva de la verdadera humildad, comprometiéndose a anteponer la verdad al ego.

Por ejemplo, podría preguntar:

¿Qué opinión le merece?

¿Cuál es su perspectiva?

¿Puede ayudarme a comprenderlo?

Estas preguntas abiertas animan a los otros a expresar sus hechos, historias y sentimientos. Cuando lo hagan, escuche atentamente lo que tengan que decir. Es igualmente importante estar dispuesto a renunciar a su historia o a modificarla a medida que se aporta más información al conjunto de significados compartidos. Recuerde, *lo que usted verdaderamente quiere* es lograr unos resultados apreciados, no dar una satisfacción a su ego teniendo razón.

LAS HABILIDADES «CÓMO»

Ahora que hemos abordado las habilidades «qué» en nuestra lista PRIME de herramientas, pasemos a centrar nuestra atención a las dos habilidades «cómo».

Muévase con cautela

Si repasa las historias que hemos compartido hasta ahora, observará que nos hemos preocupado de describir los hechos y las historias con prudencia o de una manera nada dogmática. Por ejemplo: «Estoy empezando a colegir que...», o «Me siento tentado de pensar...»

Hablar con prudencia significa sencillamente que contamos nuestra historia como historia, en lugar de disfrazarla de un hecho concreto. «Quizá no te habías dado cuenta...» da a entender que el hablante no tiene una certeza absoluta sobre lo que la persona sabe. «En mi opinión...» significa que está compartiendo una opinión y nada más.

Cuando comparta una historia, intente amalgamar confianza y humildad. Cuéntela de tal manera que exprese una confianza apropiada en sus conclusiones a la vez que demuestra que, si corresponde, desearía que dichas conclusiones sean contradichas. Para hacerlo:

Cambie	Por
El hecho es...	En mi opinión...
Todos saben...	Me parece...
La única manera de hacer esto...	Estoy seguro...
Ésa es una idea estúpida...	Creo que eso no va a funcionar...

Advierta que el principal cambio de la columna de la izquierda a la de la derecha no es el grado de convicción expresado, sino el nivel de sinceridad de que eso es tan sólo lo que cree. Incluso «La única manera de hacer esto...» se vuelve más prudente cuando dice: «Estoy seguro...». La primera versión parece la afirmación de una verdad absoluta, mientras que la segunda reconoce que se trata tan sólo de su convencimiento personal.

«Hablar con prudencia» no consiste en suavizar el mensaje; trata de fortalecerlo. Recuerde, su objetivo es añadir significado al conjunto, y aquel no llegará al conjunto a menos que la otra persona lo consienta. Si usted intenta disfrazar sus conclusiones de hechos, la otra persona es probable que oponga resistencia, en lugar de considerarlas. Y de esta manera nada se añade al conjunto. Una de las ironías del diálogo es que, cuando hay diferencia de opiniones, cuanto más convencimiento y contundencia ponga de su parte, más reticentes se mostrarán los demás. Hablar en términos absolutos y exagerados no aumenta su influencia; la disminuye. Y lo contrario también es verdad: cuanta mayor sea la prudencia con la que hable, más receptivas se vuelven las personas a sus opiniones.

Esto plantea una pregunta interesante. Ha habido personas que nos han preguntado si mostrarse prudente es lo mismo que ser manipulador. Esto es, «fingimos» estar inseguros sobre nuestra opinión para ayudar a los demás a que la tengan en cuenta sin ponerse tan a la defensiva.

Nuestra respuesta a esto es un inequívoco no. Si finge prudencia, no está dialogando. La razón para que deba hablar con prudencia es porque, de hecho, no esté seguro de que su opinión represente una verdad absoluta o de que su comprensión de los hechos sea absoluta y perfecta. Jamás debería fingir estar menos seguro de lo que está; pero no debería fingir estarlo más de lo que su limitada capacidad le permita. Sus observaciones podrían ser incorrectas; sus historias... bueno, sus historias no son más que hipótesis fundadas.

Con prudencia, no con debilidad. A algunas personas les preocupa tanto no presionar ni imponerse que equivocan el camino en la otra dirección. Se achantan y optan por otra opción menos inteligente. Piensan que la única manera segura de compartir información delicada es actuando como si no fuera importante: «Ya sé que esto probablemente no sea verdad...» o «Creerás que estoy loco, pero...»

Cuando usted comienza con un descargo absoluto de responsabilidades y lo hace en un tono que sugiere que lo consume la duda, le hace un flaco favor al mensaje. Una cosa es ser humilde y abierto, otra muy diferente es sufrir de una inseguridad crónica. Utilice un lenguaje que comunique que comparte una opinión, no un lenguaje que dé a entender que está hecho un manojo de nervios.

Una «buena» historia: la prueba de Ricitos de oro

Para tener una idea de cómo compartir de la mejor manera posible su historia, asegurándose de que no está exagerando o minimizando sus convicciones, piense en los siguientes ejemplos:

Minimizar: «*Puede que esto te parezca una estupidez, pero...*»
Exagerar: «*¿Cómo es posible que nos hayas estafado?*»
Perfecto: «*Me da la impresión de que has escogido esta casa para tu uso exclusivo. ¿Me equivoco?*»

Minimizar: «*Me avergüenza incluso hablar de ello, pero...*»
Exagerar: «*¿Cuándo exactamente comenzaste a consumir drogas duras?*»
Perfecto: «*He llegado a la conclusión de que estás consumiendo drogas. ¿Tienes alguna otra explicación al respecto que haya pasado por alto?*»

Minimizar: «*Tal vez sea culpa mía, pero...*»

Exagerar: «*¡No confiarías ni en tu propia madre para que te preparara una tostada!*»

Perfecto: «*Comienzo a sentirme como si no confiaras en mí. ¿Es eso lo que pasa? Si es así, quisiera saber qué he hecho para perder tu confianza*».

Minimizar: «*Puede que quizá sea una persona obsesionada con el sexo o algo así, pero...*»

Exagerar: «*Si no eres capaz de pillar la onda, me voy*».

Perfecto: «*No creo que sea tu intención, pero comienzo a sentirme rechazado*».

Entusiasme al otro a compartir

Cuando pide a otras personas que compartan sus caminos, su manera de formular la invitación marca una gran diferencia. No sólo debería invitar a otros a hablar, sino hacerlo dejando claro que, independientemente de lo polémico de sus ideas, usted quiere escucharlas. Las personas necesitan sentirse seguras al compartir sus observaciones y sus historias, en especial si difieren de las suyas. De otra manera, no abren la boca y no se puede poner a prueba ni la precisión ni la relevancia de sus opiniones.

La seguridad es especialmente importante cuando usted mantiene una conversación crucial con personas que quizás opten por el silencio. Algunas personas eligen la opción menos inteligente en estas circunstancias. Por ejemplo, algunos jefes se niegan a opinar sobre ciertos temas porque temen que su intervención acabará con el diálogo; les preocupa que si comparten sus verdaderas opiniones, los demás cerrarán el pico. De modo que eligen entre decir lo que piensan o escuchar a los demás. Sin embargo, las personas mejor dotadas para el diálogo no contemplan esta elección. Hacen las dos cosas. Entienden que *el único límite a la fuerza con que se pueden expresar las opiniones es la disposición a mostrarse igual de enérgicos en animar a los demás a contradecirlas.*

Abra la puerta a puntos de vista contrarios. De modo que si piensa que otros tal vez vacilan, deje claro que desea escuchar sus opiniones, por diferentes que sean. Si sus juicios no concuerdan con los suyos, tanto mejor. Si lo que tienen que decir es polémico o incluso delicado, respételos por tener la valentía de expresar lo que piensan. Si tienen diferentes hechos o historias, tiene que escucharlas para que le ayuden a completar el cuadro. Asegúrese de que tengan la oportunidad de compartir invitándolos decididamente a hacerlo. «¿Hay alguien que lo vea de manera diferente?» «¿Qué estoy pasando por alto a este respecto?» «De verdad, me gustaría oír la otra versión de la historia.»

Dígalo de verdad. A veces las personas ofrecen una invitación que parece más una amenaza que un verdadero llamamiento a plantear opiniones. «Bueno, así lo veo yo. Nadie tiene objeciones, ¿no?» No convierta una invitación en una amenaza velada. Invite a las personas con palabras y con un tono que diga: «Realmente quiero escucharte». Por ejemplo: «Conozco a personas que tienen ciertas reservas para hablar de esto, pero realmente me encantaría escuchar la opinión de todos». O: «Sé que hay al menos dos versiones de esta historia. ¿Podríamos escuchar otras opiniones? ¿Qué problemas podría traernos esta decisión?»

Haga de abogado del diablo. De vez en cuando, nos damos cuenta de que otros no se tragan nuestros hechos ni nuestras historias, pero tampoco se hacen oír. Los hemos invitado sinceramente, incluso hemos estimulado las opiniones divergentes, pero nadie dice nada. Para facilitar las cosas, haga de abogado del diablo. Modele el desacuerdo manifestando su desacuerdo con su propia opinión. «Quizá me equivoque. ¿Qué pasaría si lo contrario fuera verdad? ¿Y si la razón de que las ventas hayan disminuido fuera que nuestros productos están decididamente desfasados. Sé que he argüido a favor de lo contrario, pero la verdad es que quiero oír todas las razones por las que mi postura pudiera ser peligrosamente errónea.»

Anime a los demás hasta que el motivo de usted sea evidente. A veces —en especial, si está usted en una posición de autoridad—, incluso ser adecuadamente prudente no evita que los demás sospechen que sólo los quiere para que le den la razón o que los está invitando a caer en una trampa. Este puede ser el caso cuando antiguos jefes o figuras de autoridad les hayan invitado a hablar para luego castigarles por hacerlo.

Aquí es donde la habilidad de *estimular las pruebas* entra en juego. Como hemos dicho antes, puede discutir con tanta energía como quiera para defender su punto de vista, siempre que sea aún más enérgico animando a los demás a que disientan. La verdadera prueba de si su motivación es ganar un debate o entablar un verdadero diálogo estriba en el grado con que estimula usted las pruebas.

CONFIANZA FRENTE AL CÁNCER

Las habilidades PRIME nos ayudan a compartir nuestro significado con respeto y eficacia. Aprenda cómo una formadora de conversaciones cruciales utilizó estas habilidades para decir lo que pensaba y tener voz a la hora de decidir sobre el tratamiento para un grave diagnóstico médico. Vea su historia en el vídeo *Confidence Against Cancer* en crucialconversations.com

---

De vuelta al dinero desaparecido

Para ver cómo estas habilidades PRIME encajan en una conversación delicada, volvamos al misterio de los 40 dólares desaparecidos. Anita analiza lo sucedido mientras ella y Amber vuelven caminando a casa desde la tienda. En esta ocasión, Anita sacará a colación un asunto delicado con bastante más eficacia.

> **Anita:** (Explica hechos.) *Amber, cuando he ido a pagar la compra ahora mismo, tenía pensado utilizar 40 dólares que creía tener en mi cartera.*

> **Amber:** *Ajá.*

> **Anita:** (Explica hechos.) *Pero cuando abrí la cartera, el dinero no estaba dentro. Me pareció extraño, porque lo vi ahí ayer. Entonces me acordé de que anoche me pediste algo de dinero para salir con tus amigas. Y te lo negué. Pero de todas maneras, acabaste yendo a ver una película y a cenar con ellas.*

> **Amber:** *Ajá.*

> **Anita:** (Relata una historia con prudencia.) *Es evidente que es posible que me cogieras el dinero.*

> **Amber:** *¿Piensas que te robé el dinero?*

> **Anita:** (Pregunta por el camino del otro.) *¿Sinceramente? No sé qué pensar. Lo único que sé es lo que te acabo de contar, y confío en que comprendas que al menos pueda tener la duda. ¿Es así?*

> **Amber:** *Hmm... bueno...*

> **Anita:** (Utilizando el contraste.) *Amber, cariño. Sé que eres una buena chica, y no quiero precipitarme*

sacando conclusiones dolorosas. También sé que las personas cometemos errores. Yo los cometí cuando tenía tu edad. Lo que quiero es que podamos hablar de las cosas, incluso de las difíciles, con honestidad y franqueza, aun cuando una de nosotras haya metido la pata.

Amber: *Tenía pensado devolverlo. No era mi intención robarlo. No creí que te fueras a dar cuenta antes de que hoy recibiera mi paga.*

Cuando esta conversación realmente tuvo lugar, era exactamente igual a la que describimos más arriba. La madre suspicaz evitó las acusaciones terribles y las historias desagradables, habló de los hechos y luego prudentemente compartió una posible conclusión. Al final, resultó que su hija había cogido el dinero. Las dos hablaron del tema, y hubo consecuencias para la ratera. Sorprendentemente, también hablaron de las presiones que habían llevado a la hija a coger el dinero. Su madre se enteró de más cosas sobre lo que estaba sucediendo en la vida de su hija y pudo darle algunos consejos amables sobre cómo manejar algunas situaciones difíciles. Aquel día, consiguió tener una mayor influencia en la vida de su hija adolescente gracias a la manera en que encaró una conversación difícil.

CUANDO UNAS FÉRREAS CREENCIAS DEBILITAN SU INFLUENCIA

Ahora centraremos nuestra atención en otro desafío de la comunicación. Esta vez, no hará comentarios delicados ni contará historias dudosas; se limitará a entrar en una discusión y defender su punto de vista. Es el tipo de cosas que hace todo el tiempo. Lo hace en casa, en el trabajo, lo hace en las redes sociales y, sí, se ha sabido que incluso ha formulado unas cuantas opiniones mientras esperaba en la cola de una urna electoral.

Desafortunadamente, a medida que los factores en juego cobran importancia y otros sostienen opiniones divergentes (y *usted sabe en el fondo de su corazón que tiene razón y que ellos están equivocados*) comienza a presionar demasiado. Sencillamente tiene que ganar. Hay demasiado en juego y sólo usted tiene las ideas correctas. Si los dejamos con sus propios métodos, los otros estropearán las cosas. De modo que cuando tiene mucho cuidado y está seguro de sus opiniones, no sólo habla, sino que intenta introducir a la fuerza sus opiniones en el conjunto de significados. Ya sabe, ahogar a los demás en su verdad. Como es natural, los otros se resisten. Usted, a su vez, presiona aún más.

Hemos visto cómo este tipo de cosas sucede de manera permanente en nuestro trabajo de consultoría. Por ejemplo, sentados en torno a la mesa hay un grupo de directivos que comienza a debatir un tema importante. Al principio, alguien sugiere que es la única persona con una verdadera perspectiva del problema. Y luego alguien comienza a lanzar hechos como si fueran dardos venenosos. Y otro (justo alguien que tiene una información crítica) se enfrasca en el silencio. A medida que las emociones se vuelven más intensas, las palabras que antes eran cuidadosamente escogidas y pronunciadas ahora están teñidas de una certeza absoluta, algo más bien típico de las reivindicaciones clavadas en las puertas de las iglesias o esculpidas en tablas de piedra.

Al final, nadie escucha, todos han optado por el silencio o la violencia y el conjunto de significados compartidos permanece seco y contaminado. Nadie gana.

¿Cómo hemos llegado a esto?

Comienza con una historia. Cuando creemos que tenemos razón y todos los demás están equivocados, no sentimos la necesidad de ampliar el conjunto de significados compartidos, porque *somos los dueños* de éste. También creemos firmemente que es nuestro deber luchar por la verdad que sostenemos. Es lo más honroso que se puede hacer. Es lo que hace la gente con carácter.

Las historias que nos contamos que describen a los demás como estrechos de mente o atontados nos justifican para convertirnos en controladores. «Esta pobre gente necesita que la salven», nos decimos. Así que no pasa mucho tiempo antes de que seamos unos héroes de los tiempos modernos en una cruzada contra la ingenuidad y la estrechez de miras.

Sentimos que estamos justificados para ser unos tramposos. Una vez que estamos convencidos de que es nuestro deber luchar por la verdad, comenzamos a sacar el armamento pesado. Utilizamos trucos de debates que hemos aprendido a lo largo de los años. El más importante de ellos es la capacidad para «marcar la baraja». Citamos información que apoya nuestras ideas mientras ocultamos o desacreditamos cualquier cosa que no nos apoye. Luego aderezamos el discurso con exageraciones: «Todos saben que ésta es la única manera de hacerlo». Cuando esto no da resultados, adornamos nuestro lenguaje con términos exaltados: «Cualquier persona honrada estaría de acuerdo conmigo».

A partir de ese momento, utilizamos todo tipo de trucos sucios. Apelamos a la autoridad: «Bueno, eso es lo que piensa el jefe». Atacamos a la persona: «No serás tan ingenuo como para creerte eso, ¿verdad?» Llegamos a conclusiones precipitadas: «Si sucedió en nuestra operación en el extranjero, seguramente ocurrirá aquí». Y atacamos al hombre de paja: «Por supuesto que podemos seguir tu plan... siempre que queramos ofender a nuestros principales clientes y perder el negocio.»

Y, una vez más, cuanto más intentemos y más presionemos con nuestras tácticas, mayor será la resistencia que generemos, peores serán los resultados y más dañadas quedarán nuestras relaciones.

¿Cómo cambiar?

La solución ante una defensa excesiva es, de hecho, bastante sencilla, siempre y cuando sea usted capaz de conseguir alcanzarla. Cuando se encuentra en una situación en la que daría cualquier cosa por convencer a otros de que su opción es la mejor, abandone su ofensiva actual y piense en lo que verdaderamente quiere para sí mismo, para los otros y para la relación. Luego pregúntese: «¿Qué debería hacer ahora mismo para avanzar hacia lo que verdaderamente quiero?» Cuando su nivel de adrenalina se encuentre por debajo del límite legal de 0,05, podrá poner en práctica sus habilidades PRIME. De hecho, su voluntad de utilizar estas habilidades para transmitir su mensaje es un indicador fiable de su interés por el diálogo. Cuando más difícil le resulte utilizarlas, más probabilidades hay de que su objetivo sea ganar, y no aprender.

Cuando se encuentre deseando anunciar sencillamente la verdad, en lugar de entablar un diálogo, utilice las habilidades que ha aprendido hasta este momento:

Primero, aprenda a observar. Permanezca atento al momento en que las personas comienzan a mostrar resistencia ante usted: puede que empiecen a levantar la voz o a sobrevalorar los hechos que apoyan sus puntos de vista como reacción a las tácticas de usted, o quizá se refugien en el silencio. Céntrese en sí mismo más que en el tema (aunque sea muy importante). ¿Se está inclinando hacia delante? ¿Habla más fuerte que de costumbre? ¿Comienza a intentar ganar? ¿Está golpeando el teclado mientras escribe furiosamente un comentario? Recuerde: *Cuanto más le importe un tema, menos probable será que adopte su mejor actitud.*

Segundo, analice sus intenciones. ¿Cuál es su objetivo en la conversación? ¿Quiere ser escuchado, comprendido o justificado? Puede que desee cambiar la manera de pensar de la otra persona. No puede controlar o determinar lo que la otra persona pensará al terminar la conversación, pero puede influirla. Mientras considera lo que desea realmente de la conversación, pregúntese: «¿Cómo me comportaría si esto fuera verdaderamente lo que quiero?»

Por ejemplo, usted y una colega han estado discutiendo sobre una reciente resolución del tribunal supremo. Esto no tiene nada de sorprendente, toda vez que usted y ella se sitúan en los extremos opuestos del espectro político. Pero usted siente una apasionada implicación emocional con el tema y quiere hacer cambiar de opinión a su colega. Entonces, ¿cuál es la mejor manera de conseguirlo? Es probable que no lo sea ponerse a gritar, entablar una polémica o recurrir al desprecio o el rechazo. Después de todo, ¿cuándo fue la última vez que cambió de opinión después de que alguien le dedicara una retahíla de insultos por una de sus opiniones?

Si quiere tener una oportunidad de influir en las personas, ha de empezar por comprenderlas. Así que suavice su forma de dirigirse a ellas. Tome conciencia de que los demás podrían tener algo que decir y que, lo que es aún mejor, podrían incluso tener una pieza del rompecabezas, y luego pídales que le den sus opiniones. Dé marcha atrás en su lenguaje duro y concluyente, pero no retroceda en su creencia. Manténgala; simplemente suavice su manera de abordar la conversación.

Mi conversación crucial: Lori A.

Hace tres años, a mi hija adolescente le diagnosticaron un trastorno bipolar. Los altibajos maníacos-depresivos son increíblemente alarmantes porque suelen acabar de manera violenta, y el abismo de la depresión subsiguiente (a un episodio violento) verdaderamente nos hacía temer a mi marido y a mí por la vida de nuestra hija.

Con los trastornos bipolares, se tarda mucho tiempo en adecuar la dosificación de los medicamentos al paciente, y éste también ha de ser sumamente constante en la medicación prescrita. Por supuesto, tanto los medicamentos que no han sido recetados por un facultativo como el alcohol están prohibidos. Durante esta difícil época, la policía tuvo que acudir a nuestro hogar para sofocar los brotes de violencia. También veíamos impotentes a nuestra hija consumir drogas y alcohol y autolesionarse. Dejó de ir al colegio, y tuvimos que hospitalizarla. Rezamos mucho.

Por suerte, empecé a utilizar mis habilidades de conversaciones cruciales en los altibajos maníacos-depresivos, ¡y funcionaron! La utilización del contraste fue sumamente eficaz (y todavía lo es) para sofocar su ira y tristeza. Con el tiempo, una vez que mi hija se estabilizó, las habilidades PRIME para exponer mi camino se convirtieron literalmente en un salvavidas. Me di cuenta de que si tenía cuidado en eliminar mis juicios cuando le contaba mis preocupaciones y me limitaba a expresarlos objetivamente, entonces la estimulaba a que me contara lo que pensaba y ella podía escucharme más fácilmente.

Con la ayuda de conversaciones cruciales, pude mantener una relación con mi hija durante un momento de su vida en que era difícil abordarla. Desde su diagnóstico y tratamiento, ha conseguido darle realmente la vuelta a su vida. Toma su medicación, cambió de amistades, va a terapia, pide ayuda a los profesores cuando se siente estresada, realiza un voluntariado en la iglesia con niños discapacitados y, lo que es más importante, habla con mi marido y conmigo.

A medida que vayamos afrontando nuevos problemas en el futuro, podré y continuaré utilizando estas habilidades. Creo que en gran medida nos habéis ayudado a salvar a nuestra hija.

RESUMEN: EXPONER SU CAMINO

Cuando tenga que compartir un mensaje difícil, y cuando esté tan convencido de su propia razón que quizá presione demasiado, acuérdese de definir su camino con las habilidades PRIME:

- **Parta desde los hechos.** Comience con los elementos menos polémicos y más persuasivos de su camino a la acción.
- **Relate su historia.** Cuente cuáles son las conclusiones a las que ha llegado.

- **Investigue el camino del otro.** Anime a los demás a compartir sus hechos y sus historias.
- **Muévase con cautela.** Defina su historia como historia, no la disfrace de hechos.
- **Entusiasme al otro a compartir.** Cree un entorno seguro para que los demás expresen opiniones divergentes o incluso contrarias.

9

EXPLORAR LOS CAMINOS DE OTRAS PERSONAS

*Cómo escuchar cuando los demás explotan
o se muestran poco comunicativos*

«Así pues, ¿qué riesgos veis todos vosotros en el plan del actual proyecto?», pregunta Sanj. Mira al equipo reunido en torno a la mesa y no ve más que una sucesión de caras inexpresivas. Algunos bajan la vista, concentrándose afanosamente en sus garabatos. Otros le miran a los ojos durante un instante antes de apartar la mirada. Nadie dice nada.

Sanj lo vuelve a intentar. «Creo que todos conocemos la importancia de este proyecto. Ésa es la razón por la que nos encontramos aquí. Si queremos tener éxito, hemos de ser capaces de hablar de los riesgos del plan, de manera que podamos disminuirlos. ¿Cuáles son vuestras preocupaciones?»

Más silencio.

«Vale, bien entonces, fantástico. Esto es fantástico», dice con evidente sarcasmo. «Doy por sentado que esto está cerrado. Buen trabajo, a todos. Bueno, ¡hagámoslo realidad!»

Mientras Sanj mira a los miembros del equipo recoger sus cosas y salir de la sala en fila india, vuelve a bajar la mirada hacia el plan del proyecto. Como hábil y experimentado director de proyectos, ha dirigido varios proyectos multimillonarios con éxito, aunque nunca uno como este. El proyecto está ya muy retrasado, lo cual es una de las razones por la que el anterior director del proyecto fuera despedido y le trajeran a él. Ha esbozado un plan, pero sabe que carece de la experiencia sobre el tema en cuestión para completar todas las lagunas. Ésa es la razón por la que tiene un equipo, ¡por amor de Dios! Pero cuando les pide que aporten sus sugerencias, no obtiene más que miradas vacías. Nada. Cero. Nanay. *Nothing*. Se limitan a asentir con la cabeza y decirle que les gusta el plan. ¿Qué más se supone que tiene que hacer él?

Por desgracia, las variaciones sobre esta situación son demasiado habituales. Usted sabe que debe mantener una conversación crucial con alguien sobre el plan de un proyecto fundamental, o acerca de la basura que se amontona en la puerta de vecino, o del nuevo mejor amigo de su hijo y su llamativo y ligeramente delictivo pasado. Sea cual sea el tema, sabe que la conversación será crucial. Así que se prepara a conciencia. Encuentra un buen propósito, controla sus historias y expone su camino cuidadosamente utilizando las habilidades PRIME. Desea de todo corazón escuchar el punto de vista de la otra persona. Y cuando le pregunta qué es lo que quiere decir, el interpelado o se le queda mirando con ojos de perplejidad y no dice nada o arremete contra usted con toda su artillería.

Después de la reunión, Sanj llama a Tony, uno de los miembros del equipo, para que le dé su opinión sobre cómo están las cosas:

«Eh, Tony, el grupo ha estado bastante callado ahí dentro. No estoy seguro de si todos están realmente de acuerdo con el plan del proyecto o no. ¿qué piensas tú de los riesgos?»

«Ah, vamos, Sanj», responde Tony. «Todo el mundo sabe que este proyecto es un tren que se dirige al garete. Es imposible que lo saquemos a tiempo. ¿Y sabes por qué nadie te va a decir esto a la cara? Porque eres esa clase de tipo. El tipo de la empresa. El tipo con un plan que va a entrar aquí montado en su caballo blanco y obrar el milagro. Bueno, olvídalo, tío. Este es un proyecto perdedor, y la única duda es ¡quién seguirá a bordo cuando este barco se hunda! Y te diré una cosa... el que se hunda no va a ser yo. No voy a ser el chivo expiatorio cuando esto se vaya a pique. ¡Tú sí!»

«¡Espera un minuto! ¡Esto no es justo! Tú llevas en este equipo tanto tiempo como yo. Yo no estoy por la labor de ser el chivo expiatorio de la incompetencia de este equipo», salta Sanj a voz en grito. «¡Yo soy el único que se preocupa por este proyecto!»

¿CÓMO RETOMAMOS EL DIÁLOGO?

Cuando los demás pasan al silencio o la violencia, puede resultar tentador unirse a ellos. Al fin y al cabo, hemos invertido mucho esfuerzo en iniciar el diálogo e invitarlos a que nos cuenten cuáles son sus intenciones. Cuando no lo hacen, o no lo hacen bien, nuestra tendencia natural es a sentirnos frustrados. Toda esta conversación no ha sido más que un esfuerzo vano, ¿no es así? «Yo soy el que se esfuerza, y ellos explotan o se muestran poco comunicativos.» Nuestras historias entran rápidamente en una espiral, y de pronto nuestra motivación pasa de querer comprender su punto de vista a desear reforzar nuestra superioridad.

Entonces, ¿qué debería hacer usted? A la postre, usted no es el que pasa al silencio o la violencia. Cuando los demás perjudican el conjunto de significados mostrándose poco comunicativos (negándose a decir lo que piensan) o explotan (comunicándose de una manera que resulta agresiva e insultante), ¿hay algo que pueda hacer para hacerlos volver al diálogo?

La respuesta es un claro «depende». Si prefiere no tocar el asunto (o, en este caso, no evitar un potencial choque de trenes), no diga nada. Parece que es la otra persona la que tiene algo que decir, pero se niega a abrirse. Es el otro el que se ha salido de sus casillas. Usted no puede hacerse responsable de los pensamientos y sentimientos de otra persona, ¿verdad?

Sin embargo, jamás podrán solucionar sus diferencias a menos que todas las partes contribuyan libremente al conjunto de significados. Esto requiere que las personas que explotan o que se muestran poco comunicativas participen también. Y si bien es verdad que no se puede obligar a otros a dialogar, puede adoptar medidas para que se sientan más seguros. Al fin y al cabo, ése es el motivo por el cual han buscado la seguridad del silencio o la violencia. Temen que el diálogo los haga vulnerables. De alguna manera, creen que si participan en una verdadera conversación con usted, les sucederán cosas desagradables.

El equipo de Sanj, por ejemplo, sale corriendo, asustado. Los integrantes saben que el proyecto tiene problemas; después de todo, el último director del proyecto acaba de ser despedido. Pero la gente quiere mantener su empleo y ha descubierto que mantener la cabeza agachada es la mejor manera de conseguirlo.

Restablecer la seguridad es la mayor esperanza que tiene usted para encarrilar de nuevo sus relaciones (y sus equipos, proyectos y resultados).

EXPLORAR LOS CAMINOS DE OTRAS PERSONAS

En el capítulo 7, recomendamos que, cuando observe que la seguridad está en peligro, tome distancias en la conversación y reanude el diálogo. Que cuando haya ofendido a otras personas mediante un acto irreflexivo, pida disculpas. O que si alguien malinterpreta su intención, utilice el contraste. Que explique cuáles son sus intenciones y cuáles no lo son. Y que, finalmente, si ya hay una abierta discrepancia, encuentre un propósito común.

A continuación, añadiremos una habilidad más para contribuir a restablecer la seguridad: *explorar los caminos de otras personas*. Puesto que hemos añadido un modelo de lo que sucede en la mente de otra persona (el camino a la acción), ahora disponemos de una herramienta completamente nueva para ayudar a los otros a sentirse seguros. Si encontramos una manera de hacerles saber que no hay peligro en compartir su camino a la acción (sus hechos, y también sus historias retorcidas y sentimientos desagradables) aumentará la probabilidad de que se abran.

Explorar los caminos de otras personas es una demostración de nuestra buena intención, y esa es la razón de que sea una potente herramienta para generar seguridad. Hasta ahora, hemos transmitido nuestra buena intención contándole a la gente de qué se trata. Ahora tenemos la oportunidad de demostrarle nuestra buena intención. Si nuestra intención es verdaderamente escuchar, comprender y conectar con las personas, la manera en que actuemos, y no sólo lo que digamos, generará seguridad.

Pero ¿cómo conseguirlo?

Empezar con uno mismo – Prepararse a escuchar

Sea sincero. Para incluir los hechos y las historias de nuestros interlocutores en el conjunto de significados, tenemos que invitarlos a compartir lo que piensan. Ya nos ocuparemos del cómo. Por ahora, destacaremos el hecho de que, cuando invitamos a otras personas a compartir sus puntos de vista, hay que hacerlo sinceramente. Por ejemplo, pensemos en el siguiente incidente. Una paciente está a punto de abandonar una clínica. El recepcionista se da cuenta de que la mujer se encuentra un poco incómoda, tal vez incluso insatisfecha.

> **Recepcionista:** *¿Ha ido todo bien con la visita?*
>
> **Paciente:** *Bueno.* (Si hay algo que pueda sugerir que las cosas van mal, la expresión «bueno» es la indicada.)
>
> **Recepcionista** (responde con brusquedad): *Bien. ¡El siguiente!*

Se trata de un clásico caso de fingir interés. Pertenece al tipo de preguntas de la categoría «¿Qué tal?» Significado: «Le ruego no diga nada relevante. Sólo preguntaba por preguntar». Cuando pida a las personas que se abran, dispóngase a escuchar.

Sea curioso. Cuando quiera saber de otras personas (y así debería ser, puesto que eso aporta significados al conjunto de significados compartidos), la mejor manera de alcanzar la verdad es dando a los demás la seguridad para contar las historias que los han conducido al silencio o a la violencia. Esto significa que en el preciso momento en que la mayoría de las personas se enfurecen, tenemos que ser curiosos. En lugar de responder con la misma moneda, tenemos que reflexionar sobre el problema subyacente en el lío. ¿Pero cómo podemos actuar con curiosidad cuando los demás nos atacan o buscan un lugar donde refugiarse?

Las personas que a diario intentan descubrir por qué otros no se sienten seguros, lo hacen porque han aprendido que llegar a la fuente del temor y del malestar es la mejor manera de reanudar el diálogo. Así, se dan cuenta de que el remedio para el silencio o la violencia no consiste en responder de la misma manera, sino en ir a la fuente fundamental. Esto exige una auténtica curiosidad en circunstancias en que es probable que uno se sienta frustrado o irritado.

Para ilustrar lo que puede suceder cuando activamos nuestra curiosidad, volvamos a nuestra paciente nerviosa.

> **Recepcionista:** *¿Ha ido todo bien con la visita?*
>
> **Paciente:** *Bueno.*
>
> **Recepcionista:** *Parece que ha tenido algún problema. ¿Ha pasado algo?*
>
> **Paciente:** *Ya lo creo. Me ha dolido bastante. Y además, la doctora, ¿no cree que es un poco... como lo diría... demasiado joven para practicar la medicina?*

En este caso, la paciente se muestra reticente a hablar. Quizá si compartiera su opinión directamente, insultaría al médico. O puede que los miembros del personal, fieles a su superior, se sientan ofendidos. Para abordar este problema, el recepcionista le hace saber a la paciente que puede hablar tranquilamente (tanto con su tono como con sus palabras), y ella se abre.

Conserve la curiosidad. Cuando las personas comienzan a compartir sus historias y sentimientos irascibles, corremos el riesgo de recurrir a nuestras propias historias de víctimas, malvados e impotencia para ayudarnos a explicar por qué dicen lo que dicen. Desafortunadamente, puesto que rara vez resulta agradable escuchar historias que critican a otras personas, empezamos a atribuirles motivaciones negativas para contar esas historias. Por ejemplo:

> **Recepcionista:** *Esta sí que es buena, ¿no es usted un poco quisquillosa? Lee un artículo o dos en internet y ya se*

cree que sabe más de medicina que alguien que se ha licenciado en la facultad de medicina. Su doctora fue la primera de su promoción. Por si no lo sabe, es una de las mejores.

Para evitar reacciones exageradas a las historias de los otros, conserve la curiosidad. Una buena manera de alejar a su cerebro de retorcer los motivos maliciosos de las historias de los demás es proporcionarle un problema diferente en el que centrarse. Como este: «¿Por qué diría esto una persona razonable, racional y respetable?» A continuación, dedíquese a intentar encontrar una respuesta a esta pregunta. Las herramientas que se indican a continuación le ayudarán a conseguirlo. Éstas contribuirán a que vuelva de manera activa sobre los pasos del camino a la acción de las demás personas hasta que se percate de que todo encaja de una manera que le resulte razonable, racional y respetable. Y, en la mayoría de los casos, acabará por comprender que, en esas circunstancias, el individuo en cuestión ha llegado a una conclusión relativamente razonable.

Sea paciente. Cuando otros permiten que sus sentimientos y opiniones hablen por ellos mediante el silencio o la violencia, es muy probable que ya comiencen a sentir los efectos de la adrenalina. Aun cuando hagamos lo posible por responder segura y eficazmente al ataque verbal de la otra persona, todavía tenemos que afrontar el hecho de que llevará algún tiempo antes de que se calme.

Imaginemos, por ejemplo, que un amigo le cuenta una historia desagradable y usted le escucha con respeto y sigue la conversación. Aunque ahora los dos comparten una opinión similar, parece que su amigo sigue presionando demasiado. Si bien es natural desplazarse de una idea a la siguiente, las emociones fuertes tardan un rato en apaciguarse. Las ideas son pura electricidad. Y las emociones añaden sustancias químicas. Una vez que se liberan las sustancias químicas que alimentan las emociones, aquellas permanecen durante un tiempo en el torrente sanguíneo y, en algunos casos, mucho después de que las ideas hayan cambiado. De modo que mientras las sustancias químicas alcanzan el nivel de la electricidad, sea paciente. Dé tiempo a las personas para que exploren sus caminos, y luego espere a que sus emociones se adecuen al clima de seguridad que usted ha creado.

Anime a los otros a volver sobre su camino

Ahora que ha empezado con una actitud de sincera curiosidad, ha llegado el momento de ponerse a trabajar. Su meta consiste en ayudar a los demás a volver sobre los pasos de su camino a la acción. Reconozca que nos unimos a la conversación al final de su camino a la acción. Ellos han visto y oído cosas, se han contado una o dos historias, han generado un sentimiento (posiblemente una mezcla de temor, dolor, rabia y decepción) y ahora comienzan a dejar que su historia hable por ellos. Ahí entramos nosotros. Ahora bien, aunque puede que podamos estar escuchando sus primeras palabras, nosotros estamos integrándonos en alguna parte cerca del final de su camino. En el modelo del camino a la acción, vemos la acción al final del camino, como muestra la figura 9.1.

Figura 9.1. El Camino a la acción

Cada frase tiene una historia. Imagine el supuesto en el que su serie de misterio preferida comenzó tarde debido a la prórroga de un partido de fútbol. Cuando termina el partido, la pantalla pasa de una sucesión de anuncios a la escena de un joven actor de pie junto a la víctima de un asesinato. En la parte inferior de la pantalla se lee un desagradable mensaje: «Reanudamos la programación habitual».

Su reacción es sacudir el mando a distancia desesperadamente. ¡Se acaba de perder el comienzo! Durante el resto de la película, no deja de pensar en las posibles claves. ¿Qué sucedió antes de que usted empezara a ver la serie?

Las conversaciones cruciales pueden ser igual de misteriosas y decepcionantes. Cuando otros se inclinan por el silencio o la violencia, de hecho nos integramos en su camino a la acción ya iniciado. Por consiguiente, nos hemos perdido los fundamentos de la historia y estamos confundidos. Si no permanecemos alerta, puede que adoptemos actitudes defensivas. Al fin y al cabo, no sólo nos integramos demasiado tarde, sino que, además, nos integramos cuando la otra persona comienza a tener una actitud ofensiva.

Rompa el ciclo. Y luego, ¿qué sucede? Cuando estamos del lado del destinatario de las acusaciones y los comentarios desagradables de otra persona, rara vez pensamos: «Dios mío, en este mismo momento están teniendo muchas emociones fuertes. Deben de haber contado una historia interesante. Me pregunto cuál sería y qué la ha provocado.» Al contrario, respondemos con la misma conducta malsana. Nuestros ancestrales mecanismos de defensa genéticamente configurados entran en acción, y creamos nuestro propio, precipitado y desagradable camino a la acción.

Las personas sensatas detienen este ciclo peligroso tomando distancias con la interacción y dándole seguridad a la otra persona para que hable de su camino a la acción. Así, animan a la otra persona a que tome distancia con sus sentimientos irritantes y reacciones instintivas, y busque las causas radicales. Básicamente, vuelven juntos sobre el camino a la acción de la otra persona. Respondiendo a su estímulo, la otra persona deja de lado sus emociones y repara en las conclusiones a las que ha llegado para, más tarde, centrarse en lo que ha observado.

Cuando ayudamos a otros a volver sobre los pasos de su camino hasta sus orígenes, no sólo permitimos dominar nuestra reacción, sino también volver al espacio donde los sentimientos pueden solucionarse: a su fuente, a los hechos y la historia que subyacen en la emoción.

Habilidades para preguntar

¿**Cuándo?** Hasta ahora hemos señalado que cuando otras personas tienen una historia que contar y hechos que compartir, es nuestra tarea animarlos a hacerlo. Nuestras pistas son sencillas: nuestro interlocutor se ha sumido en el silencio o en la violencia. Vemos que se siente molesto, temeroso o irritado. Entendemos que si no vamos a la fuente de sus sentimientos, acabaremos sufriendo las consecuencias de sus sentimientos. Estas reacciones externas son nuestros indicadores para hacer lo que sea necesario y ayudar a los otros a volver sobre su camino a la acción.

¿**Cómo?** Cualquiera que sea nuestra iniciativa para invitar a la otra persona a abrirse y compartir su camino, nuestra intención debe ser sincera. Y, aunque suene difícil, debemos ser sinceros ante la hostilidad, el temor o incluso la agresión, lo cual nos conduce a la siguiente pregunta.

¿**Qué?** ¿Qué necesitamos para que los demás compartan su camino? En una palabra, se requiere escuchar. Para animar a las personas a que pasen de actuar según sus sentimientos a hablar de sus conclusiones y observaciones, debemos escucharlos de una manera que les dé seguridad para compartir sus pensamientos más íntimos. Tienen que creer que cuando comparten sus pensamientos, no ofenderán a otros ni serán castigados por hablar con franqueza.

AVERIGUAR, MOSTRAR, PARAFRASEAR O POSTULAR (AMPP)

Para estimular a otros a compartir sus caminos, utilizaremos cuatro poderosas herramientas de escucha que pueden dar seguridad a las personas para que hablen francamente. Decimos que se trata de cuatro herramientas de escucha poderosas porque las recordamos con el acrónimo AMPP: *averiguar, mostrar, parafrasear* y *postular*. Estas herramientas funcionan tanto para las situaciones de silencio como de violencia.

Averiguar qué le pasa, preguntando

La manera más fácil y directa de estimular a otros a compartir su camino a la acción es sencillamente invitarlos a expresarse. Por ejemplo, a menudo lo único que se necesita para superar un punto muerto consiste en procurar entender las respectivas opiniones. Cuando demostramos un verdadero interés, las personas se sienten menos inclinadas a recurrir al silencio o la violencia. Estar dispuesto a dejar de llenar el conjunto compartido con sus significados e invitar a la otra persona a conversar sobre sus puntos de vista, puede ser de gran ayuda para conseguir alcanzar la fuente del problema.

Entre las invitaciones más habituales, destacaremos:

«*¿Qué pasa?*»

«*Realmente me gustaría conocer tu opinión sobre el tema.*»

«*Por favor, si lo ves de otra manera, dímelo.*»

«*No te preocupes por herir mis sentimientos. Realmente quiero saber qué piensas.*»

Mostrar lo que el otro transmite (como un espejo)

Si se pide a los demás que compartan sus caminos y no se consigue iniciar una conversación sincera, mostrar como un espejo puede contribuir a crear más seguridad. Al reflejar, tomamos la parte del camino a la acción de la otra persona a la que tenemos acceso y le damos seguridad para conversar de ello. Hasta ahora, lo único que tenemos son acciones y algunas ideas sobre las emociones de la otra persona, de modo que comenzamos por ahí.

Así las cosas, interpretamos el papel de espejo describiendo el aspecto o la manera de actuar de los demás. Aunque puede que no entendamos las historias o los hechos de otras personas, podemos ver sus actos y reflejarlos.

Mostrar como un espejo nunca es más útil que cuando el tono de voz o los gestos de la otra persona (señales que delatan las emociones que subyacen) no son coherentes con sus palabras. Por ejemplo: «No te preocupes. Estoy bien.» (Sin embargo, la persona en cuestión dice esto con una mirada que señala que, de hecho, está bastante enfadada. Frunce el ceño, mira a su alrededor y da golpes en el suelo con el pie.)

Nuestra respuesta: «¿Sí? Por como lo dices, no parece que lo estés.»

Le explicamos que mientras dice una cosa, su tono de voz o su actitud señalan otra. El actuar como un espejo aumenta la seguridad porque pone de manifiesto la sinceridad de nuestro interés y preocupación por los demás. ¡Estamos prestando atención! Tanto es así, que no solo estamos escuchando lo que están diciendo: estamos atentos a cómo lo están diciendo.

Pero cuidado con nuestras observaciones en el momento de reflejar: tenemos que controlar el tono de voz y la expresión oral. No es el hecho de que estemos reconociendo las emociones del otro lo que crea seguridad; creamos seguridad cuando nuestro tono de voz dice que nos sentimos cómodos, aunque ellos sientan lo que sienten. Si hacemos esto bien, quizá lleguen a la conclusión de que en lugar de dejar que sus emociones hablen por ellos, son capaces de hablar con nosotros con toda confianza.

De modo que, a medida que describimos lo que vemos, tenemos que hacerlo con calma. Si parecemos enfadados o adoptamos una actitud de desagrado ante lo que otros dicen, no creamos seguridad. Confirmamos sus sospechas de que deberían guardar silencio.

Entre los ejemplos de mostrar como un espejo se incluyen:

«Dices que te encuentras bien, pero por tu tono de voz, pareces enfadado.»

«Pareces molesto conmigo.»

«Se diría que estás nervioso porque tienes que enfrentarte a él. ¿Estás seguro de que te sientes dispuesto a hacerlo?»

Ironías de la vida, cuando reconocemos sinceramente que alguien está enfadado con nosotros, la persona en cuestión suele empezar a sentirse menos enojada. Cuando reconocemos el nerviosismo de alguien, éste siente menos necesidad de estar nervioso. El reflejo puede ayudar a los demás a empezar a hablar con sinceridad, en lugar de permitir que sus emociones hablen por ellos.

Parafrasear lo que usted entiende de lo que se está diciendo

Preguntar y reflejar pueden ayudarle a echar luz sobre una parte de la historia del otro. Cuando tiene una pista acerca de por qué la otra persona se siente de tal o cual manera, puede crear una seguridad adicional parafraseando lo que ha escuchado. Tenga cuidado de no limitarse a reproducir automáticamente lo dicho; en su lugar, dígalo con sus propias palabras, normalmente de manera abreviada. «Veamos si lo entiendo bien. Estás preocupado porque el anterior director del proyecto fue despedido. Y no estás seguro de si tú o los demás miembros del equipo del proyecto podríais estar también en peligro.»

La clave de la paráfrasis, como con el reflejo, consiste en guardar la calma y la compostura. Nuestro objetivo es crear seguridad, no reaccionar horrorizados ni sugerir que la conversación está a punto de dar un giro desagradable. Manténgase centrado en entender cómo una persona razonable, racional y respetable puede haber creado este camino a la acción. Esta tarea le ayudará a no irritarse ni a adoptar una actitud defensiva. Simplemente replantee lo que la persona ha dicho y hágalo de manera que señale que no hay problemas, que usted intenta entender y que su interlocutor se puede sentir seguro para hablar sinceramente.

No presione demasiado. Veamos dónde estamos situados. Podemos darnos cuenta de que otra persona tiene más que compartir de lo que realmente comparte. Vemos que se sume en el silencio o en la violencia y queremos saber por qué. Queremos volver a la fuente (los hechos y la historia), donde podemos solucionar el problema. Para estimular a la persona a compartir, hemos trabajado con tres instrumentos de escucha. Hemos averiguado, mostrado como un espejo y parafraseado. La persona sigue enfadada, pero no explica sus historias ni sus hechos.

Y ahora, ¿qué? En este punto, es recomendable tomar distancia. Al cabo de un rato, nuestros intentos de crear un entorno seguro para los demás pueden empezar a percibirse como una molestia o una impertinencia. Si presionamos demasiado, violamos a la vez el propósito y el respeto. Puede que los demás piensen que nuestro propósito consiste sólo en sonsacarles lo que queremos y lleguen a la conclusión de que no nos importan personalmente. Así que, en vez de eso, retrocedemos. En lugar de buscar la fuente de las emociones de nuestro interlocutor, optamos por una salida elegante o le preguntamos qué le gustaría que sucediera. Preguntarles a las personas lo que desean les ayuda a activar su pensamiento para acercarse a la solución de los problemas y alejarse de la reacción de atacar o evitar. Asimismo, contribuye a revelar lo que, en su opinión, es la causa del problema.

Postular / cebar (poner palabras en su boca si sigue mudo)

Por otro lado, hay momentos en que puede que llegue a la conclusión de que los otros quisieran abrirse, pero que siguen sin sentirse seguros. O quizás aún estén sumidos en la violencia y no hayan agotado la adrenalina, razón por la cual no explican por qué están enfadados. Cuando esto sucede, sería recomendable que intentara proporcionarles lo que necesitan para poder funcionar, es decir cebarlos. Recurra a esta técnica cuando crea que la otra persona aún tiene algo que compartir y podría hacerlo si lo cebas, es decir le proporcionas lo que necesita para explayarse.

El término para potenciar la escucha «cebar» proviene de la expresión «cebar una bomba de agua». Si alguna vez ha trabajado con una vieja bomba manual, entenderá la metáfora. A menudo es necesario llenar la bomba con un poco de agua para que comience a funcionar, tras lo cual ya no hay problemas. Cuando se trata de potenciar la escucha, a veces tiene que ofrecer algo que se acerque a lo que la otra persona piensa o siente antes de que pueda esperar que ella haga lo mismo. Hay que aportar significados al conjunto antes de que la otra persona responda de la misma manera.

Hace unos años, uno de los autores de este libro trabajaba con un equipo de ejecutivos que habían decidido añadir un turno de tarde a una de las secciones de la empresa. El equipamiento no estaba siendo plenamente utilizado, y la empresa no podía permitirse el lujo de mantener la sección abierta sin un turno de las tres de la tarde hasta la medianoche. Esto, desde luego, significaba que las personas que entonces trabajaban de día tendrían que rotar en sus turnos cada dos semanas para trabajar por las tardes. Era una opción difícil, pero necesaria.

Cuando los ejecutivos convocaron una reunión para anunciar la impopular medida, el personal guardó silencio. Era evidente que no estaba contento, pero nadie decía nada. El jefe de operaciones temía que el personal interpretara la iniciativa de la empresa sólo como una maniobra para ganar más dinero. En realidad, la sección estaba perdiendo dinero, y se había tomado la decisión pensando en los actuales empleados. Sin un segundo turno, se perderían todos los empleos. También sabían que pedirle al personal que cambiara de turno y no pudiera ver a los suyos durante la tarde y la noche causaría graves problemas.

Mientras el personal guardaba un silencio hosco, el ejecutivo hizo todo lo posible por hacerles hablar de modo que no se fueran con sentimientos no resueltos. Utilizó el reflejo: «Ya veo que estáis molestos... ¿Quién no lo estaría? ¿Hay algo que podamos hacer nosotros?» Silencio.

Finalmente, utilizó la técnica del postulado o cebado. Es decir, imaginó lo que pensarían, lo dijo de una manera que demostraba que no había problemas en hablar de ello y luego siguió. Entonces preguntó: «¿Acaso pensáis que la única razón por la que hacemos esto es para ganar dinero? ¿Que quizás no nos preocupan vuestras vidas personales?»

Después de una breve pausa, alguien contestó: «Bueno, la verdad es que eso es lo que parece. ¿Tenéis alguna idea de los problemas que esto va a causar?» En ese momento, otra persona intervino para dar su opinión y el debate despegó.

Ahora bien, éste es el tipo de estrategia que se utiliza sólo en caso de que lo demás no dé resultados. La intención es realmente escuchar a los demás, y se ha de tener una idea muy ajustada de lo que probablemente piensan. Cebar es un acto de buena fe, e implica correr riesgos, volverse vulnerable y crear seguridad con la esperanza de que otros compartan sus significados.

¿Y qué pasa si la otra persona está equivocada?

A veces parece peligroso sondear sinceramente las opiniones de alguien cuyo camino es francamente diferente del nuestro. Podría estar completamente equivocado, ser intolerante o mostrarse peligroso, y nosotros seguimos actuando con toda calma y compostura. ¡Tenemos ganas de organizar una cruzada, no de hacer preguntas!

Para que no nos sintamos unos traidores mientras sondeamos los caminos de los demás (sin importar lo diferentes o equivocados que parezcan), recuerde que intentamos entender su punto de vista, no necesariamente estar de acuerdo con él o apoyarlo. Entender no es lo mismo que estar de acuerdo. Delicadeza no es igual a consentimiento. Al tomar medidas para comprender el camino a la acción de otra persona, prometemos que aceptaremos su punto de vista. Estamos prometiendo escuchar.

Ya tendremos tiempo más tarde para compartir también nuestro camino. Por ahora, sólo intentamos entender lo que otros piensan para comprender por qué se sienten como se sienten y hacen lo que hacen.

CÓMO MOSTRARSE EN DESACUERDO SOBRE POLÍTICA DE MANERA RESPETUOSA

Tener una conversación crucial puede antojarse imposible con asuntos candentes como la política. El coautor de ese libro Joseph Grenny tiene algunos consejos sobre la manera de explorar los caminos de otras personas —incluso cuando se está en desacuerdo— para convertir una discusión airada en una conversación civilizada. Vea el vídeo *How to Respectfully Disagree About Politics* en crucialconversations.com

---

EL EQUIPO DE SANJ: SONDEANDO EL CAMINO DEL EQUIPO

Reunamos las diferentes habilidades en una sola interacción retomando la historia de Sanj y su equipo. Éste se ha reunido para una charla matinal. Andrea informa sobre una etapa fundamental.

> **Andrea:** *A pesar del trabajo que hicimos, todavía no hemos terminado la prueba de ciclo final. Tendrá que*

estar hecha la próxima semana. Sé que es más tarde de lo previsto, pero, para empezar, no creo que nadie haya pensado jamás que se trataba de un plazo realista.

Sanj: *Un momento. ¿Cómo dices? Tú suscribiste ese plazo. Estuviste de acuerdo con él. Si no creías que fuera realista, deberías haber dicho algo. Andrea, es cosa tuya y de tu equipo cumplir con lo que os comprometisteis.*

Andrea: *Nos comprometimos con tus plazos porque no había ninguna otra alternativa. ¡No porque fueran razonables!*

A Sanj le está empezando a hervir la sangre. Siempre ha tenido unos resultados fantásticos, y detesta incumplir los plazos. Si el equipo hubiera sido sincero con él desde el principio, podría haber flexibilizado el calendario y tal vez evitado esto. Echa un vistazo al grupo y ve el recelo reflejado en sus rostros. Es evidente que la conversación no va bien. Sanj está decepcionado e irritado; Andrea está a la defensiva y se muestra agresiva. Sanj se da cuenta de la encrucijada en la que se encuentra con el equipo en este momento. Lo que suceda a continuación bien puede determinar cómo trabajarán en lo sucesivo y en el éxito final del proyecto.

Así que hace una pausa y piensa: «¿Qué es lo que verdaderamente quiero aquí?» Fácil: quiere que el proyecto tenga éxito. Y regañar a Andrea no va a hacer que eso ocurra. Sanj sabe que necesita que el equipo le ayude. Los miembros del equipo ven las futuras minas terrestres que Sanj está omitiendo. Este necesita que hablen claramente de sus preocupaciones antes de que sea demasiado tarde.

Sanj (Contrasta para crear seguridad): *No quiero que nadie se sienta obligado a estar de acuerdo con un* *plazo que sabe que no es realista. Eso significa el desastre para todos. Quiero que todos sintáis que podéis ser francos y sinceros sobre los riesgos futuros sin que os preocupéis de que eso dañe vuestra imagen o la del equipo. No lo hará. Y no quiero ningún plazo con el que no podamos ganar todos.*

Tony: *Eso es fácil de decir para ti. Eres la estrella de la corporación, y tu empleo no está juego.*

Sanj: (Averigua.) *¿Podemos hablar de eso un minuto? A varios os he oído hacer comentarios acerca de que soy una persona que está de parte de la empresa. Tengo la sensación de que no confiáis en que esté de vuestro lado.*

(Silencio)

Andrea (aparentemente nerviosa): *Por supuesto que no. ¿Por qué no habríamos de confiar en ti? Quiero decir, tú quieres que este proyecto tenga éxito, ¿no es cierto?*

Sanj: (Muestra como un espejo): *Por la manera que dices eso y por lo callados que están todos los demás me pregunto si en efecto confiáis en mí. Según mi experiencia, los proyectos como este tienen éxito cuando todos los miembros del equipo saben que todo el mundo tiene el mismo objetivo. Sólo entonces nos sentiremos todos seguros siendo honestos y sinceros sobre nuestras preocupaciones.* (Averigua) *La verdad, realmente me gustaría saber si hay algo acerca de mí o de mi manera de dirigir que esté dificultando esto.*

(Más silencio)

Petr: *Me parece que estás haciendo un trabajo fantástico, Sanj. Nos alegramos que estés aquí.*

Andrea: *Estoy de acuerdo. No se trata de ti. Lo que pasa es que todos nos sentimos muy presionados en este momento. Ni siquiera quiero pensar en lo que le sucederá a nuestros empleos si el proyecto se viene abajo.*

Sanj: (Parafrasea) *Ah, da la sensación de que pensáis que vuestros empleos están en peligro. ¿Es así?*

Andrea: *¿Sí? Vaya, después de lo que le ocurrió a nuestro último director de proyectos, ¿no deberíamos pensarlo?*

Sanj (Postula). *Entiendo esa preocupación. Y sí, en última instancia, todos nuestros empleos están supeditados a nuestro rendimiento. Pero me pregunto si aquí está pasando algo más. Dejadme que lo intente con algo... He oído referirse a mí una media docena de veces como «Sanj de Singapur». La gente se ríe cuando lo dice, pero ahora me pregunto si existe de verdad la preocupación de que lo único que me importe sea ser ascendido a la sede de Singapur y no conseguir que este proyecto sea un verdadero éxito. ¿Os preocupa que, dado que la empresa me metió en este proyecto, esté aquí para evaluaros o algo así?*

(Los miembros del equipo se miran entre sí con nerviosismo.)

Andrea: *Bueno... este...*

Sanj: *Porque si eso es una preocupación, quiero abordar el asunto ahora mismo. Todos nos jugamos mucho con este proyecto y...*

A partir de aquí, la conversación aborda los problemas reales, el equipo habla de lo que realmente sucede y ambas partes se van sintiendo más seguras de que pueden hablar con claridad de los problemas.

¿Y SI ESTÁ EN DESACUERDO? RECUERDE SUS ABC

Digamos que hizo todo lo posible para dar seguridad a la otra persona para que hablara. Después de averiguar, mostrar como un espejo, parafrasear, y finalmente cebar, la otra persona se abrió y compartió su camino. Ahora le toca hablar a usted. ¿Y qué pasa si no está de acuerdo? La otra persona se equivoca en algunos hechos, y sus historias están completamente deformadas. Al menos son muy diferentes de la historia que usted ha contado. Y ahora, ¿qué?

Acordar

Cuando observa a las familias y a los grupos de trabajo participar en acalorados debates, es habitual constatar un fenómeno bastante intrigante. A pesar de que las diversas partes que en ese momento está observando discuten violentamente, en realidad se encuentran en un violento acuerdo. De hecho, están de acuerdo en todos los puntos importantes, pero siguen discutiendo. Han encontrado una manera de convertir las diferencias sutiles en una reñida discusión.

Por ejemplo, anoche James, su hijo adolescente, no respetó su hora de llegada. Usted y su cónyuge se han pasado la mañana discutiendo acerca de la infracción. La última vez que James llegó tarde, ustedes decidieron dejarlo sin salir, pero hoy están enfadados porque parece que su cónyuge ha sugerido que James podría asistir a un campamento deportivo esta semana. Resulta que era sólo un malentendido. Usted y su cónyuge están de acuerdo en la sanción, el tema central. Usted pensaba que su cónyuge se desdecía del acuerdo cuando, en realidad, no habían definido la fecha en que comenzaría la sanción. Tuvo que dar un paso atrás y escuchar lo que ambos decían para entender que realmente no estaban en desacuerdo, sino en violento acuerdo.

La mayoría de las discusiones se producen por riñas en torno a ese entre 5 y 10 por ciento de los hechos e historias sobre los que las personas discrepan. Y si bien es verdad que, a la larga, hay que superar las diferencias, no se debería empezar por ahí. Comience por un terreno de común acuerdo.

Si está completamente de acuerdo con el camino de la otra persona, dígalo y reanude el diálogo. Muestre su acuerdo cuando así suceda. No convierta un acuerdo en una discusión.

Construir

Desde luego, la razón por la cual la mayoría de nosotros convertimos los acuerdos en discusiones es porque no coincidimos con una cierta parte de lo que la otra persona dice. No importa que sea una parte menor. Si es un punto de desacuerdo, tenemos que arrojarnos sobre éste como si fuera la última ración de la tarta de chocolate en el bufé de los postres.

Hacemos esto porque se nos entrena para buscar los errores más pequeños desde una edad temprana. Por ejemplo, en el jardín de infancia aprendemos que si tienes la respuesta correcta, te conviertes en el favorito de la profe. Acertar es bueno. Ahora bien, si son los demás los que tienen la respuesta correcta, son ellos los que se convierten en el favorito. Así que ser el primero en tenerla es aún mejor. De esta manera aprendemos a buscar incluso los errores más insignificantes en los hechos, las ideas o la lógica de los demás; luego, señalamos sus errores. Tener razón a expensas de los demás es todavía mejor.

Al acabar la etapa escolar, ya somos casi especialistas en la práctica de detectar las pequeñas diferencias y convertirlas en un asunto de enorme importancia. De modo que cuando otra persona formula una sugerencia (basándose en hechos y en historias), buscamos un resquicio para manifestar nuestro desacuerdo. Y cuando encontramos una diferencia menor, hacemos una montaña de un grano de arena. En lugar de continuar con un diálogo sano, acabamos en un acuerdo violento.

Por otro lado, cuando observamos a las personas que son diestras en el diálogo, queda claro que no se entregan a este juego cotidiano del Trivial Pursuit, buscando pequeñas diferencias y luego proclamándolas en voz alta. En realidad, estas personas buscan los puntos de acuerdo. El resultado es que suelen comenzar con las palabras «Estoy de acuerdo». Después, hablan de la parte con la que están de acuerdo. Al menos, es ahí donde comienzan.

Y cuando la otra persona no hace más que *omitir un elemento* de su argumento, las personas que se manejan con habilidad mostrarán su acuerdo y luego construirán. En lugar de decir: «Te equivocas. Has olvidado mencionar...», dicen: «Tienes toda la razón. Además, he observado que...»

Si usted está de acuerdo con lo que se ha dicho, pero la información es incompleta, construya. Señale las áreas de coincidencia y luego agregue los elementos que han quedado fuera de la conversación.

Comparar

Finalmente, si no está de acuerdo, compare su camino con el de la otra persona. Es decir, en lugar de señalar que el otro se ha equivocado, indique que usted piensa diferente. Puede que, de hecho, la otra persona esté equivocada, pero usted no puede estar seguro hasta escuchar ambas versiones de la historia. Por ahora, sólo sabe que los dos piensan de manera distinta. Por lo tanto, en lugar de decir «¡Te equivocas!», empiece con un inicio prudente, pero sincero. Por ejemplo:

> «*Yo veo las cosas de manera diferente.*
> *Te diré cómo.*»

«He llegado al mismo punto desde una perspectiva distinta.»

«Mi flujo de información es diferente al tuyo.
¿Puede hablarte de ello?»

A continuación, comparta su camino utilizando las habilidades PRIME del capítulo 8. Es decir, comience por partir con sus observaciones. Hable de éstas de manera prudente e invite a otros a comprobar sus ideas. Cuando haya compartido su camino, invite a la otra persona a ayudarle a compararlo con su propia experiencia. Trabajen juntos para analizar y explicar las diferencias.

En resumen, para ayudarse a recordar estas habilidades, piense en su ABC. Manifieste su acuerdo cuando esté de acuerdo. Construya cuando otros omitan elementos clave. Compare cuando piense diferente. No convierta las diferencias en discusiones que conduzcan a relaciones malsanas y a malos resultados.

AL EXPLORAR ESTABLEZCA LAS EXPECTATIVAS POR ADELANTADO

Cuando explora el camino de otra persona, está tratando de generar seguridad para que las personas compartan sus significados. Pero el conjunto se amplía sólo cuando el significado de ellas y el suyo son escuchados. Su significado también tiene que estar en el conjunto compartido. Sin embargo, generará más seguridad para los demás ayudándolos a compartir su significado en primer lugar, antes de que usted se meta de lleno en el conjunto con todos sus significados. Empiece escuchando, y luego comparta.

Esto puede entrañar dificultades, sobre todo cuando nos preocupa que los demás quieran compartir sus significados, pero no quieran escuchar los nuestros. El tío Carl está feliz hablando por los codos de sus opiniones políticas en la mesa de la comida el Día de Acción de Gracias. Pero, en cuanto alguien expresa una opinión diferente, se pone a vociferar o se cierra en banda. ¿Cómo se asegura usted de tener también una oportunidad de ser escuchado?

No puede obligar a las personas a que le escuchen; porque el mero hecho de que las escuche, no significa que necesariamente ellas vayan a escucharle. Sin embargo, la mayoría de las personas se sentirán obligadas a actuar con reciprocidad. Si usted ha escuchado y explorado el camino de la otra persona sinceramente en primer lugar, la mayoría de las personas estarán dispuestas a escuchar a cambio. Esto también puede ayudar a establecer la expectativa por adelantado. Por ejemplo, cuando el tío Carl está a punto de lanzarse de lleno a su última invectiva, dedique un momento a establecer algunos límites para la conversación: hágale saber que está dispuesto a escuchar su punto de vista y pregúntele si está dispuesto a escuchar el suyo a cambio.

Por ejemplo: «Tío Carl, me doy cuenta de lo mucho que te involucras emocionalmente en esto, y de verdad que me gustaría explorar y entender tu punto de vista. Estoy bastante seguro de que es diferente del mío, y sería fantástico saber más sobre lo que piensas. Me comprometo a escuchar con una mentalidad abierta, pero me pregunto si, una vez que lo haya hecho, tú estarías dispuesto a escuchar mi punto de vista con mentalidad abierta. ¿Qué te parece?»

Si Carl dice que no, entonces puede largarse dejándolo con la palabra en la boca y sentirse bien por hacerlo. No hay nada que le exija escuchar sus monólogos. Pero lo más probable es que su tío se muestre de acuerdo con tan razonable demanda. Y en cuanto lo haga, y le llegue el turno a usted de expresar sus puntos de vista, no se sorprenda si él necesita que le hagan un amable recordatorio (¡o cinco) del compromiso que ha asumido de escuchar.

Mi conversación crucial: Daryl K.

Hace algunas semanas, un amigo por el que siento un gran respeto me habló de las conversaciones cruciales. El concepto de «conversaciones cruciales» despertó mi interés debido a los complicados problemas de gestión que tengo que solventar, los cuales conllevan conversaciones potencialmente intrincadas para la toma de importantes decisiones. Sea como fuere, la idea me intrigó lo suficiente para que fuera directamente a la librería y comprara el libro. En cuanto empecé a leerlo, ya no pude dejarlo. Lo leí como si fuera una novela, de un tirón durante una noche y la mañana siguiente, porque cada página parecía brindarme la ayuda necesaria para resolver la embarazosa situación en la que me encontraba.

Verán, me encontraba en la fase final de una trascendente negociación con un importante socio. El objetivo era la creación conjunta de una empresa derivada de capital riesgo para que siguiera desarrollando nuestra tecnología en Europa. En los dos últimos meses, cuando ya estábamos cerca de cerrar un acuerdo, las conversaciones empezaron a deteriorarse, con acaloradas llamadas telefónicas y desconfianza mutua por ambas partes. Yo estaba desorientado sobre la manera de dialogar satisfactoriamente con la gente del otro lado. Hace dos semanas, recibimos un pliego de condiciones, así que teníamos que llegar a un acuerdo o seguir caminos distintos. En este último caso, ambas partes sabíamos que la cosa acabaría mal. Así que, desesperado, la semana pasada me reuní con mis interlocutores en la negociación en el aeropuerto Kennedy, para tratar de superar el punto muerto en el que nos encontrábamos y llegar a un acuerdo.

A fin de prepararme para la reunión, volví a leer el libro y fue como si se me encendiera una luz. Acudí a las negociaciones con un nuevo planteamiento de la comunicación. Literalmente elaboré un guion con mis argumentos y me hice unas chuletas con el proceso de diálogo. Seguí el proceso básico del libro, y me funcionó a las mil maravillas. Hubo muchos momentos en los que el diálogo empezó a deteriorarse, pero en todas las ocasiones fui capaz de restablecerlo y avanzar en la discusión. Una de las grandes cosas que tuve que hacer fue contener mi impulso de pelearme por mis puntos de vista, y en su lugar restablecí la seguridad limitándome a analizar la perspectiva de la otra parte. Después de seis horas de reunión, salimos con el borrador de un acuerdo muy bueno para ambas partes.

El acuerdo se ha formalizado a lo largo de los dos últimos días. Negociar por teléfono los detalles de los documentos definitivos, con la presión de la premura de tiempo y desde dos continentes diferentes, ha sido todo un reto lleno de dificultades inesperadas. De hecho, ayer mismo, en el momento de máxima tensión, pareció que todo el acuerdo estaba a punto de desbaratarse. Tuve que tirarme al teléfono cuatro horas para restablecer el diálogo entre las partes, de manera que pudiéramos concretar los últimos flecos del contrato. Anoche nos quedaba por resolver sólo una palabra del documento de 17 páginas. Yo me mantuve en mis trece, y ellos intentaron intimidarme. Tuve que retroceder —una vez más—, analizar sus puntos de vista y restablecer la seguridad encontrando el propósito común. Encajamos la última pieza con suma facilidad en una llamada telefónica a las cinco de la madrugada en la que utilicé el proceso de comunicación para lograr un entendimiento mutuo entre las partes.

Realmente no creo que hubiéramos alcanzando el acuerdo si un buen amigo no me hubiera recomendado este planteamiento tan eficaz de la comunicación.

RESUMEN: EXPLORAR LOS CAMINOS DE OTRAS PERSONAS

Para estimular el libre flujo de significados y ayudar a otros a renunciar al silencio o la violencia, explore sus caminos a la acción. Comience con una actitud de curiosidad y paciencia. Esto ayuda a restablecer la seguridad.

Después, utilice cuatro potentes habilidades de escucha para volver sobre el camino a la acción de la otra persona hasta sus orígenes.

- **Averiguar.** Comience simplemente por expresar interés por las opiniones de la otra persona.
- **Mostrar** (como un espejo). Aumente la seguridad reconociendo respetuosamente las emociones que manifiestan las personas.
- **Parafrasear.** Cuando los demás comiencen a compartir parte de su historia, replantee lo que ha escuchado para demostrar no sólo que lo entiende, sino también para dar seguridad a los demás y así animarlos a compartir sus ideas.
- **Postular.** Si los demás siguen callados, cebe la bomba. Esfuércese en adivinar lo que piensan y sienten los demás.

Cuando empiece a responder, recuerde:

- **Acordar.** Acuerde cuando compartan criterios.
- **Construir.** Si otros dejan algo de lado, manifieste su acuerdo y luego construya.
- **Comparar.** Cuando piense de manera significativamente diferente, no señale que otros están equivocados. Compare las dos opiniones.

10

Nadie puede herirme sin mi permiso.

GANDHI

RECUPERAR
SU BOLÍGRAFO

*Cómo mostrarse fuerte al escuchar
comentarios difíciles*

En cierta ocasión, uno de los autores de este libro dedicó un interminable brindis nupcial a una feliz pareja. Cada vez que se refería a la novia, utilizaba por error el nombre de la ex esposa del novio. Y así siguió, lleno de confianza por su ingeniosa perorata, hasta que utilizó por cuarta vez el nombre equivocado. En ese momento, un invitado incapaz de seguir soportando tanta vergüenza, gritó: «¡Se llama Bonnie, no Becky!» ¡Glup!

Los comentarios críticos pueden antojarse duros de escuchar. Algunas de las conversaciones más cruciales de todas surgen cuando los demás nos dicen cosas desagradables sobre nosotros. Pero hay una diferencia entre recibir comentarios y ser «abofeteado verbalmente». La mayoría hemos sido «abofeteados de palabra» en algún momento de nuestra vida. En mitad de una reunión, en un inofensivo garbeo por el pasillo o en una evaluación de rendimiento, alguien suelta un golpe verbal que hace que nuestros cimientos psicológicos se tambaleen. Y para algunos de nosotros, la vida nunca vuelve a ser la misma.

Consideremos a Carmen, por ejemplo. Carmen trabajaba en un negocio familiar, y un día le pidió su opinión a su tío, uno de los fundadores. Este se quitó las gafas, la miró fijamente a los ojos y dijo: «Deberías parecerte más a tu hermana, Linda.» Carmen recuerda: «Me quedé boquiabierta. Linda es menudita, coqueta, melindrosa y zalamera con los hombres. Yo soy bastante alta, independiente, ingeniosa y sencilla y trabajo con los hombres de igual al igual.» Luego, añade: «Aunque esto sucedió hace décadas, sigo sin quitármelo de la cabeza.»

Estudiamos las historias de unos cuantos centenares de personas que habían sido abofeteados verbalmente en algún momento de sus vidas. La mayoría nos hablaron de cicatrices que siguen llevando hasta hoy desde aquellos encuentros pasajeros. Cuando lees lo que oyeron, resulta fácil llegar a la conclusión de que el daño era inevitable. Algunos fueron abofeteados en el trabajo con afirmaciones como:

- *«Eres una mala persona. Eres un ladrón. Eres escoria.»*
- *«A ver si dejas de comportarte como un felpudo con todo el que entra en tu despacho. Y por favor, considera el marcharte. Necesito, guerreros, no peleles.»*
- *«Eres perezoso y te crees con derecho a todo.»*
- *«Eres malvada y venenosa.»*
- *«Eres una especie de quejica.»*
- *«Eres un vago. Supongo que no tienes ambición ni motivación.»*

Otras personas se tambalearon después de un encuentro en casa:

- *«Estás tan desesperada por tener alguien a quien querer, que te conformas con tu novio.»*
- *«Para alguien que se supone que es un buen comunicador en el trabajo, puedes estar seguro de que no te comunicas bien conmigo.»*
- *«¿Quién te contrataría a ti?»*
- *«Solo quieres tener hijos para poder tener amigos.»*
- *«Eres un pedazo de @$#% que no vale nada y a quien no le importa nadie salvo tú mismo.»*

Nos sorprendió hasta qué punto muchos eran capaces de recordar palabra por palabra lo que se dijo, como si hubiera sido recamado en un muestrario de bordado mental. Los palos y las piedras pueden romper los huesos, pero estas pocas palabras hicieron añicos la autoestima, la esperanza y, en algunos casos, los planes de vida.

Entonces, ¿qué podemos hacer? ¿Acaso es inevitable que nuestro bienestar pueda ser demolido en cualquier momento si la persona adecuada dice lo que no debe?

LECCIONES DE CRÍTICAS POR PARTE DE LOS MALHECHORES

Hemos pasado gran parte de nuestra actividad profesional diciéndole al mundo que la mejor manera de ayudar a las personas a recibir y reaccionar a los comentarios negativos consiste en mejorar la manera en que damos el mensaje. En los capítulos anteriores de este libro, le hemos proporcionado las herramientas que puede utilizar para ayudar a que los otros se sientan seguros (crear un entorno seguro) mientras dice las cosas correctas (CPR), de la manera correcta (exponer mi camino con las habilidades PRIME) y por las razones adecuadas (comenzar con uno mismo). Y nos mantenemos firmes con esas ideas.

Pero hemos infravalorado en grado sumo cómo podría mejorarse la comunicación mejorando la capacidad de las personas para escuchar cosas duras, con independencia de la manera en que se transmitan esos mensajes. Esto es, hasta que conocimos a cien malhechores en el centro de Salt Lake City, Utah (Estados Unidos).

En la esquina de la 700 Este y la 100 Sur de Salt Lake City se levanta una mansión victoriana de ladrillo rojo de tres plantas construida en 1892. Cuando se terminó, presumía de ser la primera casa de la ciudad con fontanería interna. Pero hoy día, en su interior sucede algo bastante más innovador: ahora es el hogar de The Other Side Academy (TOSA). Sus moradores son 120 hombres y mujeres que han sido detenidos una media de 25 veces cada uno. En la mayoría de los casos, han sido unos habituales de la delincuencia, la drogadicción y la indigencia durante años o incluso decenios. Una mujer a la que llamaremos Gloria, por ejemplo, vivió debajo de un puente con su madre desde que tenía cinco años. Cuando ésta la inició en las drogas a los diez años, Gloria pensó que había encontrado un superpoder. Cuando presentó la solicitud para entrar en The Other Side Academy, se enfrentaba a una acusación por agredir brutalmente a su novio. Otro integrante llamado Jeffrey pasó seis años en las calles dejando que la gente le hiciera cosas indescriptibles para poder drogarse. Un hombre al que llamaremos Dominic tuvo un prometedor inicio como pandillero al apuñalar a un vagabundo. Los alumnos de TOSA tienen muchos problemas.

La mayoría de los alumnos permanecen de dos a cuatro años como alternativa a una nueva pena de cárcel. Durante ese tiempo, se esfuerzan por superar una vida de autodestrucción. En TOSA no hay profesionales: ni terapeutas, ni tutores, ni guardias; nadie, salvo una familia de iguales que tiene que encontrar la manera de ser autosuficiente. Nadie paga para ir a TOSA. TOSA no recibe ninguna tasa de matrícula, reembolso de seguros o financiación del estado. En vez de eso, los alumnos hacen funcionar unas empresas de primera categoría para generar ingresos que los ayuden a aprender nuevos hábitos de vida y a trabajar con los demás.

Cuando los alumnos llegan a TOSA, suelen comportarse de manera impulsiva, egoísta, amenazante, racista, perezosa, desconfiada y deshonesta. Las instituciones penitenciarias no son unas escuelas fantásticas para enseñar decoro profesional, y nadie es detenido por cantar demasiado alto en el coro de la iglesia. Si alguna vez se ha quejado usted de la gente problemática de su trabajo, imagínese cómo sería tratar de dirigir un negocio cuyo personal estuviera integrado totalmente ¡por alumnos de TOSA!

Y sin embargo, cada año desde que fuera fundada en 2015, las empresas de TOSA han sido las mejor valoradas dentro de sus categorías. La empresa de Mudanzas The Other Side es la empresa de mudanzas mejor valorada del estado. La figura 10.1 muestra la opinión de un cliente que es representativa de los cientos de valoraciones con cinco estrellas que recibe la empresa.

Construcciones The Other Side tiene una impecable reputación de honradez y calidad. Si leyera las críticas en internet sobre la Almoneda The Other Side, pensaría que la gente estaba describiendo una estancia en un hotel de Four Seasons. ¿Cómo puede ser? ¿Cómo es posible que unas personas profundamente dañadas lleguen a trabajar juntas de manera armoniosa para conseguir unos resultados que serían la envidia de las mejores empresas del planeta?

La respuesta: juegos.

Todos los martes y viernes de 7 a 9 de la noche, los alumnos se reúnen para lo que TOSA llama «Juegos». Los directivos de TOSA utilizan este término para recordar a los alumnos que, aunque igual que un partido deportivo, los Juegos de

TOSA pueden ser intensos y desafiantes, hay normas que los hacen seguros, no duran para siempre y puedes seguir adelante cuando terminen. En Juegos, la gente se sienta en grupos de 20 personas y se critican mutuamente a calzón quitado. La creencia fundamental es que la exposición permanente a la verdad es el mejor camino hacia la empatía, el crecimiento y la felicidad.

 Berkeley R.   10 agosto 2020

Cuando leí todas las asombrosas críticas de Mudanzas The Other Side, no entendí cómo demonios una empresa de mudanzas podía tener tantas críticas fantásticas. Bueno, pues la razón es que son ¡ESTUPENDOS!

Cobran por horas y son SUPERRÁPIDOS, suben y bajan las escaleras a toda velocidad. No sólo consigues un precio fantástico, sino que son unos tipos superrespetuosos, profesionales y concienzudos que se preocupan de tus cosas.

Mi capataz, Laef, dejó lo que estaba haciendo para enseñarme la más insignificante y minúscula abolladura en el marco de una puerta en la que yo jamás habría reparado ni en un millón de años, pero se sintió obligado a mostrármela porque ésa es la clase de esmero que ponen en su trabajo.

Diez millones de estrellas. ¡Si tenéis ocasión, contratadlos!

Figura 10.1. Crítica habitual de Mudanzas The Other Side

Los Juegos pueden ser ruidosos, y a veces el vocabulario es crudo. Un único alumno puede ser el centro de atención de una veintena de colegas durante 15 o 20 minutos sin descanso. Los iguales te presentan las pruebas de que has actuado de manera deshonesta, manipuladora, perezosa, egoísta o arrogante. Se pone poco énfasis en la transmisión diplomática del mensaje; en vez de eso, los colegas se centran en ayudar a los individuos a que aprendan a «asumir su juego». Asumir tu juego significa, en esencia, que aprendas a escuchar sin ponerte a la defensiva. Los veteranos te aconsejan que «te limites a escuchar. Luego, mételo todo en una bolsa y ponlo debajo de tu almohada esta noche. Allí puedes decidir qué es oro y qué es mierda».

Ahora, por favor, comprenda lo que decimos: no le estamos contando lo de los Juegos para excusarlo de su responsabilidad de transmitir los mensajes de manera respetuosa. Todo lo que ha aprendido en este libro exige lo contrario. La academia The Other Side tiene su propia lógica de por qué esta población única, en este emplazamiento único, podría beneficiarse de este planteamiento único. Pero esté o no usted de acuerdo con el razonamiento, hay una cosa llamativa que podemos aprender de lo que les ocurre a aquellos que aprenden no sólo a participar, sino a prosperar en esta clase de foro.

Como sería de esperar, los alumnos más nuevos no asumen muy bien sus juegos. Se retiran, niegan las acusaciones o atacan verbalmente a aquellos que les están diciendo las cosas que no quieren oír. Pero eso cambia con rapidez. Enseguida aprenden a permitir que los demás digan lo que quieran decir, independientemente de cómo quieran decirlo. Estos alumnos novatos descubren que ellos son la única fuente segura de su propia sensación de seguridad y valía. Y ese es un descubrimiento liberador: dejan de culpar al mundo por cómo se sienten y asumen la responsabilidad de su propia tranquilidad.

Metafóricamente hablando, aprenden a volver a coger su bolígrafo.

Considere a su bolígrafo como el poder de definir su valía. Cuando sostiene su bolígrafo, puede establecer las condiciones. ¿Es su valía algo innato? ¿Tiene que ver con su apariencia? ¿Depende de cuánto consiga, de cuántas personas lo admiren o de si determinada persona corresponde a su amor?

Usted nació con su bolígrafo firmemente sujeto en el puño. A los bebés nos les inquietan las opiniones ajenas, no tenemos necesidad de que nos tranquilicen por algo que parece incuestionable. A nosotros no nos importa que la abuela desee que nos parezcamos más a ella, que al tío le habría gustado más si hubiéramos tenido los ojos castaños o que nuestra hermana mayor quisiera que fuéramos niña. Pero eso cambia a medida que crecemos. Cuando nos vamos haciendo más consciente de las emociones y juicios de los que nos rodean, se cruza una línea. Ya no buscamos a los demás simplemente para pedir ayuda, información y compañía, las cosas para las que están cualificados para ofrecernos. Sin darnos cuenta de ello, les entregamos nuestro bolígrafo.

Quienquiera que sostenga su bolígrafo puede redactar las condiciones de su bienestar. Algunos días usted tendrá la plena posesión de su bolígrafo. A algunas personas les cae bien; a algunas, no; ciertas cosas van bien; otras, mal. Pero su seguridad personal no deriva de las opiniones que los demás tienen de usted; proviene de un sentido innato de su valía imperecedera. Sus existencias psicológicas no aumentan y disminuyen en función de si alguien le ríe un chiste. Usted tiene su bolígrafo.

Pero entonces, un día se produce un sutil cambio sin que se dé cuenta. Hace una presentación que es genial. La gente asiente cuando debería asentir; toman notas apresuradamente al oír todas sus ideas fundamentales; y al final, un colega con el que no ha hablado nunca, le dice que es la mejor presentación de un proyecto a la que ha asistido en su vida. Eso sienta bien, realmente bien. La junta directiva se reúne y aprueba su propuesta. Eso le sienta aún mejor. Entonces su jefe le lleva a un aparte y le dice: «Tengo grandes planes para ti. Hablemos mañana.» Usted baja la vista y ve que ahora su bolígrafo ha desaparecido. Sabe que está dando vueltas por ahí fuera, en alguna parte. ¿Pero a quién le importa? La vida parece ir bien.

Cuando ya no recurre a los demás sólo en busca de información, se produce un cambio. Empezamos a recurrir a ellos en busca de definición. Ya no disfrutamos sin más de la aprobación de los otros; la necesitamos. A partir de ese momento nos convertimos en unos seres fundamentalmente inseguros. Aquellos que están en posesión de nuestro bolígrafo, ahora controlan nuestro bienestar emocional. Por muy bueno que parezca el hoy, el mañana está ya preñado de peligros. Para parafrasear al pastor Cornelius Lindsey, si usted vive para recibir un cumplido, morirá por la crítica.

A veces entregamos nuestros bolígrafos de manera irreflexiva y no reparamos en el momento en que nuestro centro de gravedad se desplaza. Nos inclinamos demasiado hacia delante y pasamos de disfrutar del elogio a necesitarlo. A veces lo hacemos con la ingenua esperanza de que la evidencia externa nos cuide mejor de lo que nosotros mismos podemos. Y otras veces se trata sólo de un rápido arreglo. No estamos dispuestos a hacer el trabajo necesario para afianzarnos a nosotros mismos, y en su lugar preferimos apoyarnos en la aprobación. Entonces, una conversación crucial o dos nos recuerda que esta forma de vivir nos hace esencialmente inestables.

El cómo experimente usted los comentarios tiene más que ver con la ubicación de su bolígrafo que con el contenido del mensaje.

EL MISTERIO DE LAS CRÍTICAS

Después de observar a los alumnos de TOSA convertirse en maestros en soportar críticas, empezamos a comprender un misterio en nuestros propios datos. Para ayudarle a entender lo que nos desconcertaba, eche un vistazo a la siguiente lista de algunos de los «duros comentarios» recibidos por algunas personas. A continuación, y de acuerdo con sus suposiciones según lo informado por los sujetos, ordénelos de menos a más doloroso de escuchar.

- *«Eres malvado y venenoso.»*
- *«Empiezas las conversaciones por la mitad. No le preguntas a la gente si tiene tiempo; te limitas a entablar una conversación cuando te conviene.»*
- *«Eres una mala persona. Eres un ladrón. Eres basura.»*
- *«Cuando pierdes los nervios, puedes hacer que los otros se sientan menos respetados.»*
- *«Tienes que hacer una profunda introspección y encontrar y eliminar tus defectos.»*

Les hemos pedido a cientos de personas que realicen esta tarea. La clasificación más habitual es:

1. *«Empiezas las conversaciones por la mitad. No le preguntas a la gente si tiene tiempo; te limitas a entablar una conversación cuando te conviene.»*
2. *«Cuando pierdes los nervios, puedes hacer que los otros se sientan menos respetados.»*
3. *«Tienes que hacer una profunda introspección y encontrar y eliminar tus defectos.»*
4. *«Eres malvado y venenoso.»*
5. *«Eres una mala persona. Eres un ladrón. Eres basura.»*

Advierta que cuando realiza esta clasificación, está haciendo una suposición tácita. La clasificación se basa en la magnitud del mensaje. Damos por supuesto que unas críticas menores sobre unas conductas fáciles de cambiar serían muchos menos hirientes que unos juicios severos sobre profundos defectos de carácter. No tenemos duda de que ser llamado «basura malvada» dejaría profundas cicatrices, mientras que decirle a alguien: «Empiezas las conversaciones por la mitad» se parecería al corte hecho por una hoja de papel. Es esta creencia la que nos distrae del trabajo necesario para separar los juicios ajenos de nuestra valía.

He aquí la verdadera clasificación basada en los informes de nuestros sujetos sobre (a) lo hiriente del mensaje y (b) la duración del daño:

1. *«Empiezas las conversaciones por la mitad. No le preguntas a la gente si tiene tiempo; te limitas a entablar una conversación cuando te conviene.»*
1. *«Cuando pierdes los nervios, puedes hacer que los otros se sientan menos respetados.»*
1. *«Tienes que hacer una profunda introspección y encontrar y eliminar tus defectos.»*
1. *«Eres malvado y venenoso.»*
1. *«Eres una mala persona. Eres un ladrón. Eres basura.»*

Son todos subjetiva e igualmente hirientes. ¡Ni el contenido ni su transmisión predecían la magnitud del daño! A todas luces, había algo más en juego.

DE VUELTA A LA ACADEMIA THE OTHER SIDE

El tiempo que pasamos en TOSA nos ayudó a ver, una vez más, que cómo nos sentimos en relación con la crítica tiene que ver con quién sostenga el bolígrafo, y no con lo que se diga ni cómo se digan las cosas. El mismo hecho de que creamos que el contenido o el diseño del comentario determinan cómo nos sentiremos es problema nuestro.

Es un viernes por la noche. El Juego comienza con Marlin, un ex yonqui y ex presidiario de 55 años que parece un marinero curtido. Cuando está inmóvil, su expresión es malhumorada por defecto. Lleva tres años en TOSA, y cuando llegó era emocionalmente frágil; la más ligera crítica o insinuación de desaprobación desembocaba en una furiosa invectiva de Marlin. Fue objeto del juego de manera incansable por ser grosero, egocéntrico y estar a la defensiva. Pero eso fue entonces.

Ahora es el capataz de Construcciones The Other Side. Uno de los nuevos alumnos que trabaja a sus órdenes le somete al juego a pleno pulmón: «Eres un obseso del control, Marlin. Yo no soy idiota. Tengo experiencia en el mundo de la construcción y sé cómo hacer las cosas. Pero da igual si mi manera de trabajar es buena; ¡tiene que hacerse a tu manera! ¿Acaso te excita tenernos a todos sometidos a tu voluntad? ¿Por qué no puedes dejar que lo haga a mi manera alguna vez?»

Marlin lo asimila todo. Se sienta cómodamente, con los brazos y las piernas relajadas. Mira con calma al alumno más joven mientras éste expresa su queja locuazmente. Mientras el alumno prosigue, la expresión del rostro de Marlin se vuelve triste. Cuando su colega termina, Marlin baja la vista, toma aire y dice: «No me paré a pensar en cómo te sentaría esto. Tienes razón. Eso es lo que hago. Le pondré remedio.»

Hace tres años, Marlin temía a la verdad y ansiaba la aprobación; hoy ansía la verdad y teme a la aprobación. Ha aprendido a mantenerla a una distancia saludable, para tratarla como información, no como afirmación. ¿Y cómo se produjo eso?

LAS DOS PARTES DEL BOLÍGRAFO

Aprendió a recuperar su bolígrafo.

Trabajemos un poco sobre la idea del bolígrafo. Los comentarios sólo hieren cuando creemos que amenazan a una o a ambas de nuestras necesidades psicológicas más esenciales: la seguridad (seguridad física, social o material percibida) y la valía (un sentimiento de orgullo, amor propio o confianza en uno mismo).

Ampliemos la definición del bolígrafo como el poder para definir lo que tenemos que asegurar de ambas necesidades.

Primero, centrémonos en el problema de la seguridad. Muchos alumnos de TOSA crecieron en condiciones de inseguridad permanente, de resultas de lo cual viven en la creencia de que su seguridad está permanentemente en peligro y de que, lo que es más importante, son incapaces de garantizarla. Aunque nuestra educación tal vez haya sido distinta de la de ellos, muchos tuvimos experiencias al crecer que nos hacen desconfiar en determinadas circunstancias. En consecuencia, entablamos algunas conversaciones sintiendo una innecesaria dosis de recelo.

A medida que entramos en la edad adulta y adquirimos mayores recursos para cuidar de nosotros mismos, dejamos de actualizar nuestras suposiciones acerca de nuestra seguridad. Y tales suposiciones controlan nuestras vidas. Cuando nuestro jefe, nuestra pareja, nuestro vecino o un pasajero en el metro empiezan a criticarnos, reaccionamos emocionalmente de manera bastante desproporcionada al riesgo real. ¿Por qué? Porque hemos equiparado aprobación con seguridad y desaprobación con peligro. Y no hemos actualizado la ecuación mientras nuestra capacidad para asumir la responsabilidad por nuestra seguridad se ha incrementado.

Cuando nos hacemos adultos, el bolígrafo es nuestro; somos responsables y capaces de cuidar de nosotros mismos. Cierto es que hay ocasiones en que los comentarios sí que incluyen amenazas económicas («Te voy a despedir»), amenazas de relación («Te voy a dejar») y amenazas físicas («Te voy a pegar»). En tales casos, cierto nivel de miedo es la respuesta adecuada. Pero nuestro análisis de los 445 episodios relatados por las personas de nuestro estudio demostró que las amenazas inmediatas son una rara excepción. En la mayoría de los casos, es nuestra respuesta defensiva, beligerante o resentida a los comentarios la que nos pone en peligro, más que el comentario en sí. Y una de las razones de que nos volvamos tan defensivos es que subestimamos nuestra capacidad para protegernos. Uno no se enfurece cuando se siente seguro; se enfurece cuando está asustado.

Ahora hablemos de la valía. Empecemos con dos suposiciones:

- Que aprender la verdad es un bien absoluto. Cuanta más verdad sepas, mejor podrás guiarte en la vida.
- Que las críticas de los demás son pura verdad, pura mentira o una mezcla de las dos cosas. Por lo general, son una mezcla.

La reacción sensata a las críticas sería hacer lo que hacen los alumnos de TOSA: ponerlas en una bolsa, ordenar las que son verdad y desechar el resto. Pero no lo hacemos. Antes bien, ya sea verdad, falsa o una mezcla, reaccionamos a ésta de manera indiscriminada con dolor, vergüenza, miedo o furia. ¿Por qué? Porque vivimos con una corriente subterránea de preocupación de que no seamos valiosos. Es nuestro temor a que seamos incompetentes, desagradables o inútiles lo que hace tan amenazantes las opiniones de los demás. Cuando los demás sostienen nuestros bolígrafos, vivimos con un permanente e insistente miedo a su desaprobación. Sus críticas ya no son una denuncia de nuestra conducta; son una auditoria de nuestra valía.

Cuando entregamos nuestro bolígrafo, al mismo tiempo estamos abdicando de la responsabilidad de definir las condiciones de nuestra propia valía. Dejamos de generar sentimientos de valía y empezamos a buscarlos. Y esa búsqueda perpetúa nuestros sentimientos de inseguridad.

¿De verdad vivimos en un mundo tan frágil que una única pedrada verbal puede derrumbarlo? No, hasta que perdemos el control de nuestro bolígrafo.

SERI: LA CURA DE LAS CRÍTICAS

Los alumnos de TOSA se convierten en maestros en recibir las críticas. No es infrecuente oír a los alumnos veteranos quejarse de que «ha pasado demasiado tiempo desde que tuve un juego difícil. No quiero que los demás dejen de ayudarme a crecer». Cuatro herramientas los ayudan a avanzar desde el sentimiento definido por las críticas a beneficiarse de éste. Estas herramientas las redirigen hacia adentro en lugar de hacia fuera para garantizar su seguridad y valía.

Estas herramientas forman el acrónimo SERI:

1. **Serenarse.** Respire hondo y recuérdese poco a poco que está a salvo. Esto indica que no tiene que estar preparado para una defensa física. Ser consciente de sus sentimientos también ayuda. Haga todo lo que pueda para nombrarlos mientras los siente. Nombrarlos le ayuda a arrojar un poco de luz entre usted y las emociones. ¿Se siente herido, asustado, apenado, avergonzado? Si puede pensar en lo que está sintiendo, adquiere más poder sobre el sentimiento. Asimismo, puede ser de ayuda identificar, examinar y criticar las historias que le condujeron a sus sentimientos (véase capítulo 5). Algunos alumnos se serenan conectándose de manera consciente a verdades reconfortantes, por ejemplo, repitiendo una afirmación como: «Esto no puede herirme. Estoy a salvo» o «Si cometí un error, eso no significa que yo sea un error.» Marlin recuperó su bolígrafo y también escribió las condiciones de su

propia valía: «Tengo una valía infinita, intrínseca y eterna. Ni mi pasado ni las opiniones de los demás me definen. Mi valía tiene que ver con mi potencial y mis elecciones.» Conectar con esas ideas durante los Juegos le sujetan. Algunos que creen en un poder superior también encuentran útil la oración para conectarse con la seguridad de su valía.

2. **Entender.** Sea curioso: haga preguntas y pida ejemplos, y luego limítese a escuchar. Como aprendimos en el capítulo anterior, la curiosidad puede vacunarlo contra las actitudes defensivas. Centrarse en entender ayuda a interrumpir nuestra tendencia a la personalización. Es difícil que se mortifique a sí mismo cuando está ocupado en resolver un misterio. El mejor «misterio de la curiosidad» consiste en responder a la pregunta: «¿Por qué una persona razonable, racional y respetable diría lo que esa persona está diciendo?» Despéguese de lo que se está diciendo como si se estuviera diciendo de una tercera persona. Eso le ayudará a evitar la necesidad de evaluar lo que está oyendo. Simplemente actúe como un buen reportero que trata de entender la historia.

3. **Recuperarse.** En este punto a veces lo mejor es pedir un descanso. Los sentimientos de control traen los sentimientos de seguridad. Y cuando se ejercita el derecho a responder cuando se esté realmente preparado, se recupera la sensación de control. Explique que desea algún tiempo para reflexionar y que responderá cuando tenga la oportunidad de hacerlo. Al igual que los alumnos de TOSA, separe las tareas de recoger y clasificar. Póngalo todo en una bolsa y clasifíquelo más tarde. Concédase el permiso para sentir y recuperarse de la experiencia antes de realizar ninguna evaluación de lo que ha oído. En TOSA, a veces los

alumnos se limitan a decir: «Echaré un vistazo a eso.» No están de acuerdo; no están en desacuerdo. Simplemente prometen examinar con sinceridad lo que se les ha dicho siguiendo su propio programa. Lo introducen en el conjunto de significados y lo dejan en maceración hasta que tengan la plena posesión de sus bolígrafos. Usted puede poner fin a un episodio complejo diciendo sin más: «Para mí es importante que lo entiendas bien. Necesito algún tiempo. Volveré a hablar contigo para comunicarte a qué conclusiones he llegado.» Luego, utilice cualquier práctica que le funcione para reconectar con una sensación se seguridad y valía.

4. **Implicarse.** Analice lo que se le ha dicho. Si ha hecho un buen trabajo restableciendo los sentimientos de seguridad y valía, buscará la verdad en lugar de agujerear defensivamente los comentarios. Cribe la bolsa / conjunto de significados. Aunque el 95 por ciento sea basura y solo el 5 por ciento oro, busque el oro. Casi siempre hay al menos un ápice de verdad en lo que la gente le dice; rastree el mensaje hasta que lo encuentre. Entonces, si procede, vuelva a hablar con la persona que le hizo el comentario y reconozca lo que escuchó, lo que acepta y lo que se compromete a hacer. A veces, esto puede implicar compartir su opinión de las cosas. Si lo hace así sin ninguna necesidad encubierta de aprobación, no tendrá que estar a la defensiva ni mostrarse beligerante.

Hoy día, Marlin actúa con una confianza casi natural. Se ha reunido con sus padres y hermanos, con quien llevaba en guerra desde hace 30 años. A lo largo de 3 años ha participado en 300 Juegos. Esas son muchas críticas. Pero lo que Marlin consiguió aprender fue que su manera de reaccionar a los comentarios era más importante que los comentarios en sí. Consiguió ver los juegos que no llevó bien como un recordatorio de que tenía un trabajo interior que hacer. Mientras aprendía a ser el administrador de su propia seguridad y valía, cultivó una paz que lo ha cambiado todo.

Resulta que la tristeza que sentimos cuando somos «abofeteados verbalmente» es un síntoma de un problema mucho más profundo. Aquellos que reconocen y abordan este problema más profundo no solo consiguen ser mejores en estas conversaciones cruciales; también acaban mejor equipados para enfrentarse a todas las vicisitudes de la vida.

RESUMEN: RECUPERAR SU BOLÍGRAFO

Cuando se descubra reaccionando a un comentario difícil, recuérdese que en buena medida tiene el control de su reacción. «Recupere su bolígrafo» dando los pasos para asegurar su seguridad y afirmar su valía. Luego, utilice cuatro habilidades para dirigir la manera de abordar la información que los demás comparten:

1. **Serenarse.** Respire hondo, nombre sus emociones y preséntese con verdades reconfortantes que establezcan su seguridad y valía.
2. **Entender.** Sea curioso; haga preguntas y pida ejemplos, y luego sólo escuche. Distánciese de lo que se está diciendo como si se dijera de una tercera persona.
3. **Recuperarse.** Tómese un descanso si lo necesita para recuperarse emocionalmente y procesar lo que ha escuchado.
4. **Implicarse.** Analice lo que se le dice. Busque la verdad, en lugar de agujerear defensivamente las críticas. Si es

adecuado, vuelva a hablar con la persona que hizo los comentarios y reconozca lo que escuchó, lo que acepta y lo que se compromete a hacer. Si fuera necesario, dé su opinión sobre las cosas de una manera no beligerante.

TERCERA PARTE
CÓMO TERMINAR

Las habilidades para terminar una conversación crucial son engañosamente sencillas. La mayoría de las personas saben que deberían aplicarlas. Sólo que no lo hacen. Y pagan caro el omitirlas.

No cometa el error de pasarlas por alto porque parezcan tan evidentes; son un ejemplo excelente de que «el sentido común» no es una «práctica común». La aplicación congruente de estas habilidades le ayudará a evitar una enorme cantidad de limpieza evitable que, de manera indefectible, resulta de las expectativas frustradas y los recuerdos divergentes.

Las habilidades del capítulo 11, «Pasar a la acción» le garantizarán tener unas expectativas claras sobe cómo se tomarán las decisiones y quién hará qué al seguir su conversación crucial.

11

PASAR A LA ACCIÓN

Cómo convertir las conversaciones cruciales en acciones y resultados

Hasta ahora, hemos señalado que introducir más significados en el fondo contribuye al diálogo. Para estimular este libre flujo de significados, hemos compartido las habilidades que hemos aprendido observando a personas dotadas para el diálogo. A estas alturas, si usted ha seguido algunos o todos los consejos, lleva consigo unos conjuntos de significados plenos. Las personas que se le acerquen deberían poder percibirlo.

Ha llegado el momento de añadir dos habilidades finales. Tener más significados en el conjunto, incluso poseerlo de forma conjunta, no garantiza que todos estemos de acuerdo en lo que vamos a hacer con los significados. A menudo somos incapaces de convertir las ideas en acciones por dos razones:

- Tenemos ideas poco claras acerca de cómo se tomarán las decisiones.
- Llevamos a cabo una actuación muy deficiente a partir de las decisiones que adoptamos.

Esto puede ser peligroso. De hecho, cuando las personas dejan de añadir significados al conjunto para pasar a la acción, es un momento excelente para que surjan nuevos desafíos.

EL DIÁLOGO NO ES LA TOMA DE DECISIONES

Los dos momentos más delicados de las conversaciones cruciales suelen darse al comienzo y al final. El comienzo es peligroso porque tenemos que encontrar una manera de procurar seguridad o las cosas saldrán mal. El final es delicado porque si no tenemos cuidado de cómo clarificar las conclusiones y decisiones que fluyen de nuestro fondo de significados compartidos, es posible que más tarde veamos nuestras expectativas frustradas. Esto puede suceder de dos maneras.

¿Cómo se tomarán las decisiones? Para empezar, puede que las personas no entiendan cómo se tomarán las decisiones. Por ejemplo, Cara está disgustada: René acaba de reenviarle un correo electrónico de confirmación de un crucero de tres días; en el correo le dan las gracias por la reserva y el depósito de 500 dólares que ha hecho él para garantizar la mejora del alojamiento en una suite exterior.

Hace unas semanas tuvieron una conversación crucial acerca de los planes de vacaciones. Los dos manifestaron sus opiniones y preferencias con respeto y sinceridad. No fue fácil, pero acabaron llegando a la conclusión de que un crucero les parecía bien a los dos. Y, sin embargo, Cara está disgustada. René está perplejo: pensaba que Cara estaría eufórica.

Cara se mostró de acuerdo en principio con la idea de un crucero. Pero no estaba de acuerdo con este crucero en concreto. René pensó que cualquier opción estaría bien y tomó su propia decisión. Que te diviertas en el crucero, René.

¿Alguna vez decidiremos nosotros? El segundo problema con la toma de decisiones se produce cuando nadie se encarga de tomarlas. Las conversaciones cruciales son difíciles. Cuando llegamos con éxito al final de una, a menudo nos sentimos tan increíblemente aliviados por haberla superado que sin más acabamos rápidamente con una cordial expresión de agradecimiento: «Gracias. Estoy encantado de que hayamos podido tener esta conversación.» Y no vamos sintiéndonos mejor porque, oye, nadie ha llorado ni nadie se ha puesto a gritar. Anótate un punto en la columna de las victorias. Pero dado que no hemos aclarado lo que hemos entendido y consolidado las decisiones, las ideas se esfuman o se desdibujan, o las personas no saben qué hacer con éstas.

DECIDIR CÓMO DECIDIR

Podemos resolver estos dos problemas si, antes de tomar una decisión, las personas involucradas decidieran cómo decidir. No hay que dejar que las personas piensen que el diálogo es lo mismo que la toma de decisiones. El diálogo es un proceso para reunir todos los significados relevantes en un conjunto compartido. Ese proceso, desde luego, involucra a todos. Sin embargo, permitir —e incluso animar— a la gente a compartir sus significados no significa que quede garantizado que participarán en la toma de todas las decisiones. Para evitar expectativas frustradas, es necesario separar el diálogo de la toma de decisiones. Hay que aclarar cómo se tomarán las decisiones, quién participará y por qué.

Cuando la línea de autoridad está clara. Cuando usted ocupa una posición de autoridad, decide cuál es el método de toma de decisiones que empleará. Los administradores y los padres, por ejemplo, deciden cómo decidir. Es parte de su responsabilidad como líderes. Por ejemplo, los vicepresidentes no les piden a los empleados que decidan sobre los cambios en los precios o las líneas de producción. Ésa es la función del ejecutivo. Los padres no les piden a los niños que escojan la modalidad de seguridad de la casa ni que decidan sus horas de irse a la cama. Ésa es la función de los padres. Desde luego, tanto los padres como los administradores delegan más decisiones en sus hijos y subordinados cuando estos asumen la responsabilidad, pero sigue siendo la figura de autoridad quien decide qué métodos de toma de decisiones emplear. Decidir qué decisiones delegar y cuándo hacerlo forma parte de su gestión.

Cuando la línea de autoridad no está clara. Cuando no hay una línea de autoridad clara, decidir cómo decidir puede ser bastante difícil. Por ejemplo, imaginemos una conversación como la que hemos descrito anteriormente, una conversación con la maestra de su hija. La maestra sugirió que usted debería impedir el avance de su hija. Usted no está seguro. Pero ¿a quién corresponde esta decisión de todos modos? ¿Quién decide de quién es la elección? ¿Acaso todos tienen voz y, por lo tanto, voto? ¿Acaso compete a la dirección de la escuela, y entonces deciden ellos? Puesto que los padres tienen la responsabilidad última, ¿deberían consultar con los expertos adecuados y luego decidir? ¿Existe acaso una respuesta clara para esta difícil pregunta?

Un caso como éste es una ocasión propicia para el diálogo. Todos los participantes tienen que aportar sus significados al conjunto, incluyendo sus opiniones acerca de quién debería adoptar la decisión final. Eso es parte del significado que hay que abordar. Si no hablan abiertamente acerca de quién decide y por qué, y las opiniones son ampliamente divergentes, es probable que se acabe en una batalla acalorada que sólo se puede resolver ante los tribunales. Si no se manejan adecuadamente, los tribunales son precisamente el lugar donde este tipo de problemas acaban resolviéndose: *La familia Jones contra el distrito escolar de Happy Valley.*

Entonces, ¿qué debemos hacer? Hablar abiertamente de las aptitudes y los intereses de nuestro hijo además de cómo se debe tomar la decisión final. No hay que mencionar a los abogados ni las demandas judiciales en los primeros comentarios; eso sólo disminuye la seguridad y crea un clima adverso. El objetivo consiste en tener una conversación abierta, sincera y sana sobre un niño, no en ejercer su influencia, formular amenazas ni de alguna manera vencer a los educadores. Escuche las opiniones de los especialistas disponibles, y hable de cómo y por qué deberían participar. Cuando la autoridad responsable de la toma decisiones no está clara, utilice sus mejores habilidades de diálogo para aportar significados al conjunto. Decidan conjuntamente cómo decidir.

Los cuatro métodos para la toma de decisiones

Cuando tenga que decidir cómo decidir, conviene tener a su disposición una manera de hablar acerca de las opciones de toma de decisiones. Hay cuatro maneras habituales de tomar decisiones: por mando, por consulta, por votación y por consenso. Estas cuatro opciones representan grados crecientes de participación. Una mayor participación conlleva el beneficio de un mayor compromiso, pero también la maldición de una menor eficacia en la toma de decisiones. Entonces, ¿cómo decide usted quién decide? Las personas inteligentes eligen entre estos cuatro métodos de toma de decisiones el que mejor se adecua a sus circunstancias particulares.

El mando

Empecemos con las decisiones que se toman sin ningún tipo de participación. Esto sucede de una de estas tres maneras: o tomamos decisiones autónomas dentro de nuestra área de responsabilidad, o fuerzas externas nos imponen unas exigencias (exigencias que nos dejan sin posibilidad de maniobrar), o delegamos la toma de decisiones en otros y luego seguimos su dictado. En realidad, en la vida la mayoría de las decisiones son decisiones de mando. Nosotros o los demás escribimos el correo electrónico, aprobamos la orden de compra o diseñamos la presentación. El mundo se pararía en seco si involucrar a los demás se convirtiera en norma antes que en excepción.

Cuando usted es el jefe, toma un montón de decisiones de mando por pura eficiencia. Y así es como debería ser. Para ser un líder eficaz es fundamental saber qué decisiones vale la pena demorar, a fin de permitir cierto nivel de implicación en la toma de decisiones mediante consulta, votación o consenso.

En el caso de las fuerzas externas, los consumidores fijan los precios, las instituciones legislan sobre las normas de seguridad y otros organismos estatales simplemente nos imponen exigencias. Aunque a los empleados les agrade pensar que sus jefes no hacen más que estar sentados y tomar decisiones, normalmente se limitan a transmitir las exigencias que imponen las circunstancias. Se trata de decisiones de mando. Y con las decisiones de mando externas, no nos corresponde a nosotros decidir qué hacer. Nuestra tarea consiste en definir cómo llevarlo a la práctica.

En el caso de la delegación de las decisiones en otras personas, decidimos que o bien se trata de un tema donde los factores en juego no son importantes y no nos preocupan lo suficiente para participar en la cuestión, o bien confiamos absolutamente en la capacidad de la persona delegada para adoptar la decisión correcta. Una mayor participación no aporta nada. En grupos muy unidos y con una buena relación, se toman muchas decisiones delegando la toma de éstas en alguien en quien confiamos que adoptará una buena decisión.

No queremos dedicar el tiempo nosotros mismos y delegamos de buena gana la decisión en otros.

La consulta

La consulta es un proceso por el que los responsables de la toma de decisiones invitan a otros a influir en ellos antes de que adopten su decisión. Podemos consultar con especialistas, con una población representativa o con cualquiera que desee dar su opinión. La consulta puede ser una manera muy eficaz de ganar ideas y apoyo sin estancar el proceso de toma de decisiones. Al menos no demasiado. Los dirigentes, los padres o incluso las parejas inteligentes suelen tomar las decisiones de esta manera. Contrastan sus ideas, evalúan las opciones, toman una decisión y luego informan al colectivo más amplio.

La votación

La votación es el mejor instrumento para aquellas situaciones en que la eficacia tiene un valor primordial y tenemos que elegir entre diversas buenas opciones. Los miembros del equipo entienden que puede que no consigan su opción, pero en realidad no quieren malgastar el tiempo hablando del tema interminablemente. Quizás expongan las opciones durante un rato y luego pidan una votación. Ante varias opciones razonables, votar ahorra mucho tiempo, pero nunca debería ser utilizado cuando los miembros del equipo no se comprometen a apoyar la decisión que se tome, sea cual sea. En ese caso, se requiere un consenso.

El consenso

Este método puede ser una gran bendición así como una maldición fastidiosa. El consenso significa que negociamos hasta que todos acuerdan sin reservas una decisión. Este método puede producir una gran unidad y decisiones de gran calidad. Si no se aplica bien, también puede ser una horrible pérdida de tiempo. Sólo se debería recurrir a éste cuando (1) se trate de temas complejos y haya importantes factores en juego o (2) se trate de temas en los que sea imprescindible que todos apoyen la decisión final.

Cuatro preguntas importantes

Cuando tengamos que escoger entre los cuatro métodos de toma de decisiones, es necesario considerar las siguientes preguntas.

1. **¿A quién le importa?** Defina quién quiere realmente participar en la decisión y quiénes se verán afectados. Estos son sus postulantes a la participación. No comprometa a personas que se muestren indiferentes.

2. **¿Quién sabe?** Identifique a aquellos que tienen los conocimientos que necesita para tomar la mejor decisión. Estimule la participación de estas personas. Intente no comprometer a personas que no contribuyan con nueva información.

3. **¿Quién debe estar de acuerdo?** Piense en aquellos cuya colaboración quizás necesite como figuras de autoridad o personas influyentes en cualquier decisión que tome. Es preferible comprometer a estas personas que sorprenderlas y luego sufrir su abierta resistencia.

4. **¿A cuántas personas vale la pena comprometer?** Su objetivo debería ser comprometer al menor número de personas sin dejar de pensar en la calidad de la decisión ni en el apoyo que las personas le prestarán. Pregúntese: «¿Somos lo bastante numerosos para tomar una buena decisión? ¿Habría que contar con otros para ganarse su compromiso?»

Dígalo en voz alta

Una vez que haya considerado sus opciones y decidido cómo decidirá, asegúrese de añadir este significado esencial al conjunto. Esto puede parecer obvio, pero nos maravilla la frecuencia con que se pasa por alto. Por ejemplo, usted tiene que tomar una importante decisión sobre las características fundamentales de un nuevo producto. Así las cosas, quiere reunir muchos significados de diversos expertos, así que les envía una invitación para reunirse y «discutir las características del nuevo producto». El debate es dinámico, y usted pone fin a la reunión con un consenso bastante claro entre los expertos reunidos. Acto seguido, examina algunos estudios de mercado, recibe la opinión del equipo financiero y realiza alguna prueba limitada con los clientes. Tras asimilar toda esta información, toma una decisión. Su decisión.

Ésta es la clásica decisión de consulta, y a usted le parece fantástica. Justo hasta que envía el correo electrónico al grupo inicial resumiendo las características del producto sobre las que ha decidido. Al cabo de unos minutos, su bandeja de entrada rebosa de respuestas de insatisfacción. ¿Cuál es la clave de esto? «¿Por qué te tomaste la molestia de involucrarnos si de todas maneras ibas a hacer lo que querías?»

¿Qué sucedió aquí? Bueno, usted entró a la reunión inicial sabiendo que ésta iba a ser una decisión de consulta. Los miembros del grupo se unieron, oyeron que les pedía su opinión y dieron por sentado que ésta sería una decisión consensuada. Ésta es una confusión bastante comprensible y francamente habitual, en especial cuando se trata de decisiones de consulta frente a decisiones de consenso. También es fácil de evitar: una vez que haya decidido cómo decidirá, asegúrese de que todo el mundo lo sepa.

Puede ser tan simple como decir: «Vuestra contribución es esencial para este asunto. Y por favor, tened presente que se trata de una decisión de consulta. Tendré en cuenta vuestras opiniones junto con las de otros y tomaré la decisión.»

O: «Me gustaría que esto fuera una decisión consensuada. Pero tenemos que tomar la decisión hoy, y sólo disponemos de una hora para esta reunión. Si podemos llegar a un consenso en ese tiempo, fantástico; si no, consideraré vuestras opiniones y tomaré la decisión final.»

¿Y qué hay de usted? He aquí un fantástico ejercicio destinado a equipos o parejas, especialmente aquellos que se sienten frustrados sobre la toma de decisiones. Elabore una lista de algunas decisiones importantes tomadas en equipo o en el marco de la relación. A continuación, aborde el tema de cómo se toman las decisiones actualmente y cómo se debería tomar cada una, utilizando las cuatro preguntas importantes. Después de hablar de cada decisión, defina cómo las adoptará en el futuro. Una conversación crucial acerca de las prácticas de toma de decisiones puede resolver muchos problemas desalentadores.

ADJUDICAR TAREAS – CONVERTIR LAS DECISIONES EN ACCIÓN

¿Es necesario que todas las conversaciones cruciales acaben con una decisión? No necesariamente. Si nuestro objetivo en una conversación es acercarnos a lo que queremos y mejorar nuestros resultados, entonces sí, las más de las veces tendremos que acabar con una decisión: ¿Qué va a cambiar gracias a esta conversación? Pero en ocasiones llenamos el conjunto con tantos nuevos significados, que puede que no estemos preparados para pasar a una decisión al final de la conversación. Y no pasa nada. Pero, aunque una conversación no tenga necesariamente que terminar con una decisión, debería acabar siempre con un compromiso. Puede ser un compromiso para cambiar o hacer algo, o puede tratarse de un compromiso sencillo, pero sincero, de reflexionar sobre los nuevos significados que se han compartido.

Cuando concluya sus conversaciones con compromisos, asegúrese de tener presente los siguientes cuatro elementos (a veces abreviados con el acrónimo QQCS):

- ¿Quién?
- ¿Hace qué?
- ¿Para cuándo?
- ¿Cómo realizar el seguimiento?

¿Quién?

Como dice un proverbio inglés: «Los asuntos de todos no son asunto de nadie». Si no se asigna una determinada tarea a una persona en concreto, existen muchas posibilidades de que el trabajo que se ha invertido en tomar una decisión no rinda ningún fruto.

Cuando hay que asignar tareas, recuerde, no hay un «nosotros». Cuando se trata de asignar tareas, «nosotros» significa de hecho «yo no». Ése es el código. Incluso cuando los individuos no intentan sacarse de encima una tarea, el término «nosotros» puede hacerles creer que son otros los responsables.

Asigne un nombre a cada responsabilidad. Esto se aplica especialmente en casa. Si pretende repartir las tareas domésticas, asegúrese de que hay una persona concreta para cada labor. Es decir, si nombra a dos o tres personas para asumir una tarea, nombre a una de ellas responsable. De lo contrario, más tarde se perderá cualquier sentido de la responsabilidad en un mar de acusaciones mutuas.

¿Hace qué?

Asegúrese de explicar con todo lujo de detalles los resultados exactos que tiene en mente. Cuanto más nebulosas sean las expectativas, mayor será la probabilidad de decepción. Por ejemplo, en cierta ocasión el excéntrico empresario Howard Hughes encargó a un equipo de ingenieros el diseño y la construcción del primer coche del mundo propulsado por vapor. Al compartir con ellos su sueño de un vehículo que funcionase con este método, prácticamente no les dio ninguna directriz.

Después de varios años de intenso trabajo, los ingenieros consiguieron producir el primer prototipo instalando docenas de tuberías en la carrocería del coche, con lo cual solucionaban el problema de dónde almacenar el agua necesaria para propulsar un coche a vapor. El vehículo era, básicamente, un gigantesco radiador.

Cuando Hughes preguntó a los ingenieros qué sucedería si el coche se estrellaba, ellos explicaron, nerviosos, que los pasajeros perecerían hervidos, a la manera de las langostas en una olla. Hughes estaba tan furioso con la solución de su equipo que ordenó cortar todo el coche en trozos no mayores de siete centímetros. Aquello fue el fin del proyecto.

Aprendamos de Hughes. Cuando nos ponemos de acuerdo en una tarea, definamos con claridad los detalles exactos de lo que deseamos. Por ejemplo: «Quiero un coche a vapor *que como poco sea tan seguro, rentable y rico en prestaciones como un coche de gasolina.*» Las parejas tienen problemas en este plano cuando una de las partes no quiere tomarse el tiempo para pensar atentamente en los «resultados esperados» y más tarde se enfada porque sus deseos no expresados no han sido satisfechos. ¿Alguna vez ha redecorado una habitación con su pareja? Entonces ya sabe de qué hablamos. Es preferible dedicar el tiempo a aclarar exactamente lo que queremos en lugar de despilfarrar recursos y herir sentimientos ajenos.

Para definir con claridad los resultados esperados, utilice el contraste. Si en el pasado ha visto a personas que no entienden bien una tarea, comente el error habitual como ejemplo de lo que no quiere. Si es posible, señale ejemplos físicos. En lugar de hablar en abstracto, traiga un prototipo o una muestra. Nosotros aprendimos este truco en concreto cuando contratamos a un decorador. El famoso decorador habló de los resultados utilizando imprecisos lugares comunes, y nos pareció estupendo. «Les haré un espacio abierto de oficinas que pueda adquirir fácilmente un aspecto fabril», canturreó, mientras gesticulaba sugerentemente con las manos. Decenas de miles de dólares más tarde nos entregó algo que parecía más característico de *Star Trek* que de Silicon Valley. Tuvimos que empezar nuevamente de cero. A partir de ese día, hemos aprendido a enseñar fotos y a hablar de lo que queremos y no queremos: «No utilice mobiliario, colores, objetos decorativos o materiales que pudieran resultar extraños a los empleados de las empresas de Fortune 500» y «Haga que se parezca a la media docena de estilos de estas fotos.» Cuanto más clara sea la imagen de lo que espera, menos probabilidades tendrá de encontrarse con sorpresas desagradables.

¿Para cuándo?

Es asombrosa la frecuencia con la que las personas omiten este elemento en una tarea. En lugar de dar un plazo, sencillamente señalan hacia el sol poniente de «algún día». Con plazos vagos o no especificados, surgen otras urgencias y la tarea acaba siendo relegada al fondo del montón, donde pronto será olvidada. Las tareas sin plazos son mucho más propicias para engendrar culpas que para estimular la acción. Los objetivos sin plazos no son objetivos, sino unas meras instrucciones.

¿Cómo realizar el seguimiento?

Siempre póngase de acuerdo en la frecuencia y el método con que realizará el seguimiento de la tarea. Podría ser un sencillo correo electrónico que confirme que el proyecto ha llegado a su fin; podría ser un informe en toda línea en una reunión de equipo o de familia. La mayoría de las veces se limita a verificar el progreso a lo largo del tiempo.

De hecho es bastante fácil construir un método de seguimiento de la tarea. Por ejemplo: «Llámame a mi móvil cuando acabes los deberes. Entonces podrás ir a jugar con los amigos, ¿de acuerdo?»

O quizás prefiera un método más concreto: «Avísame cuando termines tu investigación en la biblioteca. Entonces nos sentaremos y analizaremos los pasos siguientes». Este método, desde luego, debe estar sujeto a una fecha. «Avísame en cuanto termines la parte de investigación de este proyecto. Tienes hasta la última semana de noviembre, pero si terminas antes, llámame.»

Recuerde que, si quiere que las personas se sientan responsables, debe darles una oportunidad para ello. Construya una expectativa para el seguimiento en la asignación de todas las tareas.

QQCS para cuando sea personal

Acabar una conversación decidiendo quién hará qué, para cuándo y cómo se hará el seguimiento parece bastante claro en un ambiente de grupo o en nuestras vidas profesionales. Muchas organizaciones han definido estructuras de reuniones pensadas de manera específica para capturar elementos de acción y registrar decisiones. Pero por lo que respecta a muchos de ustedes, lectores de este libro, suponemos que ya han estado pensando en (y hasta puede que se hayan enfrentado a ella) una conversación crucial privada o personal. Tal vez sea con un jefe, un colega o un ser querido. Son tan importantes que acaba esas conversaciones con un plan para determinar quién hará qué, para cuándo y cómo hará el seguimiento. De lo contrario, hay bastantes probabilidades de que tenga la misma conversación una y otra vez. ¿Pero cómo lo puede hacer sin parecer ridículamente burocrático?

Estos son tres consejos para pasar a la acción al final de una conversación crucial personal:

Primero, resuma en aras del entendimiento mutuo. Siempre es una buena idea recapitular la conversación para asegurarse de que las dos personas están en la misma onda. A tal fin, puede ser útil explicar por qué está resumiendo. Por ejemplo: «Fantástico. Ésta ha sido una conversación realmente útil, y da la sensación de que estamos satisfechos de verdad. Quiero recapitular lo que hemos tratado sólo para estar seguro de que lo he entendido bien.»

Segundo, asegúrese de haber identificado una acción. ¿Qué es lo que va a cambiar gracias a esta conversación? De nuevo, puede ser útil explicar la razón que hay detrás de esto: «Estoy muy contento de que hayamos tenido esta conversación. Me parece que vamos en la buena dirección. Y quiero asegurarme de ser claro sobre lo que ambos tenemos que hacer de manera diferente de ahora en adelante. Desde el punto de vista de mis compromisos, yo...»

Por último, usted tiene que trazar un plan para realizar el seguimiento. Nadie es perfecto, y siempre hay una probabilidad razonablemente alta de que alguien, puede que usted, no realice a la perfección un seguimiento de los compromisos que ha adquirido. No pasa nada; así es el ser humano, después de todo. Pero usted ha de tener establecido un plan para realizar el seguimiento, de manera que pueda detectar los fallos pronto y corregirlos lo antes posible.

Hacer el seguimiento con un subordinado directo o su hijo es una cosa, pero ¿pero cómo hace el seguimiento con su jefe, un

312 • CONVERSACIONES CRUCIALES

alto directivo o un colega veterano? Puede ser de ayuda pensar en esto más como un plan a registrar que como un plan a verificar. Por ejemplo: «Esto me parece fantástico. Gracias por dedicar tiempo a investigarlo a fondo. Volveré la semana que viene para realizar una rápida comprobación, sólo para que nos aseguremos de que, después de haberle dedicado tiempo a sentarnos con esto, todo está encaminado y nos sigue pareciendo bien a los dos.»

DOCUMENTE SU TRABAJO

Una vez más, nos viene a la cabeza un proverbio: «Más vale un lápiz corto que una memoria extensa». No deje el trabajo difícil para su memoria. Si ha hecho el esfuerzo de acabar esa conversación crucial, no desperdicie todos los significados que ha creado fiándose de su memoria. Anote los detalles de las conclusiones, las decisiones y las tareas. Recuerde registrar quién hace qué. Revise sus notas en momentos clave (normalmente, en la reunión siguiente) y revise las tareas asignadas.

Cuando revise aquello que supuestamente está acabado, exija responsabilidad a las personas. Cuando alguien no entrega algo en la fecha indicada, es el momento de hablar. Aborde el tema utilizando las habilidades PRIME que describimos en el capítulo 8. Hacer que las personas se sientan responsables no sólo aumenta su motivación y la aptitud para cumplir según lo pactado, sino que también crea una cultura de integridad.

RESUMEN: PASAR A LA ACCIÓN

Convierta sus conversaciones cruciales logradas en grandes decisiones y en una acción conjunta, evitando las dos trampas, a saber: las expectativas frustradas y la falta de acción.

Decidir cómo decidir

- *Por mando*. Las decisiones se toman sin comprometer a otros.
- *Por consulta*. Se recoge la información del grupo y luego decide un grupo más reducido.
- *Por votación*. Un porcentaje ya pactado de votantes adopta la decisión.
- *Por consenso*. Todos alcanzan un acuerdo y luego apoyan la decisión final.

Acabar con claridad

- Decidir quién hace qué y para cuándo.
- Exponer las metas con toda claridad.
- Establecer un programa de seguimiento.
- Guardar un registro de los compromisos y luego realizar el seguimiento.
- Finalmente, hacer responsables a las personas de sus promesas.

12

SÍ, PERO

Consejos para casos difíciles

Cuando nos reunimos con formadores en conversaciones cruciales de todo el mundo, nos informan de que al final de una clase siempre hay alguien que de manera inevitable levanta la mano y dice algo del jaez de: «Sí, pero...» Por ejemplo: «Sí, ¡pero mi jefe jamás respondería de esa manera!» o «Sí, ¡pero mi hijo adolescente podría ignorar un tsunami!» Otro comentario habitual es: «Sí, ¿pero qué pasa si no llevo mi manual de entrenamiento conmigo cuando surge el momento crucial?» Resumiendo, a la gente se le pueden ocurrir una docena de razones de por qué las habilidades de las que hemos estado hablando no son aplicables a los retos a los que se enfrentan.

A decir verdad, las habilidades de diálogo que hemos explicado son aplicables a casi cualquier problema que pueda imaginar. No obstante, puesto que algunas situaciones son más difíciles que otras, hemos seleccionado unos pocos casos difíciles con los que ilustrar la solidez de lo que ya sabe. Dedicaremos un momento para compartir una o dos ideas a propósito de cada uno.

ACOSO SEXUAL O DE OTRA NATURALEZA

 «Sí, pero... y si alguien no me está acosando abiertamente ni nada por el estilo, pero no me gusta cómo me trata. ¿Cómo puedo hablar de ello sin crearme enemigos?»

El punto peligroso

Alguien hace comentarios o gestos que usted encuentra ofensivos. La persona lo hace con la suficiente frecuencia y es lo bastante sutil como para que usted no sepa con certeza si el Departamento de Recursos Humanos o su jefe le pueden ayudar. ¿Qué puede hacer?

En estas situaciones, es fácil pensar que el que comete la falta tiene todo el poder. Parece como si las reglas de la sociedad bien educada permitieran a otros tener una conducta inadecuada, y si alguien hablara del tema a los demás parecería que está reaccionando exageradamente.

Normalmente, la gran mayoría de estos problemas se acaban si se habla de estos en privado, con respeto y firmeza. El desafío más grande será la parte relativa al respeto. Si usted tolera esta conducta demasiado tiempo, tendrá tendencia a contar una historia de malvados cada vez más rotunda acerca de la persona que comete la falta. Esto agitará sus emociones hasta el punto de que acabará escupiendo fuego, aunque no sea más que a través de su lenguaje corporal.

La solución

Cuéntese el resto de la historia. Si ha tolerado la conducta durante mucho tiempo antes de tener una conversación, reconózcalo. Esto puede ayudarle a tratar al individuo como a una persona razonable, racional y respetable, aunque su conducta no corresponda a esta descripción.

Cuando sienta algún respeto por la otra persona, estará preparado para comenzar. Después de establecer un propósito común para el diálogo, exponga su camino con las habilidades PRIME. Por ejemplo:

(**Establecer un propósito común**) «*Me gustaría hablar acerca de algo que se está interponiendo en nuestro trabajo. Es un tema difícil de comentar, pero creo que nos ayudará a ser mejores compañeros de equipo si doy el paso. ¿Te parece bien?*»

(**Exponer mi camino**) «*Cuando entro en tu despacho, tus ojos suelen pasearse de arriba abajo por mi cuerpo. Y cuando me siento junto a ti en el ordenador, a veces pones el brazo alrededor del respaldo de mi silla. No sé si eres consciente de que haces estas cosas, así que pensé comentártelas porque transmiten un mensaje que me hace sentir incómoda. ¿Cómo lo ves tú?*»

Si puede ser respetuosa y discreta, pero firme en esta conversación, acabarán la mayoría de las conductas problemáticas. Y recuerde, si la conducta se pasa de la raya y la persona parece sexualmente agresiva de manera intencionada, debería ponerse en contacto con el Departamento de Recursos Humanos en lugar de intentar mantener una conversación privada y peligrosa. Es más, si después de una conversación como ésta, la conducta prosigue, haga partícipe a Recursos Humanos para garantizar que se protejan sus derechos y su seguridad.

UN CÓNYUGE HIPERSENSIBLE

«Sí, pero...»

¿Qué hace cuando su cónyuge es demasiado sensible? Usted intenta hacerle algunos comentarios constructivos, pero él o ella reacciona tan exageradamente que usted acaba sumiéndose en el silencio.»

El punto peligroso

A menudo, las parejas llegan a un acuerdo no explícito durante el primer año de su matrimonio que afecta a su manera de comunicarse durante el resto de su convivencia. Imaginemos que uno es sensible y no puede tolerar las críticas, o que el otro no es demasiado discreto al hacerlas. En cualquier caso, en la práctica acuerdan no hablarse. Viven en el silencio. Los problemas tienen que ser enormes antes de que lleguen a hablar de estos.

La solución

Normalmente, se trata de un problema de no saber cómo exponer su camino con las habilidades PRIME. Cuando algo le produce malestar, abórdelo con rapidez. El contraste también es útil: «No tengo la intención de exagerar esto. Sólo quiero abordarlo antes de que se me escape de las manos.» Parta desde sus hechos: describa las conductas concretas que ha observado. «Cuando Jimmy deja su habitación hecha una pocilga, recurres al sarcasmo para llamarle la atención. Lo llamas "cerdo" y él se ríe como si no lo dijeras en serio.» Explique prudentemente las consecuencias. «Pienso que no tiene el efecto que tú quisieras. Él no se da por enterado con la indirecta, y temo que comienza a sentir rencor contra ti» (su historia). Entusiasme al otro a compartir: «¿Lo ves de otra manera?»

Finalmente, aprenda a observar las señales de que la seguridad está en peligro y cree un entorno seguro. Cuando exponga adecuadamente las cosas mediante las habilidades PRIME y los otros adopten una actitud defensiva, no llegue a la conclusión de que es imposible hablar del tema. Reflexione más profundamente sobre el asunto. Tome distancias con el contenido, haga lo necesario para asegurarse de que su pareja se siente segura y luego intente nuevamente las habilidades PRIME para exponer su opinión con toda sinceridad.

Cuando los cónyuges dejan de darse mutuamente informaciones útiles renuncian para toda la vida a la ayuda que le hubiera podido dar tener un confidente o un coach. Pierden cientos de oportunidades para ayudarse el uno al otro a comunicarse más eficazmente.

LA FALTA DE CONFIANZA

«Sí, pero...

¿y si no confío en la persona? No ha respetado un plazo importante. Ahora me pregunto cómo podría volver a confiar en él alguna vez.»

El punto peligroso

Las personas suelen pensar que la confianza es algo que se tiene o no se tiene; o se confía en alguien o no se confía. Eso pone demasiada presión en la confianza. «¿Qué quieres decir con que puedo volver a casa después de medianoche? ¿No confías en mí?», pregunta su hijo adolescente.

La confianza no tiene por qué darse indiscriminadamente. En realidad, se suele ofrecer gradualmente y es muy específica en función del problema. También viene en dos sabores, a saber: motivación y capacidad. Por ejemplo, puede confiar en mí para realizar una reanimación cardiovascular si es necesario; estoy motivado. Pero no puede confiar en mí para que haga un buen trabajo; no tengo ni idea de cómo hacerlo.

La solución

Aborde la confianza en torno a un tema, no en torno a una persona.

Cuando se trate de recuperar la confianza en los demás, no ponga el listón demasiado alto. Simplemente intente depositar su confianza en cuestiones puntuales, no en todos los temas. No tiene por qué confiar en ellos para todo. Para crear un entorno seguro para usted mismo en el momento, exprese sus preocupaciones. Exponga prudentemente con las habilidades PRIME aquello que observa. «Tengo la sensación de que sólo compartes los aspectos positivos de tu plan. Tendría que saber más acerca de los posibles riesgos antes de sentirme cómodo. ¿Te parece bien?» Si se dedican a hacerle perder el tiempo con rodeos o dilaciones, llámeles la atención al respecto. Por otro lado, tampoco utilice su desconfianza como una porra para castigar a las personas. Si se han ganado su desconfianza en algún aspecto, no permita que aquello contamine su percepción de la totalidad de su carácter. Si se cuenta a sí mismo una historia de malvados que exagera la poca fiabilidad del otro, estará actuando de una manera que les ayuda a justificarse por ser aún menos merecedores de su confianza. De esta manera, dará inicio a un ciclo contraproducente y conseguirá más de lo que no desea.

NO DEMUESTRA INICIATIVA ALGUNA

«Sí, pero...

¿y si no se trata de algo que hacen, sino de algo que no hacen? Algunos miembros de mi equipo de trabajo hacen lo que se les pide y nada más. Si se enfrentan a un problema, sólo intentan arreglarlo una vez. Pero si sus esfuerzos fracasan, abandonan.»

El punto peligroso

Es más probable que la mayoría de las personas hable de la existencia de una mala conducta que de la ausencia de una conducta buena. Cuando alguien realmente molesta, los superiores y los padres por igual se ven obligados a actuar. Sin embargo, cuando las personas sencillamente no consiguen desenvolverse con excelencia, es difícil saber qué decir.

La solución

Establezca nuevas y mejores expectativas. No trate con un caso específico, sino con el modelo en su conjunto. Si quiere que alguien demuestre tener más iniciativa, dígaselo. Dé ejemplos específicos de cuando la persona se enfrentó a un obstáculo y se dio por vencido después de tan sólo un intento. Suba el listón y procure que quede muy claro qué ha hecho. Compartan mutuamente sus ideas sobre lo que la persona podría haber hecho para ser más persistente y más creativa e idear una solución.

Por ejemplo, «Te pedí que acabaras una tarea que debías terminar por todos los medios antes de que yo volviera de un viaje. Tuviste un problema, intentaste ponerte en contacto conmigo y luego, sencillamente, dejaste un mensaje a mi hijo de cuatro años. ¿Qué podrías haber hecho para dar conmigo en la carretera? ¿Qué habría sido necesario para crear una estrategia de apoyo?»

Preste atención a cómo compensa la falta de iniciativa de alguien. ¿Se ha hecho responsable a sí mismo del seguimiento? Si la respuesta es sí, hable con la persona para que asuma esa responsabilidad. ¿Ha pedido a más de una persona que se ocupe de la tarea para estar seguro de que la acabarán? Si la respuesta es sí, hable con la persona originalmente encargada de informar sin dilación sobre el progreso, de manera que sólo necesitará asignar una persona más al trabajo cuando haya una clara necesidad de más recursos.

Deje de permitir que su convencimiento de que los otros no tomarán iniciativas hable por usted. Al contrario, deje claras sus expectativas y alcance acuerdos que otorguen la responsabilidad a los miembros del equipo, a la vez que estos le dan información con bastante premura para no dejarlo en la estacada.

DELICADO Y PERSONAL

«Sí, pero... ¿y si se trata de algo sumamente personal, como un problema de higiene? O puede que alguien sea aburrido y los otros lo eviten. ¿Cómo podría hablar de algo tan personal y delicado como eso?»*

El punto peligroso

La mayoría de las personas evitan los temas delicados como si fueran la peste. ¿Quién puede culparlos? Desafortunadamente, cuando el miedo y la compasión mal entendida pueden más que la honestidad y el valor, las personas pueden vivir años sin recibir información que podría serles sumamente útil.

Cuando las personas se deciden a decir lo que piensan, suelen saltar del silencio a la violencia. Bromas, motes y otros intentos velados para introducir vagos comentarios indirectos e irrespetuosos. Además, cuanto más tiempo pase sin pronunciarse, mayor será el dolor cuando finalmente transmita su mensaje.

La solución

Utilice el contraste. Explique que no desea herir los sentimientos de la otra persona, pero que desea compartir algo que podría ser útil. Cree un propósito común. Deje que la otra persona sepa que sus intenciones son respetables. También explique que siente reticencias para tratar el tema debido a su naturaleza personal, pero dado que dicho problema interfiere en la eficacia de la otra persona, lo ve como un deber. Describa prudentemente el problema, no juegue con él ni lo exagere: defina las conductas específicas y luego busque soluciones. Aunque estas discusiones nunca son fáciles, desde luego no tienen que ser ofensivas ni insultantes.

HAY MÁS SUPUESTOS SIMILARES

Las conversaciones cruciales no sólo son las grandes conversaciones esperadas y a veces temidas que usted planifica con cuidado y luego mantiene con precisión y elegancia. La mayoría de las veces, usted se da de bruces con éstas sin previo aviso, en cualquier momento y con casi cualquier persona. A medida que siga practicando sus habilidades, se encontrará más alerta y más versado en sortear las situaciones más complicadas. Pero no tenemos planeado abandonarlo aquí.

Antes bien, hemos reunido una inmensa biblioteca de esta clase de supuestos «Sí, pero», situaciones en las que las personas encuentran desafiante utilizar sus habilidades. Por ejemplo:

- ¿Cómo consigue aflorar las agresiones insignificantes o el racismo?
- ¿Cómo reacciona a las acusaciones falsas?
- ¿Cómo dice la verdad cuando sonará dura o incluso brutal?
- ¿Cómo se enfrenta a un mentiroso?
- ¿Cómo le dice la verdad a alguien que ostenta un puesto de poder?
- ¿Cómo habla con alguien que ni siquiera respeta?
- ¿Cómo defiende su moral y sus valores?

A lo largo de los años, hemos ofrecido consejos, sugerencias e incluso guiones para mantener estas conversaciones cruciales en nuestro boletín semanal y blog *Crucial Skills*. Le invitamos a que lo lea cada semana mientras respondemos las preguntas basadas en la vida real de nuestros lectores, y, como es natural, damos la bienvenida a las suyas. También puede buscar en nuestra base de datos entre las más de 1.000 respuestas anteriores para darle un asesoramiento específico cuando más lo necesite.

Para encontrar más consejos para estas y otras conversaciones muy cruciales, visítenos en cruciallearning.com/blog.

13

*Puedo salir airoso de cualquier debate. La gente lo sabe
y me evita en las fiestas. A menudo, como muestra de
gran respeto, ni siquiera me invitan.*

DAVE BARRY

EL ENSAMBLAJE FINAL

Herramientas para prepararse y aprender

Si ha leído las páginas anteriores en un breve espacio de tiempo, es probable que se sienta como una anaconda que acaba de tragarse un jabalí. Hay mucho por digerir.

Puede que a estas alturas se pregunte cómo es posible guardar estas ideas ordenadamente, sobre todo durante algo tan poco predecible y tan dinámico como es una conversación crucial.

En este capítulo, le ayudaremos con la enorme tarea de hacer de nuestros instrumentos y nuestras competencias para el diálogo algo útil y fácil de recordar. Primero, simplificaremos las cosas compartiendo lo que hemos oído de personas que han cambiado sus vidas utilizando estas habilidades. En segundo lugar, expondremos un modelo que puede ayudarle a organizar visualmente los nueve principios para el diálogo. En tercer lugar, analizaremos un ejemplo de conversación crucial donde se aplican todos los principios para el diálogo.

DOS PRINCIPIOS FUNDAMENTALES

A lo largo de los años, hemos aprendido mucho sobre las diferentes maneras en que los lectores convierten estas ideas en nuevos hábitos. Algunas personas realizan progresos escogiendo una habilidad que saben que les ayudará a iniciar el diálogo en una conversación crucial en curso. Pasar a la acción simplemente utilizando una nueva herramienta es una manera fantástica de empezar. Si hacerlo conduce a mejores resultados, lo más probable es que usted insista en utilizarla hasta que se convierta en un hábito.

Otras prestan menos atención a las habilidades y más a los principios. Por ejemplo, empezar aumentando su capacidad para entablar un diálogo siendo más consciente de estos dos principios fundamentales.

Aprender a observar. El primer principio para un cambio positivo es aprender a observar. Esto quiere decir que las personas que mejoran sus habilidades para el diálogo continuamente se preguntan si se encuentran dentro o fuera del diálogo. Este único aspecto marca una gran diferencia. Incluso personas que no pueden recordar o que jamás han aprendido las habilidades PRIME, AMPP, SERI, etc., son capaces de beneficiarse de este material simplemente preguntando si ellos o los demás se han decantado hacia el silencio o la violencia. Puede que no sepan exactamente cómo remediar el problema específico al que se enfrentan, pero sí saben que si no están en el diálogo, eso no puede ser bueno. Y luego intentan hacer algo para reanudar el diálogo. Al final, intentar hacer algo es mejor que no hacer nada.

De modo que recuerde formularse la siguiente pregunta crucial: «¿Estamos mareando la perdiz o estamos dialogando?» Es un comienzo excelente.

Muchas personas consiguen ayuda adicional sobre cómo aprender a observar fijándose en sus propios amigos. Estudian el libro o reciben formación en el entorno de la familia o del equipo de trabajo. A medida que comparten conceptos e ideas, aprenden un vocabulario común. Esta manera compartida de hablar de las conversaciones cruciales ayuda a las personas a cambiar.

Quizá la manera más habitual en que el lenguaje del diálogo se integra en las conversaciones cotidianas es mediante la expresión «Creo que nos hemos alejado del diálogo». Este sencillo recordatorio ayuda a las personas a sorprenderse a sí mismas a tiempo, antes de que el daño sea grave. Así como hemos observado a equipos de ejecutivos, grupos de trabajo y parejas declarar solamente que comienzan a desplazarse hacia el silencio o la violencia, otros suelen reconocer el problema y adoptan medidas correctivas: «Tienes razón. No tengo que decirte lo que hay que decir» o «Lo siento. He intentado imponerte mis ideas».

Crear un entorno seguro. El segundo principio es crear un entorno seguro. Hemos señalado que el diálogo consiste en el libre flujo de significados y que el primer obstáculo a ese flujo es la falta de seguridad. Cuando observe que usted y los demás se alejan del diálogo, haga algo para procurar más seguridad. Cualquier cosa. Hemos sugerido unas cuantas habilidades, pero no son más que un puñado de prácticas habituales; no son principios exhaustivos. No es ninguna sorpresa para nadie que haya muchas cosas que usted pueda hacer para potenciar la seguridad. Con que simplemente entienda que su desafío consiste en crear un entorno seguro, en 9 de cada 10 ocasiones intuitivamente hará algo que le sirva.

A veces, creará seguridad formulando una pregunta y demostrando interés en las opiniones de los demás. En otras ocasiones, un contacto físico adecuado (con los seres queridos y los miembros de la familia, pero no en el trabajo, donde tocar a alguien puede ser interpretado como acoso) puede comunicar seguridad. Las disculpas, las sonrisas, incluso pedir un «breve descanso», contribuyen a restablecer la seguridad cuando las cosas se vuelven difíciles. La idea principal es crear un entorno seguro. Haga algo para que los demás se sientan cómodos. Y recuerde, casi todas las habilidades que hemos cubierto en este libro, desde el contraste hasta el cebado, ofrecen instrumentos para crear seguridad.

* * *

Estos dos puntos de apoyo constituyen la base para reconocer, construir y mantener el diálogo. Cuando se introduce el concepto de diálogo, éstas son las ideas que la mayoría de las personas pueden asimilar fácilmente y aplicar a las conversaciones cruciales. A continuación, abordaremos el resto de los principios que hemos tratado.

CÓMO PREPARARSE PARA UNA CONVERSACIÓN CRUCIAL

He aquí un último instrumento que le ayudará a traducir estas ideas en acción. Se trata de una manera muy eficaz de entrenarse —o de entrenar a otra persona— a través de una conversación crucial. Es algo que puede ayudarle literalmente a identificar el lugar exacto en el que se ha quedado atascado y la habilidad específica que puede ayudarlo a despegar.

Observe la tabla 13.1, «Entrenamiento para conversaciones cruciales». La primera columna de la tabla recoge los nueve principios para el diálogo que hemos compartido. La segunda columna resume las habilidades relacionadas con cada principio. La columna final es el mejor lugar para comenzar a entrenarse a sí mismo o a otros. En esta columna se incluye una lista de preguntas que le ayudarán a aplicar habilidades específicas en sus conversaciones.

Tabla 13.1. Entrenamiento para conversaciones cruciales

Principio	Habilidad	Pregunta crítica
1. Escoger el tema (capítulo 3)	Desglosar, escoger, simplificar CPR (contenido, patrón, relación)	¿Cuál es el asunto correcto que hay que abordar para avanzar hacia lo que verdaderamente quiero? ¿Es un problema de contenido, de patrón o de relación?
2. Comenzar con uno mismo (capítulo 4)	Centrarse en lo que verdaderamente quiere	¿Qué dice mi forma de actuar sobre lo que quiero? ¿Qué quiero realmente? • Para mí • Para otros • Para la relación ¿Qué debería hacer ahora mismo para avanzar hacia lo que verdaderamente quiero?
3. Controlar sus historias (capítulo 5)	Volver sobre mi camino a la acción Separar los hechos de la historia Buscar las tres historias ingeniosas Contar el resto de la historia	¿Cómo me estoy comportando? ¿Qué estoy sintiendo? ¿Qué historia están creando esos sentimientos? Volver a los hechos: ¿Qué he escuchado o visto que apoye mi historia? ¿Hay otros hechos que impugnen mi historia? ¿Estoy contando historias de víctimas, malvados o impotencia?

Principio	Habilidad	Pregunta crítica
4. Aprender a observar (capítulo 6)	Atentos a cuándo la conversación se vuelve crucial Atentos a los problemas de seguridad Atentos a nuestro propio estilo bajo presión	¿Qué finjo no saber sobre mi papel en el problema? ¿Por qué haría esto una persona razonable, racional y responsable? ¿Qué debería hacer ahora mismo para avanzar hacia lo que verdaderamente quiero? ¿Me decanto hacia el silencio o la violencia? ¿Y los otros?
5. Crear un entorno seguro (capítulo 7)	Pedir disculpas cuando sea lo indicado Contrastar para arreglar o prevenir el malentendido CHIP para definir un propósito común	¿Por qué corre peligro la seguridad? • ¿He creado un propósito común? • ¿Mantengo el respeto mutuo? ¿Qué haré para restaurar la seguridad?
6. Exponer su camino (capítulo 8)	Partir desde los hechos Relatar su historia Investigar el camino del otro Moverse con cautela Entusiasmar al otro a compartir	¿Estoy realmente abierto a las opiniones de los otros? ¿Estoy hablando del verdadero problema?
7. Explorar los caminos de otras personas (capítulo 9)	Averiguar Mostrar Parafrasear Postular Acordar Construir Comparar	¿Expreso con confianza mis opiniones? ¿Exploro activamente las opiniones de los otros?

Principio	Habilidad	Pregunta crítica
8. Recuperar su bolígrafo (capítulo 10)	Serenarse Entender Recuperarse Implicarse	¿Evito los desacuerdos innecesarios? ¿Qué debo hacer para hacerme sentir seguro? ¿Qué debo hacer para afirmar mi propia valía?
9. Pasar a la acción (capítulo 11)	Decidir cómo decidir Documentar decisiones y realizar el seguimiento	¿Cómo tomaremos las decisiones? ¿Quién hará qué para cuándo? ¿Cómo realizaremos el seguimiento?

VEAMOS CÓMO FUNCIONA TODO

Para terminar, hemos incluido un caso extenso para mostrar qué aspecto tendrían estos principios cuando nos encontramos en medio de una conversación crucial. En éste se describe una ardua conversación entre usted y su hermana acerca de la repartición de la herencia de su madre. El caso ha sido compuesto para ilustrar dónde se aplican los principios y revisar brevemente cada principio a medida que asoma en la conversación.

La conversación comienza cuando usted saca a colación el tema de la casa de verano de la familia. El funeral de su madre fue hace un mes, y ahora ha llegado el momento de repartir el dinero y los recuerdos. No es algo que realmente esté deseando que llegue.

El tema se vuelve más delicado por el hecho de que usted piensa que, puesto que se ocupó casi sola de su madre durante los últimos años, se le debería compensar por ello. No cree que su hermana vaya a ver las cosas de la misma manera.

Su conversación crucial

> **Usted:** *Tenemos que vender la casa de campo de verano. Nunca la usamos, y necesitamos el dinero para pagar los gastos que he tenido cuidando de mamá estos últimos cuatro años.*

> **Hermana:** *Por favor, no empieces con lo de la culpa. Yo te mandaba dinero todos los meses para contribuir al cuidado de mamá. Si no tuviese que viajar por trabajo, ya sabes que habría querido que estuviese en mi casa.*

Usted se ha dado cuenta de que las emociones se vuelven muy fuertes. Ha comenzado a adoptar una actitud defensiva y su hermana parece enfadada. Se trata de una conversación crucial y las cosas no pintan bien.

Escoger su tema

Usted tiene múltiples temas que pugnan por reclamar su atención: «¿Cómo se le reembolsarán los gastos?», «¿Cómo dividirán los bienes restantes?» «¿Hay sentimientos heridos derivados del cuidado?», «¿Hay desconfianza o sentimientos de falta de respeto entre usted y su hermana?», «¿La pena por la muerte de su madre está interfiriendo?», etc. Usted no puede avanzar hasta que no llegue a un acuerdo con el tema.

Puesto que todos los temas son importantes, decida demostrar que le importan los sentimientos de su hermana dejándola que decida ella.

> **Usted:** (Cebar.) *Parece que tenemos que hablar sobre algunas otras cosas antes de que podamos llegar al asunto de la casa de campo. ¿Crees que he actuado con resentimiento por cómo contribuiste a los cuidados de mamá al final? ¿Es de eso de lo que te gustaría hablar?*

Comenzar con uno mismo

Haga una pausa y pregúntese qué quiere realmente. Esto es mejor que lo haga antes de reunirse con su hermana. De esta manera, cuando ella se exalte, usted tendrá una perspectiva a más largo plazo que la ayudará a no desviarse de su camino.

En última instancia, usted quiere que se le compense por el dinero y el tiempo que ha invertido, cosa que su hermana no ha hecho. También desea tener una buena relación con ella. Sabe que está afligida y puede incluso que se sienta culpable por no haberse implicado al final. Su deseo es ayudarla resolviendo esos sentimientos, aunque quiere evitar decantarse por las opciones menos inteligentes. Así que entrando en este tema, pregúntese: «¿Cómo puedo garantizar que se me trate justamente y al mismo tiempo ser comprensiva con mi hermana?»

Controlar sus historias

Se da cuenta de que se está contando unas historias de víctimas y malvados. Está resentida con su hermana porque se ha involucrado menos, aunque por otro lado tampoco compartió jamás esos sentimientos con ella. La convirtió en malvada porque eso era más fácil que pedirle más ayuda. «Cuéntese el resto de la historia» preguntándose: «¿Qué estoy fingiendo no saber sobre mi papel en el problema?» Se percata claramente de que jamás dijo lo que pensaba sobre sus necesidades y que ahora culpa a su hermana por no adivinar que usted quería que la ayudara.

Pregúntese: «¿Por qué una persona razonable, racional y respetable haría lo que ella hizo?» Esto la ayuda a ver que el hecho de que su madre viviera a un kilómetro de usted, y que su hermana estuviera a dos horas de viaje en avión tiene mucho que ver con el desenlace de las cosas. Por supuesto, su hermana podría haberse mostrado más voluntariosa, pero en esta historia hay algo más que solo una hermana perezosa y despreocupada.

Ahora usted está preparada emocionalmente para abrir la boca.

Aprender a observar

Entre en la conversación conectando en dos niveles: contenido y proceso. Preste atención a lo que su hermana está diciendo (contenido). Pero también esté atenta a las señales que indican que la seguridad está en peligro (proceso).

Su hermana pasó a la violencia con la manera de responder a su propuesta acerca de la compensación. Adoptó una actitud acusadora y levantó la voz. Utilizando aprender a observar, usted reconoce esto como una señal de que ella se siente insegura.

Crear un entorno seguro

El contraste ayuda a su hermana a entender el propósito de usted. Si la gente confía en sus motivaciones, se siente más segura a la hora de abordar un contenido delicado.

> **Usted:** *Sé que ahora mismo las dos estamos muy sensibles sobre un montón de cosas. Estamos afligidas, y tenemos problemas que resolver. Tenemos nuestra historia como hermanas. Quiero resolver los problemas prácticos que tenemos de una manera que sea justa para ambas. No es mi deseo sugerir que estas cuestiones económicas tengan nada que ver con lo que querías a mamá. Pero también quiero asegurarme de que sepas que te quiero y que estoy aquí para ayudarte a hacer el duelo. Y yo también te necesito a ti. Antes de que nos*

metamos en el asunto de los gastos, ¿qué puedo hacer para ayudarte?

Hermana: *Pues claro, ojalá hubiera podido estar más presente al final. Me siento fatal por haberla defraudado. Y por defraudarte a ti. Pero también me parece que has utilizado eso contra mí.*

Recuperar su bolígrafo

Es duro oír la acusación de su hermana de que ha intentado hacerla sentir culpable de manera intencionada. Al principio, usted se pone a la defensiva y quiere atacar. Pero respira hondo. Y se recuerda que la opinión que ella tenga de usted no la define. Se recuerda que los sentimientos de su hermana son de ella, y usted se mueve hacia la curiosidad para comprender cuál es su camino a la acción. ¿Por qué siente ella lo que siente?

Explorar los caminos de otras personas

Al cebar, pregunte: «Parece que has experimentado cosas por mi parte que te llevan a pensar que estoy resentida por cómo discurrieron las cosas al final. ¿Es eso cierto? ¿Qué he hecho para que tengas esa impresión?»

Cuando su hermana prosigue diciendo lo que piensa, usted se da cuenta de que ha dejado que sus «actos hablaran por usted» en lugar de «hablar claro» sobre algunas de sus preocupaciones. Así que se disculpa por eso. De esta manera, reconoce que ha habido ocasiones en que ha sentido rencor, y que algunos de esos sentimientos eran injustos dado lo fácil que era para usted ayudar y lo difícil que lo tenía ella. Tras resolver este asunto, pasan al siguiente asunto.

Exponer su camino (PRIME)

Usted todavía quiere resolver sus problemas acerca de la compensación.

> **Usted:** *¿Podemos hablar ahora de los gastos?*

Tiene que compartir sus hechos y conclusiones con su hermana de una manera que le haga sentir segura al contarle su historia.

> **Usted:** *Es que gasté mucho dinero en los cuidados de mamá y trabajé mucho cuidándola en lugar de contratar a una enfermera. Sé que tú también la cuidaste, pero, sinceramente, me parece que yo hice más en el cuidado cotidiano que tú, y sólo me parece justo utilizar parte de lo que nos dejó para compensar parte de lo que gasté. ¿No lo ves tú así? De verdad que me gustaría saberlo.*
>
> **Hermana:** *Está bien. ¿Por qué no me envías una factura?*

Parece como si su hermana no se sintiera realmente a gusto con este arreglo. Usted se percata de la tensión en su voz y del tono empleado, más de resignación de que estar realmente de acuerdo.

Explorar los caminos de otras personas

Puesto que parte de su objetivo consiste en mantener una buena relación con su hermana, es importante que ella agregue su significado al conjunto. Utilice las habilidades para preguntar a fin de sondear activamente sus opiniones.

> **Usted:** (Mostrar.) *Por la manera en que lo dices parece que esa sugerencia no te resulta aceptable.* (Preguntar.) *¿Hay algo que esté pasando por alto?*

Hermana: No... *Si piensas que mereces más que yo, probablemente tengas razón.*

Usted: (Cebar.) *¿Crees que soy injusta? ¿Que no reconozco tu ayuda?*

Hermana: *Lo que pasa es que ya sé que no estuve cerca de ella en los dos últimos años. He tenido que viajar mucho por cuestiones de trabajo. Pero aun así, la visitaba siempre que podía y mandaba dinero todos los meses para contribuir a sus cuidados. Te ofrecí pagarle una enfermera si pensabas que era necesario. No sabía que pensabas que te tocaba una parte injusta de responsabilidades y me da la impresión de que tu petición de más dinero no está justificada.*

Usted: (Parafrasear.) *¿De modo que piensas que tú hacías todo lo que podías para ayudar y te sorprende que yo piense que se me debería compensar?*

Hermana: *Bueno, pues sí.*

Ahora entiende la historia de su hermana, pero, hasta cierto punto, sigue sin estar de acuerdo. Utilice las habilidades ABC para explicar sus diferencias de opinión. Está de acuerdo en parte con la manera de ver las cosas de su hermana. Utilice la construcción para destacar aquello con lo que está de acuerdo y plantear aquello con lo que no lo está.

Usted: *Tienes razón. Hiciste mucho para ayudar y entiendo que era caro visitarla tan a menudo como lo hacías. Preferí no pagar una atención sanitaria profesional porque mamá se sentía más cómoda si era yo quien la cuidaba, y eso no me importó. Nunca te conté que lo estaba haciendo y jamás tuve expectativa alguna de que pudiera ser tratada de manera diferente en el reparto de* *la herencia a causa de ello. Eso es cosa mía. Sin embargo, pienso que es una petición razonable por mi parte que se me reconozca económicamente por contribuir a evitar los gastos de una enfermera interna. Pero nunca te di la oportunidad de opinar al respecto antes de tomar la decisión. Además hubo otros gastos adicionales de los cuales, al parecer, no estabas enterada. Los medicamentos que tomó durante los últimos 18 meses eran el doble de caros que los primeros y el seguro sólo cubría un porcentaje de sus estancias en el hospital. Todo eso va sumando.*

Hermana: *¿Entonces son estos los gastos que quieres recuperar? ¿Podríamos revisarlos para ver cómo hacerlo?*

Pasar a la acción

Usted quiere crear un plan definido para obtener un reembolso por estos gastos, y quiere que las dos estén de acuerdo. A tal fin, lleguen a un consenso sobre lo que sucederá y hagan constar por escrito quién hace qué y para cuándo, y acuerden la manera de hacer un seguimiento.

Usted: *He llevado un registro de todos los gastos que superaban la cantidad que las dos acordamos aportar. ¿Podemos sentarnos mañana para revisarlos y hablar de lo que parece justo que se me reembolse?*

Hermana: *De acuerdo. Hablaremos de la herencia y redactaremos un plan para repartir las cosas.*

Llegar al dialogo

Usted y su hermana todavía tienen mucho trabajo que hacer. Pero al introducir todos sus significados en el conjunto compartido y animar a su hermana a añadir los suyos, llegan al diálogo. Con un flujo de significados libre, es probable que sus futuras conversaciones sean más útiles y menos dolorosas que si usted no hubiera dado un paso adelante en esta conversación ni la hubiera manejado bien.

Mi conversación crucial: Afton P.

Un verano, mi marido consiguió unas codiciadas prácticas en Ginebra, Suiza, para trabajar en las Naciones Unidas. Mientras estuvimos allí, me hice amiga de la representante en Ginebra de una organización no gubernamental (ONG) dedicada a los asuntos de las mujeres. A la sazón, mi nueva amiga estaba preparando la inminente subcomisión sobre el Fomento y la Protección de los Derechos Humanos.

Convencida de la importancia de la labor de este comité, empecé a involucrarme en sus gestiones para conseguir el apoyo de las Naciones Unidas en la prevención de las violaciones de los derechos humanos de los niños. La prioridad estaba puesta en el secuestro y seguridad y, más concretamente, en la persecución por motivos religiosos, los niños soldados y la venta de niñas como esclavas sexuales. Estas prácticas aborrecibles estaban siendo esencialmente ignoradas por los funcionarios de algunos países.

A medida que el comité avanzaba en la elaboración del informe que presentarían a la subcomisión, empezó a inquietarme lo que se decía y no se decía. El presidente del comité de nuestra ONG nos sugirió encarecidamente que evitáramos mencionar los nombres concretos de los países donde se estaban cometiendo tales injusticias. Siendo como era una estudiante de 22 años poco versada en politiquerías, pregunté: «¿Y por qué no?» Se me respondió que debían tener sumo cuidado en no ofender a los funcionarios de determinados países que «miraban hacia otro lado» en relación con esas violaciones, por miedo a perjudicar las relaciones.

Yo estaba en un dilema; por un lado quería promover un verdadero cambio, pero, por otro, creía que nuestro informe tendría poco peso si nos limitábamos a hablar de vaguedades, lo que me hacía temer que perdiéramos una fantástica oportunidad en este foro. De inmediato pensé en el libro *Conversaciones cruciales* y me maldije por no habérmelo llevado conmigo, pero ¡quién iba a saber que lo necesitaría en mi veraneo en Suiza! Por fortuna, me acordaba de lo fundamental, y recurrí a sus principios cuando expresé mi convencimiento de que era posible ser sincero y respetuoso al mismo tiempo al presentar la delicada información.

Para mi sorpresa, se me invitó a que rehiciera el informe. Estaba emocionada, aunque también aterrorizada por el posible perjuicio que podría ocasionar si no tenía sumo cuidado al dirigirme a personas de tantos países con culturas diferentes. Dediqué casi todas las horas del día y varias noches sin dormir a tratar de realizar un retrato sincero, aunque respetuoso, de los problemas, haciendo públicos los hechos y centrándome en un objetivo común: los derechos humanos de los niños aquejados. El comité estuvo de acuerdo en que mi versión era más directa y que, pese a ello, mostraba la delicadeza adecuada.

Las sorpresas no pararon ahí: diez días antes de la ponencia, el comité me pidió que ¡expusiera el informe ante el subcomité! Menudo honor y menudo miedo. A pesar de que mi angustia se disparó hasta cotas desconocidas, acepté de inmediato, y dediqué los días que faltaban, con sus correspondientes noches, a preparar la intervención.

Cuando por fin me llegó el turno de presentar mi informe, estaba entusiasmada y un poco nerviosa. Después de terminar mi exposición, me pareció que muchos de los presentes estaban conmovidos, y que algunos incluso tenían lágrimas en los ojos. Otros se me acercaron a toda prisa para pedirme una copia de mi discurso para difundirlo en las redes sociales y como fuente de documentación. Al acercarse, algunos estaban emocionados y otros tantos me dieron las gracias por plantear tan delicadas cuestiones.

La experiencia hizo que aprendiera muchas lecciones, pero por encima de todas destaca la de la importancia de darme cuenta de que es posible ser sincero y respetuoso al mismo tiempo si se utiliza la serie adecuada de habilidades. Conocer las habilidades de las conversaciones cruciales me ayudó a convertir mi intimidatoria experiencia en una oportunidad real de defender algo en lo que creía.

CONCLUSIÓN: NO SE TRATA DE COMUNICACIÓN, SE TRATA DE RESULTADOS

Acabemos igual que empezamos. Iniciamos este libro sugiriendo que nos vimos arrastrados hacia el tema de la comunicación un tanto involuntariamente. Lo que más nos interesaba no era escribir un libro de comunicación, sino más bien deseábamos identificar los momentos cruciales, esos en los que las acciones de las personas inciden de manera desproporcionada en sus organizaciones, sus relaciones y sus vidas. Nuestra investigación nos llevó una y otra vez a centrarnos en los momentos en que las personas necesitaban afrontar conversaciones arriesgadas tanto desde el punto de vista emocional como político. Ésa es la razón de que termináramos denominando a esos momentos conversaciones cruciales. Descubrimos una y otra vez que lo que se interpone entre nosotros y lo que realmente queremos es el desfase. El problema no es que tengamos problemas; el problema es el desfase entre el momento que nos enteramos que los tenemos y cuando encontramos la manera de afrontarlos, discutirlos y resolverlos de manera efectiva. Si usted reduce este desfase, todo mejora.

Nuestra única motivación a la hora de escribir este libro ha sido la de ayudarle a mejorar sustancialmente los resultados que más le preocupan. Y nuestra mayor esperanza al concluirlo es que lo consiga. Actúe; identifique una conversación crucial que pudiera mejorar ya; utilice las herramientas que le brinda este último capítulo para identificar el principio o la habilidad que le ayudará a enfocarla con mayor eficacia que nunca. A continuación, inténtelo.

Una cosa que nuestras investigaciones demuestran con claridad es que usted no necesita ser perfecto para hacer progresos. Que no le preocupen unos avances titubeantes. Le prometemos que si persevera y trabaja en estas ideas, asistirá a una mejoría espectacular en sus resultados y relaciones. Estos momentos son realmente cruciales, y algunos cambios pueden desembocar en un progreso descomunal.

Notas bibliográficas

CAPÍTULO 1

1. Notarius, Clifford y Howard Markman, *We Can Work It Out: Making Sense of Martal Conflict*, GP. Putnam's Sons, Nueva York, 1993, pp. 20-22, 37-38.

2. Ornish, Dean, *Love and Survival: The Healing Power of Intimacy*, HarperCollins Publishers, Nueva York, 1998, p. 63.

3. Ibíd., pp. 54-56.

CAPÍTULO 2

1. Rodwin, B. A., y otros, «Rate of Preventable Mortality in Hospitalized Patiens: A Systematic Rewiew and Meta-analysis», *J Gen Intern Med*, 35(7) (julio 2020), 2099-2106. ePUB, 21 enero, https://pubmed.ncbi.nlm.nih.gov/31965525/.

Sobre los autores

Joseph Grenny es escritor, conferenciante y científico social especialista en rendimiento empresarial. Ha asesorado a líderes de todos los continentes importantes, desde consejeros de las empresas de la lista de Fortune 500 a comunidades de Nairobi y Kenya. Ha sido cofundador de tres ONG: Unitus Labs, The Other Side Academy y The Other Side Village.

Kerry Patterson ha sido coautor de cuatro galardonados programas de formación, y dirigido múltiples programas de cambio a largo plazo en empresas de la lista de Fortune 500 de todo el mundo. Ha sido premiado con el BYU Marriot School of Management Dyer Award por su destacada contribución al comportamiento organizacional. Es doctor por la Universidad de Stanford.

Ron McMillan ha sido consultor de miles de líderes de todo el mundo, desde directivos de primer nivel hasta ejecutivos de empresas de la lista Fortune 500. Antes de ser cofundador de Crucial Learning (antiguamente VitalSmarts), Ron cofundó el Covey Leadership Center, donde desempeñó el cargo de vicepresidente de investigación y desarrollo.

Al Switzler es un renombrado consultor que ha dirigido programas de gestión y formación con líderes de empresas de la lista Fortune 500 de todo el mundo. También trabajó para el Centro de Desarrollo Ejecutivo de la Universidad de Michigan.

Emily Gregory, (doctora en medicina) es vicepresidenta de desarrollo y expedición de Crucial Learning. Dirige el desarrollo de contenidos y productos, y trabaja con los líderes para dar soluciones de aprendizaje personalizado a sus organizaciones. Emily tiene un máster en administración de empresas por la Brigham Young University y es doctora en medicina por la Universidad de Utah.

Acerca de Crucial Learning

Antigua VitalSmarts, Crucial Leaning contribuye a mejorar el mundo ayudando a que las personas se perfeccionen a sí mismas. Al combinar la investigación en ciencias sociales con novedosos proyectos de material didáctico, creamos unas experiencias de aprendizaje flexibles que enseñan habilidades contrastadas para resolver los problemas personales, interpersonales y organizativos más difíciles. Ofrecemos cursos de comunicación, rendimiento y liderazgo centrados en las conductas que tienen un impacto desproporcionado en los resultados, denominadas «habilidades cruciales». Nuestros galardonados cursos y nuestros libros concomitantes, todos grandes éxitos de ventas, incluyen *Conversaciones cruciales*, *Crucial Accountability*, *Influencer*, *The Power of Habit* y *Organízate con eficacia*. Juntos han ayudado a millones de personas a lograr unas relaciones y resultados mejores, y casi la mitad de los integrantes de la lista Forbes Global 2000 han recurrido a estas habilidades cruciales para mejorar la salud y el rendimiento de sus organizaciones.